ANTHOLOGIE DES QUESTIONS DU JURY DU CAPES MATHS

Géométrie / 2024

Dany-Jack Mercier

Photo de couverture : 4X5 Modern Quilt Bee
flickr.com/photos/25602112@N07/8652751877/
CC BY-NC 2.0 DEED

Independently published
ISBN-13 : 9798870921426

Table des matières

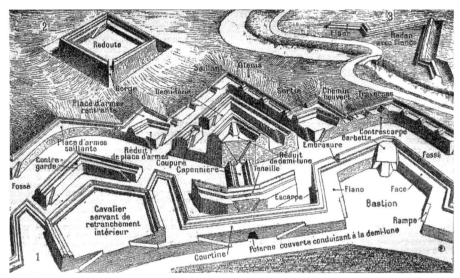

Eléments structuraux de la fortification bastionnée
Editions Larousse 1924
Réf. fr.wikipedia.org/wiki/Fortification_bastionn%C3%A9e

Introduction

Ce second volume de la collection ANTHOLOGIE DES QUESTIONS DU JURY DU CAPES MATHS 2024 regroupe de nombreuses questions de géométrie qu'il est utile de travailler avant de passer l'oral 1 du concours.

Ce volume permet de se préparer au questionnement du jury qui suit l'exposé de la leçon en acquérant des réflexes sur des questions qui sont régulièrement posées. Ces questions de base sont à travailler très tôt dans sa préparation puisque intéressent des connaissances exigées à l'oral comme à l'écrit du concours.

Ce livre convient pour l'oral 1 du CAPES externe, interne et troisième concours.

On trouvera parfois une mention au début d'une question pour indiquer que celle-ci a été rapportée par un candidat, et éventuellement proposer une référence où retrouver un compte rendu complet d'oral sur internet pour replacer la question dans son contexte. Par exemple :

- La mention (2023) signifie que la question a été posée en 2023.

- La mention (2023 [21]) signifie que la question a été posée en 2023 et la référence [21] renvoie vers le compte rendu sur internet.

Ne pas lire de mention d'année au début d'une question ne signifie pas que celle-ci n'a jamais été posée, mais indique qu'aucun candidat n'a pris la peine de me la signaler après les épreuves. Par exemple, savoir démontrer que les trois hauteurs d'un triangle concourent est une question très souvent posée à chaque session du concours sans m'avoir été explicitement signalée jusqu'ici par des candidats.

Si vous passez l'oral, **pensez à m'envoyer les questions** auxquelles vous avez dû répondre, ce qui me permettra de proposer votre compte rendu en accès libre sur internet, et mettre à jour cette anthologie.

Voici un échantillon de questions importantes à préparer quand on présente une leçon de géométrie au CAPES. On peut imaginer les réactions d'un jury qui s'apercevrait que le candidat ne sait pas du tout répondre à l'une de ces questions :

- Quel lien y a-t-il entre vecteurs et parallélogrammes ?
  (Question 1.19 posée en 2017)

- Quand dit-on que trois points sont alignés ?
  (Question 2.1 posée en 2018)

- Montrer que la somme des angles d'un triangle vaut un plat.
  (Question 5.19 posée en 2017 et 2021)

- Donnez la définition vectorielle des coordonnées d'un point dans un repère.
  (Question 4.1 posée en 2018)

- Soit T l'ensemble des triangles. Représentez au sein de cet ensemble les ensembles des triangles isocèles, rectangles, puis équilatéraux.
  (Question 5.9 posée en 2023).

- Enoncez et démontrez la réciproque du théorème de Thalès.
  (Question 3.7 posée en 2023)

- Démontrez le théorème de Pythagore sans utiliser le produit scalaire.
  (Question 5.1 posée en 2015 & 2018)

- Pourquoi la définition du cosinus donnée en collège a-t-elle du sens ?
  (Question 8.4 posée en 2012 & 2021)

- Résoudre l'équation $\cos(\pi/3 - x) = \sqrt{3}/2$ dans $\mathbb{R}$.
  (Question 8.16 posée en 2021)

- Résoudre l'équation $8x^3 + 6x + 1 = 0$ en posant $x = \cos\theta$.
  (Question 8.24 posée en 2021)

- Connaissez-vous une série pour développer $\cos x$?
  (Question 8.33 posée en 2021)

- Montrez que les médiatrices des côtés d'un triangle sont concourantes.
  (Question 5.10 posée en 2015 & 2023)

- Enoncez et démontrez la formule d'Al Kashi.
  (Question 8.19 posée en 1993, 2012, 2021, 2022 & 2023)

- Si $\vec{u} = \overrightarrow{AB}$ vous posez $||\vec{u}|| = AB$. Cette définition a-t-elle un sens ?
  (Question 7.4 posée en 2018)

- Le cosinus d'un angle aigu est un rapport. Est-ce un nombre décimal ?
  (Question 8.8 posée en 2013)

- Quelles transformations du plan connaissez-vous ?
  (Question 9.55 posée en 2018)

- Qu'est-ce qu'une transformation ?
  (Question 9.51 posée en 2021)
- Comment appelle-t-on la composée d'une translation et d'une rotation ?
  (Question 9.39 posée en 2021)
- Qu'appelle-t-on représentation paramétrique d'un plan ?
  (Question 11.23 posée en 2018)
- Donnez une équation du plan médiateur de $[AB]$.
  (Question 11.57 posée en 2015)
- Pouvez-vous définir une partie convexe ? Fermée ? Connexe ?
  (Question 12.10 posée en 2017)
- Donnez une définition générale d'un cône, d'un cylindre.
  (Question 12.11 posée en 2017)

Bon entraînement à tous les futurs candidats !

Dany-Jack Mercier

Nice, le 6 décembre 2023

Retrouvez des infos CAPES
et des comptes rendus d'oraux
en tapant MégaMaths
sur un moteur de recherche.

Avanti !

Chapitre 1

Géométrie vectorielle

1.1 Définitions

1.1.1 Vecteurs

Question 1.1 *Définition d'un vecteur* (2017 [39], 2018 [7])
Qu'est-ce qu'un vecteur ?

Question 1.2 *Définition heuristique d'un vecteur*
Donnez une définition heuristique d'un vecteur ?

Question 1.3 *Définition rigoureuse d'un vecteur*
Proposez une définition rigoureuse d'un vecteur.

Question 1.4 *Somme de deux vecteurs*
Définissez la somme de deux vecteurs comme on le ferait en seconde. Cette définition a-t-elle un sens ?

Question 1.5 *Produit d'un vecteur par un scalaire* (2018 [7])
Peut-on raisonnablement définir le produit d'un vecteur par un scalaire en posant $\lambda\,(x,y) = (\lambda x, \lambda y)$?

1.1.2 Espaces vectoriels

Question 1.6 *Définition d'un espace vectoriel*
  a) Rappelez la définition d'un espace vectoriel.
  b) Comment s'appellent les éléments d'un espace vectoriel ?
  c) Qu'appelle-t-on un scalaire ?

Question 1.7 *Famille libre*
Quand dit-on qu'une famille finie de vecteurs est libre ?

Question 1.8 *Famille liée* (2017)
Quand est-ce qu'une famille finie de vecteurs est liée ?

Question 1.9 *Famille génératrice*
Quand une famille finie de vecteurs est-elle génératrice ?

Question 1.10 *Base d'un espace vectoriel*
Qu'est-ce qu'une base d'un espace vectoriel ?

1.1.3   Colinéarité

Question 1.11 *Relation de colinéarité*
La relation de colinéarité est-elle une relation d'équivalence ?

Question 1.12 *Définition valide ?* (2017)
Deux vecteurs $\vec{u}$ et $\vec{v}$ sont-ils colinéaires si, et seulement si, il existe un scalaire λ tel que $\vec{u} = \lambda \vec{v}$?

Question 1.13 *Caractérisation analytique d'une colinéarité*
(2017[39], 2018[7])
Montrer que deux vecteurs sont colinéaires ssi $xy' - x'y = 0$.

Question 1.14 *Colinéarité & proportionnalité* (2017)
Montrer que deux vecteurs sont colinéaires ssi leurs coordonnées sont proportionnelles.

1.1.4   Approfondissements

Question 1.15 *Sommes de sous-espaces vectoriels*
Si F et G sont des sous-espaces vectoriels, que représente $F + G$?

Question 1.16 *Réunion de sous-espaces vectoriels*
La réunion de deux sous-espaces vectoriels est-elle un sous-espace vectoriel ? Quand cela est-il vrai ?

Question 1.17 *Somme directe*
Quand dit-on qu'un espace vectoriel E est somme directe de deux sous-espaces vectoriels F et G ? Proposez deux définitions et montrez qu'elles sont équivalentes.

Question 1.18 *Produit vectoriel* (2018[7])
Qu'est-ce qu'un produit vectoriel ?

1.1.5 Parallélogrammes

Question 1.19 *Lien entre vecteurs et parallélogrammes* (2017)
Quel lien y a-t-il entre vecteurs et parallélogrammes ?

Question 1.20 *Parallélogramme aplati I* (2017)
Quatre points distincts alignés forment-ils un parallélogramme aplati ?

Question 1.21 *Parallélogramme aplati II* (2017)
Dessinez un parallélogramme aplati. Définissez un parallélogramme au sens large. Les définitions classiques d'un parallélogramme conviennent-elles pour un parallélogramme aplati ?

1.2 Projections & symétries

1.2.1 Projections

Question 1.22 *Projections vectorielles*
    a) Rappelez la définition d'une projection vectorielle.
    b) Donnez cinq propriétés des projections vectorielles.

Question 1.23 *Caractérisation d'un projeté*
Soient F et G deux sous-espaces supplémentaires d'un espace vectoriel E. Soit p la projection sur F parallèlement à G.
    a) Caractérisez la propriété $y = p(x)$
    b) Démontrez cette caractérisation.

Question 1.24 *Caractérisation du projeté d'un point*
Définissez le projeté d'un point sur un sous-espace F parallèlement à un sous-espace G.

Question 1.25 *Projections orthogonale* (2018 [7])
Comment obtient-on le projeté orthogonal d'un point ?

1.2.2 Symétries

Question 1.26 *Symétries vectorielles*
    a) Rappelez la définition d'une symétrie vectorielle.
    b) Donnez cinq propriétés des symétries vectorielles.

Question 1.27 *Caractérisation d'un symétrique*
Soient F et G deux sous-espaces vectoriels supplémentaires d'un espace vectoriel E. Soit s la symétrie par rapport à F, parallèlement à G.
    a) Caractérisez la propriété $y = s(x)$
    b) Démontrez cette caractérisation.

Question 1.28 *Symétries affines*
Définissez la symétrie affine par rapport à F parallèlement à G.

Question 1.29 *Caractérisation du symétrique d'un point*
Proposez une caractérisation de l'image M' d'un point M par la symétrie affine s de base F et de direction $\vec{G}$.

1.3   Utilisation des vecteurs

Question 1.30 *Théorème de la droite des milieux* *(2017[39])*
Démontrez vectoriellement le théorème de la droite des milieux.

Question 1.31 *Parallélogrammes*
Tracez un parallélogramme $ABCD$. Soient I et J les milieux de $[AB]$ et $[CD]$. Montrez que le quadrilatère $AICJ$ est un parallélogramme. Proposez deux méthodes, l'une au niveau collège, l'autre au niveau seconde.

Question 1.32 *Exercice de seconde*
Soit ABC un triangle rectangle en A. Soient I le milieu de $[BC]$ et G tel que $4\overrightarrow{GA} - \overrightarrow{GB} - \overrightarrow{GC} = \vec{0}$. Le point G est-il le symétrique de I par rapport à A ?

1.4   Questions surprenantes

Question 1.33 *Ecriture autorisée ?*
Si $\vec{u}$ est un vecteur du plan, peut-on écrire $\vec{u} = \begin{pmatrix} x \\ y \end{pmatrix}$?

Question 1.34 *Espace vectoriel engendré par une partie*
Soit Λ une partie d'un espace vectoriel E. Définissez en compréhension le sous-espace vectoriel engendré par Λ. Si F et G sont des sous-espaces vectoriels de E, que sont $\mathrm{Vect}(F \cup G)$ et $\mathrm{Vect}(F \cap G)$?

Question 1.35 *CNS en termes d'affixes*
Donnez une CNS en termes d'affixes pour que 2 vecteurs $\vec{u}$ et $\vec{v}$ soient liés ? orthogonaux ?

1.5   Réponses

| **Réponse 1.1** | De façon heuristique, un vecteur est la donnée de trois éléments :

- une longueur,
- une direction,
- un sens.

Le vecteur $\overrightarrow{AB}$, dessiné par une flèche d'origine A et d'extrémité B, est donc un concept qui permet de rassembler trois informations : la distance AB, la direction de la droite (AB), et le sens, de A vers B sur cette droite.

Cette façon de présenter la notion de vecteur est accessible au grand public et aux élèves du secondaire. Un vecteur est alors représenté par une flèche que l'on se permet de dessiner à des endroits différents, en utilisant des points différents, comme les vecteurs $\overrightarrow{LM}$, $\overrightarrow{UV}$, $\overrightarrow{ST}$ et $\overrightarrow{XY}$ de la figure ci-dessous, qui sont tous égaux. Toutes ces flèches représentent en effet la même longueur, la même direction et le même sens.

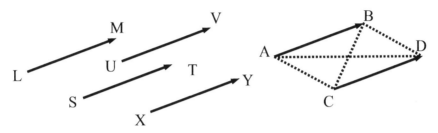

Cette définition heuristique n'est pas rigoureuse mais éclaire sur ce dont on parle quand on emploie le mot de vecteur tout en soulevant certaines questions : qu'est-ce que la donnée de trois choses ? Sans doute un paquet formé de ces trois choses. C'est une bonne réponse, mais on peut faire mieux.

Pour définir rigoureusement un vecteur sans laisser de place à toute interprétation, on remarque que les côtés opposés d'un parallélogramme $ABDC$ ont même longueur, même direction, et définissent un sens de A vers B qui est le même que celui de D vers C. En mathématiques, cela nous amène à définir une relation d'équivalence $\mathcal{R}$ entre les bipoints du plan en posant :

$$(A, B) \ \mathcal{R} \ (C, D) \quad \Leftrightarrow \quad ABDC \text{ est un parallélogramme},$$

puis à appeler vecteur toute classe d'équivalence d'un bipoint pour cette relation. En faisant cela on construit effectivement des paquets de bipoints et l'on nomme vecteur un tel paquet !

Réponse 1.2 Une définition est dite **heuristique** quand elle peut être comprise sans pour autant être vraiment rigoureuse. La définition heuristique d'un vecteur consiste à la présenter comme la donnée de trois éléments : une longueur, une direction et un sens. Elle permet de faire comprendre de quoi il s'agit en se référant à des notions déjà acquises et en acceptant d'être approximatif.

Cette définition convient à ce niveau d'enseignement car, pour aller plus loin, il faudrait disposer de la notion de classe d'équivalence, si importante en mathématique, mais hors de portée d'un lycéen scientifique en 2019.

Réponse 1.3 On peut définir rigoureusement la notion de vecteur en partant des points d'un plan $\mathcal{P}$. Pour cela on définit la relation d'équipollence définie dans l'ensemble $\mathcal{P} \times \mathcal{P}$ des bipoints du plan en posant :

$$(A, B) \; \mathcal{R} \; (C, D) \quad \Leftrightarrow \quad ABDC \text{ est un parallélogramme.}$$

Dans cette définition, les parallélogrammes sont autorisés à être aplatis (Question 1.21). Il est facile de vérifier que la relation d'équipollence est une relation d'équivalence. Par définition, on appelle vecteur du plan $\mathcal{P}$ toute classe d'équivalence pour la relation d'équipollence. Si M, N sont deux points de $\mathcal{P}$, la classe d'équivalence du bipoint (M, N) est notée $\overrightarrow{MN}$ et appelée vecteur $\overrightarrow{MN}$. Ainsi :

$$\overrightarrow{MN} = \{(U, V) \in \mathcal{P} \times \mathcal{P} \; / \; (U, V) \; \mathcal{R} \; (M, N)\},$$

et (M, N) est appelé un représentant du vecteur $\overrightarrow{MN}$ d'origine M et d'extrémité N. On remarque que :

$$\begin{aligned}
\overrightarrow{AB} = \overrightarrow{CD} \quad &\Leftrightarrow \quad (A, B) \; \mathcal{R} \; (C, D) \\
&\Leftrightarrow \quad ABDC \text{ parallélogramme (au sens large).}
\end{aligned}$$

Par définition encore, le plan vectoriel $\overrightarrow{\mathcal{P}}$ associé au plan $\mathcal{P}$ est l'ensemble quotient $(\mathcal{P} \times \mathcal{P})/\mathcal{R}$.

Réponse 1.4 Soit $\overrightarrow{\mathcal{P}}$ l'ensemble des vecteurs d'un plan $\mathcal{P}$. Si $\overrightarrow{u}, \overrightarrow{v} \in \overrightarrow{\mathcal{P}}$, il existe des points A, B et C tels que $\overrightarrow{u} = \overrightarrow{AB}$ et $\overrightarrow{v} = \overrightarrow{BC}$, et l'on pose $\overrightarrow{u} + \overrightarrow{v} = \overrightarrow{AC}$. On s'est donc arrangé pour faire fonctionner la relation de Chasles.

Cette définition a un sens car on peut montrer que la somme $\overrightarrow{u} + \overrightarrow{v}$ est indépendante du choix des représentants (A, B) et (B, C) des vecteurs $\overrightarrow{u}$ et $\overrightarrow{v}$. Supposons donc que $\overrightarrow{u} = \overrightarrow{AB} = \overrightarrow{DE}$ et $\overrightarrow{v} = \overrightarrow{BC} = \overrightarrow{EF}$. Si l'on utilise les égalités $\overrightarrow{u} = \overrightarrow{AB}$ et $\overrightarrow{v} = \overrightarrow{BC}$, la définition montre que $\overrightarrow{u} + \overrightarrow{v} = \overrightarrow{AC}$. Mais on a le droit d'utiliser cette définition avec les égalités $\overrightarrow{u} = \overrightarrow{DE}$ et $\overrightarrow{v} = \overrightarrow{EF}$, et dans ce cas on obtient $\overrightarrow{u} + \overrightarrow{v} = \overrightarrow{DF}$. Pour que notre définition ait un sens, il faut vérifier que l'on obtient toujours la même somme $\overrightarrow{u} + \overrightarrow{v}$ dans les deux cas de figure, autrement dit, il faut prouver que $\overrightarrow{AC} = \overrightarrow{DF}$. Tout revient donc à démontrer l'implication :

$$\left. \begin{aligned} \overrightarrow{AB} = \overrightarrow{DE} \\ \overrightarrow{BC} = \overrightarrow{EF} \end{aligned} \right\} \Rightarrow \overrightarrow{AC} = \overrightarrow{DF}$$

ce qui s'écrit :

$$(\dagger) \quad \left.\begin{array}{l} ABED \text{ parallélogramme} \\ BCFE \text{ parallélogramme} \end{array}\right\} \Rightarrow ACFD \text{ parallélogramme.}$$

Plaçons-nous dans le cas général où aucun des trois quadrilatères qui interviennent dans l'implication (†) n'est aplati (les autres cas seraient des cas particuliers à traiter spécialement). On a la figure (a) ci-dessous, et l'on s'empresse de tracer les intersections I et J des diagonales des parallélogrammes $ABED$ et $BCFE$. On obtient la figure (b).

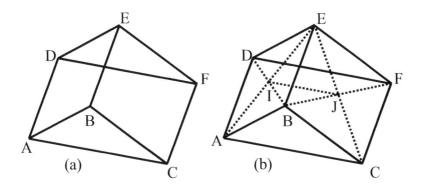

Comme $ABED$ et $BCFE$ sont des parallélogrammes, on a $(AD) \mathbin{/\!/} (BE)$ et $(BE) \mathbin{/\!/} (CF)$, donc $(AD) \mathbin{/\!/} (CF)$ par transitivité de la relation de parallélisme. Par ailleurs, le théorème de la droite des milieux appliqué dans les triangles AEC et DBF montre que (IJ) est parallèle à (AC) et à (DF). Cela permet d'affirmer que $(AC) \mathbin{/\!/} (DF)$. En conclusion $(AD) \mathbin{/\!/} (CF)$ et $(AC) \mathbin{/\!/} (DF)$ et l'on peut affirmer que le quadrilatère $ACFD$ est un parallélogramme.

Remarque — On peut traiter tous les cas de figure de la même manière en utilisant des affixes des points qui interviennent. En notant en minuscules les affixes des points notés en majuscules, l'implication (†) équivaut en effet à l'implication évidente :

$$\left.\begin{array}{l} a + e = b + d \\ b + f = e + c \end{array}\right\} \Rightarrow a + f = d + c.$$

Réponse 1.5 Définir le vecteur $\lambda \overrightarrow{u}$ en disant que ses coordonnées sont $(\lambda x, \lambda y)$ lorsque $\overrightarrow{u}$ est de coordonnées (x, y) dans un repère $\mathcal{R} = (O, I, J)$ fait dépendre la définition du produit $\lambda \overrightarrow{u}$ du choix du repère $\mathcal{R}$. Cette définition ne sera donc pas possible si l'on obtenait deux vecteurs $\lambda\vec{u}$ différents en utilisant deux repères $\mathcal{R}$ et $\mathcal{R}'$ différents.

Il faut donc se poser la question de savoir si cette définition a un sens. C'est le cas parce que le vecteur $\lambda\vec{u}$ ainsi défini est indépendant du choix du repère. Pour le vérifier, appliquons la définition avec un repère $\mathcal{R} = (O, I, J)$ et un autre repère $\mathcal{R}' = (O', I', J')$, en supposant, pour simplifier les idées, que $\lambda > 0$ (le raisonnement serait identique si $\lambda < 0$) et que $\vec{u} \neq \vec{0}$. En utilisant le premier repère $\mathcal{R}$, on constate que si $\vec{u}$ est de coordonnées (x, y) dans $\mathcal{R}$, alors $\lambda\vec{u}$ est de coordonnées $(\lambda x, \lambda y)$ dans $\mathcal{R}$. Si l'on pose $\vec{u} = \overrightarrow{OM}$ et $\lambda\vec{u} = \overrightarrow{ON}$, alors M et N sont de coordonnées respectives (x, y) et $(\lambda x, \lambda y)$, donc :

$$(1) \quad \begin{cases} O,\ M \text{ et } N \text{ sont alignés} \\ ON = \lambda OM \\ N \in [OM[. \end{cases}$$

En utilisant le second repère $\mathcal{R}'$, on voit que si $\vec{u}$ est de coordonnées (x', y') dans $\mathcal{R}'$, alors $\lambda\vec{u}$ est de coordonnées $(\lambda x', \lambda y')$ dans $\mathcal{R}'$. En posant $\vec{u} = \overrightarrow{O'M'}$ et $\lambda\vec{u} = \overrightarrow{O'N'}$, on obtient que M' et N' sont de coordonnées respectives (x', y') et $(\lambda x', \lambda y')$, donc que :

$$(2) \quad \begin{cases} O',\ M' \text{ et } N' \text{ sont alignés} \\ O'N' = \lambda O'M' \\ N' \in [O'M'[. \end{cases}$$

Finalement on obtient le dessin ci-dessous :

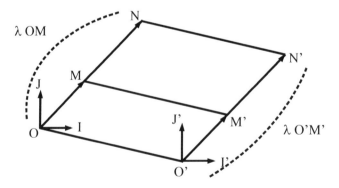

Le quadrilatère $ONN'O'$ est un parallélogramme puisqu'il n'est pas croisé (car N et N' se trouvent dans le même demi-plan de frontière (OO') comme conséquence de (1) et (2)) et possède deux côtés parallèles et égaux (en effet $OMM'O'$ est un parallélogramme donc $(OM)\mathbin{/\!/}(O'M')$, ce qui entraîne

$(ON) \mathbin{/\!/} (O'N')$ et $ON = O'N'$ en utilisant (1) et (2)). Puisque $ONN'O'$ est un parallélogramme, on aura $\overrightarrow{ON} = \overrightarrow{O'N'}$, et le vecteur $\lambda\,\overrightarrow{u}$ obtenu en utilisant le repère $\mathcal{R}$ ou le repère $\mathcal{R'}$ sera le même.

Remarque — Sur un compte rendu d'oral du CAPES 2018 [7], un candidat explique que le jury a posé les questions suivantes sur ce sujet : « Est-ce que le vecteur $\lambda\,\overrightarrow{u}$ est bien défini ? », « Est-ce un objet mathématique ? », « Peut-il y avoir un problème en définissant le produit d'un scalaire par un vecteur ? », « Si l'on change de repère, reste-t-on sur le même objet ? ». Cette question est donc importante à bien préparer avant de passer l'oral.

$\boxed{\textbf{Réponse 1.6}}$ a) Un espace vectoriel sur $\mathbb{R}$ est un ensemble $\overrightarrow{E}$ muni de deux lois de composition : une addition interne « + » et une multiplication externe « . », telles que :
- $(\overrightarrow{E}, +)$ est un groupe commutatif,
- la multiplication externe vérifie les 4 axiomes classiques.

Par exemple, l'un des axiomes demande que pour tout réel λ et pour tous les éléments $\overrightarrow{u}$ et $\overrightarrow{v}$ de $\overrightarrow{E}$, on ait $\lambda.(\overrightarrow{u} + \overrightarrow{v}) = \lambda.\overrightarrow{u} + \lambda.\overrightarrow{v}$.

Remarque — Rappelons la définition complète pour répondre à un jury qui la demanderait. Un espace vectoriel sur $\mathbb{R}$ est un ensemble $\overrightarrow{E}$ muni de deux lois de composition, une addition interne « + » et une multiplication externe « . » :

$$\begin{array}{ccc} \mathbb{R} \times \overrightarrow{E} & \rightarrow & \overrightarrow{E} \\ (\lambda, \overrightarrow{u}) & \mapsto & \lambda.\overrightarrow{u} \end{array}$$

qui à un scalaire λ et un élément $\overrightarrow{u}$ de $\overrightarrow{E}$ fait correspondre un élément $\lambda.\overrightarrow{u}$ de $\overrightarrow{E}$, telles que :

(1) $(\overrightarrow{E}, +)$ est un groupe commutatif. Cela signifie que la loi interne $+$ définie sur $\overrightarrow{E}$ est associative, qu'il existe un élément neutre, que tout élément possède un symétrique, et que la loi est commutative (on retient l'acronyme CANS, soit ANS pour la structure de groupe et C pour la commutativité).

(2) La multiplication externe vérifie les axiomes suivants :
- (A1) $\forall \overrightarrow{u} \in \overrightarrow{E} \quad 1.\overrightarrow{u} = \overrightarrow{u}$;
- (A2) $\forall \overrightarrow{u} \in \overrightarrow{E} \quad \forall \lambda, \mu \in \mathbb{R} \quad \lambda.(\mu.\overrightarrow{u}) = (\lambda\mu).\overrightarrow{u}$;
- (A3) $\forall \overrightarrow{u} \in \overrightarrow{E} \quad \forall \lambda, \mu \in \mathbb{R} \quad (\lambda + \mu).\overrightarrow{u} = \lambda.\overrightarrow{u} + \mu.\overrightarrow{u}$;
- (A4) $\forall \overrightarrow{u}, \overrightarrow{v} \in \overrightarrow{E} \quad \forall \lambda \in \mathbb{R} \quad \lambda.(\overrightarrow{u} + \overrightarrow{v}) = \lambda.\overrightarrow{u} + \lambda.\overrightarrow{v}$.

Un espace vectoriel sur $\mathbb{R}$ est donc un triplet $(\overrightarrow{E}, +, .)$ formé d'un ensemble et de deux lois. Rappelons que, dans cette définition, on peut remplacer $\mathbb{R}$ par n'importe quel corps commutatif K, pour obtenir un espace vectoriel sur K.

b) Les éléments d'un espace vectoriel s'appellent des vecteurs.

c) Si $\vec{E}$ est un espace vectoriel sur un corps K, on dit que K est le corps des scalaires. Dans le secondaire on prend toujours $K = \mathbb{R}$, donc dans ce cas un scalaire est un nombre réel.

$\boxed{\text{Réponse 1.7}}$ Une famille $(\vec{u}_1, ..., \vec{u}_n)$ de vecteurs est dite libre si, pour tout n-uplet $(\alpha_1, ..., \alpha_n)$ de réels :

$$\alpha_1 \vec{u}_1 + ... + \alpha_n \vec{u}_n = \vec{0} \;\Rightarrow\; (\alpha_1, ..., \alpha_n) = (0, ..., 0).$$

Remarque — On peut donner la définition suivante, plus générale, qui n'impose pas à la famille d'être finie : une famille $\mathcal{F} = (\vec{u}_i)_{i \in I}$ de vecteurs de $\vec{E}$ est libre si, quelle que soit la partie finie J de I :

$$\sum_{i \in J} \alpha_i \vec{u}_i = \vec{0} \;\Rightarrow\; \forall i \in J \quad \alpha_i = 0.$$

$\boxed{\text{Réponse 1.8}}$ Une famille $(\vec{u}_1, ..., \vec{u}_n)$ de vecteurs est dite liée si elle n'est pas libre, autrement dit si :

$$\exists (\alpha_1, ..., \alpha_n) \in \mathbb{R}^n \setminus \{(0, ..., 0)\} \quad \alpha_1 \vec{u}_1 + ... + \alpha_n \vec{u}_n = \vec{0}.$$

Remarque — On peut généraliser cette définition au cas où la famille de vecteurs est quelconque, c'est-à-dire de la forme $\mathcal{F} = (\vec{u}_i)_{i \in I}$ où I est un ensemble quelconque. Cette famille $\mathcal{F}$ est dite liée s'il existe une partie finie J de I et une famille $(\alpha_1)_{i \in I}$ de réels non identiquement nulle telle que $\sum_{i \in J} \alpha_i \vec{u}_i = \vec{0}$.

$\boxed{\text{Réponse 1.9}}$ Une famille $(\vec{u}_1, ..., \vec{u}_n)$ de vecteurs de $\vec{E}$ est dite génératrice si pour tout vecteur $\vec{u}$ de $\vec{E}$ il existe des scalaires $\lambda_1, \lambda_2, ..., \lambda_n$ tels que $\vec{u} = \lambda_1 \vec{u}_1 + ... + \lambda_n \vec{u}_n$.

Remarque — On peut donner la définition suivante, plus générale, qui n'impose pas à la famille d'être finie : une famille $\mathcal{F} = (\vec{u}_i)_{i \in I}$ de vecteurs est génératrice de $\vec{E}$ si tout vecteur $\vec{u}$ de $\vec{E}$ s'écrit comme une combinaison linéaire finie de vecteurs de $\mathcal{F}$, c'est-à-dire :

$$\forall \vec{u} \in \vec{E} \quad \exists J \subset I \;\; J \text{ finie} \;\; \exists (\lambda_i)_{i \in J} \text{ famille de scalaires} \quad \vec{u} = \sum_{i \in J} \lambda_i \vec{u}_i.$$

$\boxed{\text{Réponse 1.10}}$ C'est une famille de vecteurs à la fois libre et génératrice.

$\boxed{\text{Réponse 1.11}}$ C'est une relation d'équivalence sur l'ensemble des vecteurs non nuls, sinon ce n'en est pas une.

Une relation d'équivalence est une relation binaire dans un ensemble, qui est réflexive, symétrique et transitive. Notons $\mathcal{R}$ la relation de colinéarité sur une espace vectoriel $\overrightarrow{\mathcal{E}}$. Pour démontrer quelque chose, il faut disposer d'une définition précise. Ici :

$$\overrightarrow{u}\,\mathcal{R}\,\overrightarrow{v} \;\Leftrightarrow\; \exists(\alpha,\beta) \neq (0,0) \quad \alpha\overrightarrow{u} + \beta\overrightarrow{v} = \overrightarrow{0}.$$

En regardant cette définition, on constate immédiatement qu'elle définit une relation symétrique. En effet, si $\overrightarrow{u}\,\mathcal{R}\,\overrightarrow{v}$, il existe des scalaires α et β non nuls en même temps, tels que $\alpha\overrightarrow{u} + \beta\overrightarrow{v} = \overrightarrow{0}$, et l'on peut aussi écrire $\beta\overrightarrow{v} + \alpha\overrightarrow{u} = \overrightarrow{0}$ de sorte que $\overrightarrow{v}\,\mathcal{R}\,\overrightarrow{u}$. On constate aussi que cette relation est réflexive car si $\overrightarrow{u} \in \overrightarrow{\mathcal{E}}$, alors $1\overrightarrow{u} + (-1)\overrightarrow{u} = \overrightarrow{0}$ avec $(1,-1) \neq (0,0)$, ce qui prouve que $\overrightarrow{u}\,\mathcal{R}\,\overrightarrow{u}$. Par contre si l'on prend $\overrightarrow{v} = \overrightarrow{0}$, alors :

$$\left.\begin{array}{c} \overrightarrow{u}\,\mathcal{R}\,\overrightarrow{0} \\[4pt] \overrightarrow{0}\,\mathcal{R}\,\overrightarrow{w} \end{array}\right\} \;\not\Rightarrow\; \overrightarrow{u}\,\mathcal{R}\,\overrightarrow{w}.$$

Pour le voir, il suffit de choisir deux vecteurs $\overrightarrow{u}$ et $\overrightarrow{w}$ non nuls et non colinéaires. Le relation $\mathcal{R}$ n'est donc pas une relation d'équivalence sur $\overrightarrow{\mathcal{E}}$. Si l'on se place dans $\overrightarrow{\mathcal{E}}\setminus\{\overrightarrow{0}\}$, on peut par contre écrire :

$$\overrightarrow{u}\,\mathcal{R}\,\overrightarrow{v} \;\Leftrightarrow\; \exists k \in \mathbb{R} \quad \overrightarrow{v} = k\overrightarrow{u},$$

en supposant que $\overrightarrow{\mathcal{E}}$ est un espace vectoriel sur $\mathbb{R}$. Dans ce cas :

$$\left\{\begin{array}{c} \overrightarrow{u}\,\mathcal{R}\,\overrightarrow{v} \\[4pt] \overrightarrow{v}\,\mathcal{R}\,\overrightarrow{w} \end{array}\right. \Rightarrow \left\{\begin{array}{c} \exists k \in \mathbb{R} \quad \overrightarrow{v} = k\overrightarrow{u} \\[4pt] \exists t \in \mathbb{R} \quad \overrightarrow{w} = t\overrightarrow{v} \end{array}\right. \Rightarrow \exists tk \in \mathbb{R} \quad \overrightarrow{w} = tk\overrightarrow{u} \;\Rightarrow\; \overrightarrow{u}\,\mathcal{R}\,\overrightarrow{w},$$

et cela montre que la relation $\mathcal{R}$ est transitive sur $\overrightarrow{\mathcal{E}}\setminus\{\overrightarrow{0}\}$.

$\boxed{\textbf{Réponse 1.12}}$ • C'est faux ! Si K désigne le corps des scalaires, la condition :

$$\exists \lambda \in K \quad \overrightarrow{u} = \lambda\overrightarrow{v} \quad (*)$$

n'est pas équivalente à la colinéarité des vecteurs $\overrightarrow{u}$ et $\overrightarrow{v}$. En effet, si $\overrightarrow{v} = \overrightarrow{0}$ et si $\overrightarrow{u}$ n'est pas nul, le système $(\overrightarrow{u}, \overrightarrow{v})$ est lié bien qu'il n'existe pas de scalaire λ tel que $\overrightarrow{u} = \lambda\overrightarrow{v}$. On peut seulement dire que la condition $(*)$ entraîne la colinéarité de $\overrightarrow{u}$ et $\overrightarrow{v}$ puisque montre l'existence d'un couple $(1, -\lambda) \neq (0,0)$ tels que $\overrightarrow{u} - \lambda\overrightarrow{v} = \overrightarrow{0}$.

• Montrons cependant que l'assertion $(*)$ équivaut à la colinéarité des vecteurs $\overrightarrow{u}$ et $\overrightarrow{v}$ quand on suppose $\overrightarrow{v} \neq \overrightarrow{0}$:

- La condition est suffisante car si $(*)$ est vraie, alors $\overrightarrow{u} - \lambda \overrightarrow{v} = \overrightarrow{0}$ avec $(1, -\lambda) \neq (0, 0)$ et les vecteurs $\overrightarrow{u}$ et $\overrightarrow{v}$ sont colinéaires par définition.

- La condition est nécessaire car, réciproquement, si l'on suppose $\overrightarrow{u}$ et $\overrightarrow{v}$ colinéaires, il existe $(\alpha, \beta) \neq (0, 0)$ tel que $\alpha \overrightarrow{u} + \beta \overrightarrow{v} = \overrightarrow{0}$. Si $\alpha = 0$ cela entraîne $\beta \overrightarrow{v} = \overrightarrow{0}$ donc $\beta = 0$ puisque $\overrightarrow{v} \neq \overrightarrow{0}$, mais alors $(\alpha, \beta) = (0, 0)$, ce qui est absurde. On a donc toujours $\alpha \neq 0$, et en divisant par α les deux membres de l'égalité $\alpha \overrightarrow{u} + \beta \overrightarrow{v} = \overrightarrow{0}$, on obtient :

$$\overrightarrow{u} = -\frac{\beta}{\alpha} \overrightarrow{v},$$

c'est-à-dire $\overrightarrow{u} = \lambda \overrightarrow{v}$ en posant $\lambda = -\beta/\alpha$.

Remarque — La définition générale vu à l'université énonce que deux vecteurs $\overrightarrow{u}$ et $\overrightarrow{v}$ sont colinéaires si, et seulement si, il existe $(\alpha, \beta) \neq (0, 0)$ tel que $\alpha \overrightarrow{u} + \beta \overrightarrow{v} = \overrightarrow{0}$. On peut vérifier que cela revient à dire qu'il existe un scalaire λ tel que $\overrightarrow{u} = \lambda \overrightarrow{v}$ ou $\overrightarrow{v} = \lambda \overrightarrow{u}$. On retient alors :

$$\overrightarrow{u} \text{ et } \overrightarrow{v} \text{ colinéaires} \iff \exists \lambda \in \mathbb{R} \quad \overrightarrow{u} = \lambda \overrightarrow{v} \text{ ou } \overrightarrow{v} = \lambda \overrightarrow{u}.$$

Réponse 1.13 Soient deux vecteurs $\overrightarrow{u}(x, y)$ et $\overrightarrow{v}(x', y')$. Montrons l'équivalence :

$$\overrightarrow{u} \text{ et } \overrightarrow{v} \text{ colinéaires} \iff xy' - x'y = 0.$$

$(\Rightarrow)$ Si $\overrightarrow{u}$ et $\overrightarrow{v}$ sont colinéaires, de deux choses l'une :
- Si $\overrightarrow{u}$ ou $\overrightarrow{v}$ est nul, on a évidemment $xy' - x'y = 0$.
- Si $\overrightarrow{u}$ et $\overrightarrow{v}$ ne sont pas nuls, il existe $\lambda \in \mathbb{R}$ tel que $\overrightarrow{u} = \lambda \overrightarrow{v}$, d'où $x = \lambda x'$ et $y = \lambda y'$. On obtient alors $xy' - x'y = (\lambda x')y' - x'(\lambda y') = 0$.

$(\Leftarrow)$ Réciproquement, si $xy' - x'y = 0$, de deux choses l'une :
- Si $\overrightarrow{u}$ ou $\overrightarrow{v}$ est nul, alors $\overrightarrow{u}$ et $\overrightarrow{v}$ sont colinéaires par définition puisqu'on peut écrire $1\overrightarrow{u} + 1\overrightarrow{v} = \overrightarrow{0}$ avec $(1, 1) \neq (0, 0)$.
- Si $\overrightarrow{u}$ et $\overrightarrow{v}$ ne sont pas nuls, par exemple $x' \neq 0$ et l'on peut écrire :

$$\begin{cases} x = \dfrac{x}{x'}x' \\ y = \dfrac{x}{x'}y', \end{cases}$$

ce qui montre que $\overrightarrow{u} = \lambda \overrightarrow{v}$ en posant $\lambda = x/x'$. Cela prouve que $\overrightarrow{u}$ et $\overrightarrow{v}$ sont colinéaires.

Remarque — On fera attention de ne pas oublier le cas où l'un des vecteurs est nul, comme c'est arrivé à un candidat de la session 2018. Le jury a alors tout de suite posé la question : « Avez-vous bien montré l'équivalence ? Dans tous les cas ? ». Le candidat a répondu que $\overrightarrow{u}$ et $\overrightarrow{v}$ ne pouvaient pas être nuls en même temps, et le jury lui a demandé pourquoi.

Réponse 1.14 On vérifie l'équivalence annoncée en se plaçant dans les deux seuls cas possibles suivants :

- Si $\overrightarrow{u}$ ou $\overrightarrow{v}$ est nul, alors $\overrightarrow{u}$ et $\overrightarrow{v}$ sont colinéaires et l'on a $\overrightarrow{u} = 0\overrightarrow{v}$ ou $\overrightarrow{v} = 0\overrightarrow{u}$, ce qui prouve que $(x,y) = 0\,(x',y')$ ou $(x',y') = 0\,(x,y)$, donc que les deux suites (x,y) et (x',y') sont proportionnelles. L'équivalence est donc vraie dans ce cas.

- Si $\overrightarrow{u}$ et $\overrightarrow{v}$ ne sont pas nuls, on a par exemple $x' \neq 0$, et la Question 1.13 permet d'écrire :

$$\overrightarrow{u} \text{ et } \overrightarrow{v} \text{ colinéaires} \quad \Leftrightarrow \quad xy' - x'y = 0 \quad \Leftrightarrow \quad \begin{cases} x = \dfrac{x}{x'}x' \\ y = \dfrac{x}{x'}y' \end{cases}$$

$$\Leftrightarrow \quad (x,y) \text{ et } (x',y') \text{ proportionnelles.}$$

Réponse 1.15 Soient F et G deux sous-espaces vectoriels d'un espace vectoriel E. Par définition, $F + G$ est la partie de E formée de toutes les sommes d'un vecteur de E et d'un vecteur de F :

$$F + G = \{z \in E \,/\, \exists (x,y) \in F \times G \ \ z = x + y\}.$$

On vérifie facilement que $F + G$ est un sous-espace vectoriel de E.

On peut aussi dire que $F + G$ est l'espace vectoriel engendré par la réunion $F \cup G$ de F et de G, un espace que l'on note $\text{Vect}(F \cup G)$. Pour montrer l'équivalence entre ces deux définitions, posons $F + G = \{x + y \,/\, x \in F \text{ et } y \in G\}$ et montrons que l'ensemble $F + G$, défini de cette façon, est bien le sous-espace engendré par $F \cup G$. Cela revient à vérifier les trois points suivants :

• $F + G$ est un sous-espace vectoriel de E. C'est facile.

• $F + G$ contient la partie $F \cup G$. C'est évident puisque si $x \in F$, alors $x = x + 0 \in F + G$, donc $F \subset F + G$. On montrerait de même que $G \subset F + G$.

• $F + G$ est le plus petit sous-espace vectoriel contenant $F \cup G$. En effet, si H est un sous-espace vectoriel de E contenant $F \cup G$, alors H contient tous les vecteurs x de F et tous les vecteurs y de G, donc contiendra obligatoirement toutes les sommes $x + y$ de ces vecteurs, donc contiendra $F + G$.

Réponse 1.16 • La réunion de deux sous-espaces vectoriels F et G d'un espace vectoriel E n'est pas un sous-espace vectoriel en général. Par exemple, si l'on considère les droites suivantes de $\mathbb{R}^2$:

$$\begin{cases} D_1 = \text{Vect}\,((1,0)) = \{(x_1,0) \,/\, x_1 \in \mathbb{R}\}, \\ D_2 = \text{Vect}\,((0,1)) = \{(0,x_2) \,/\, x_2 \in \mathbb{R}\}, \end{cases}$$

les éléments de $D_1 \cup D_2$ sont de la forme $(x_1, 0)$ ou $(0, x_2)$ avec $x_1, x_2 \in \mathbb{R}$, et $D_1 \cup D_2$ ne peut pas contenir la somme $(1, 1) = (1, 0) + (0, 1)$. Donc $D_1 \cup D_2$ n'est pas un sous-espace vectoriel.

• Vérifions que :
$$F \cup G \text{ est un s.e.v.} \quad \Leftrightarrow \quad F \subset G \text{ ou } G \subset F.$$

Le sens ($\Leftarrow$) est évident car si par exemple $F \subset G$, alors $F \cup G = G$ est encore un sous-espace vectoriel. Pour montrer l'implication ($\Rightarrow$), montrons sa contraposée :
$$F \not\subset G \text{ et } G \not\subset F \quad \Rightarrow \quad F \cup G \text{ n'est pas un s.e.v.}$$

Si $F \not\subset G$ et $G \not\subset F$, il existe $x \in F \backslash G$ et $y \in G \backslash F$. Dans ce cas x et y appartiennent à $F \cup G$ mais la somme $z = x + y$ ne peut pas appartenir à $F \cup G$ comme on le voit en raisonnant par l'absurde et en envisageant deux cas :

- si $z = x + y \in F$, alors $y = z - x \in F$ comme toute différence de vecteurs de F, c'est absurde car $y \in G \backslash F$;

- si $z = x + y \in G$, alors $x = z - y \in G$ comme toute différence de vecteurs de G, c'est absurde car $x \in F \backslash G$.

Cela montre que $F \cup G$ n'est pas un sous-espace vectoriel et permet de conclure.

$\boxed{\text{Réponse 1.17}}$ • Un espace vectoriel E est somme directe de deux sous-espaces F et G si tout vecteur x de E peut s'écrire de manière unique sous la forme $x = x_1 + x_2$ avec $x_1 \in F$ et $x_2 \in G$. On dit encore que F et G sont des sous-espaces vectoriels supplémentaires dans E, et on note $E = F \oplus G$.

• On a $E = F \oplus G$ si et seulement si les deux conditions suivantes sont vérifiées :

(1) $E = F + G$.

(2) $F \cap G = \{0\}$.

Montrons-le. Si $E = F \oplus G$ et si $x \in F \cap G$, alors x se décompose *a priori* de deux façons différentes comme somme d'un vecteur de F et d'un vecteur de G :
$$\begin{cases} x = x + 0 & \text{avec } x \in F \text{ et } 0 \in G, \\ x = 0 + x & \text{avec } 0 \in F \text{ et } x \in G. \end{cases}$$

L'unicité de la décomposition donne $x = 0$. Ainsi $F \cap G \subset \{0\}$, et comme l'inclusion réciproque est évidente, on obtient $F \cap G = \{0\}$. Cela montre que les assertions (1) et (2) sont vraies.

Réciproquement, si (1) et (2) sont vraies, et si $x = x_1 + x_2 = x'_1 + x'_2$ avec $x_1, x'_1 \in F$ et $x_2, x'_2 \in G$, alors :

$$x_1 - x_1' = x_2' - x_2 \in F \cap G = \{0\}$$

donc $x_1 = x_1'$ et $x_2 = x_2'$. Cela montre l'unicité de la décomposition de x dans la somme $F + G$, et permet d'affirmer que $E = F \oplus G$ au sens de la première définition.

Remarques — On peut formuler différemment la question posée, et par exemple demander : « Quand dit-on que F et G sont des sous-espaces supplémentaires de E ? ».

$\boxed{\textbf{Réponse 1.18}}$ Le produit vectoriel est une loi interne définie dans un espace vectoriel euclidien orienté de dimension 3 de la façon suivante :

> **Définition** — Le produit vectoriel de deux vecteurs $\overrightarrow{u}$ et $\overrightarrow{v}$ est un vecteur, noté $\overrightarrow{u} \wedge \overrightarrow{v}$, défini ainsi :
>   - Si $\overrightarrow{u}$ et $\overrightarrow{v}$ sont colinéaires, on pose $\overrightarrow{u} \wedge \overrightarrow{v} = \overrightarrow{0}$.
>   - Sinon, on choisit un vecteur unitaire $\overrightarrow{k}$ orthogonal au plan vectoriel Vect $(\overrightarrow{u}, \overrightarrow{v})$ engendré par les vecteurs $\overrightarrow{u}$ et $\overrightarrow{v}$, puis l'on pose $\overrightarrow{u} \wedge \overrightarrow{v} = ||\overrightarrow{u}|| \, ||\overrightarrow{v}|| \sin(\overrightarrow{u}, \overrightarrow{v}) \overrightarrow{k}$ où $\sin(\overrightarrow{u}, \overrightarrow{v})$ désigne le sinus de l'angle $(\overrightarrow{u}, \overrightarrow{v})$ dans le plan Vect $(\overrightarrow{u}, \overrightarrow{v})$ orienté par $\overrightarrow{k}$.

Remarques — Il ne faut pas confondre le produit vectoriel, qui est une loi interne, avec le produit scalaire qui est une loi externe (puisque le produit scalaire de deux vecteurs est un réel). La question a vraisemblablement été posée lorsqu'un candidat a parlé de lui-même de « produit vectoriel » entre deux vecteurs en pensant sans doute au produit scalaire. Le hic, c'est qu'il existe déjà un produit vectoriel, d'où la question du jury et son éventuel intérêt pour savoir si on travaille avec une loi interne ou externe. Attention aux questions enchaînées qui pourraient débuter à cet instant.

$\boxed{\textbf{Réponse 1.19}}$ On a $\overrightarrow{AB} = \overrightarrow{CD}$ si et seulement si $ABDC$ est un parallélogramme. Pour aller plus loin, on peut rajouter que les parallélogrammes permettent de définir la notion de vecteur à partir de la relation d'équipollence (Question 1.3), et que la CNS que l'on vient de donner n'est que l'expression de la définition d'un vecteur.

$\boxed{\textbf{Réponse 1.20}}$ Quatre points distincts alignés ne forment pas forcément un parallélogramme aplati, et c'est heureux car définir rigoureusement des parallélogrammes aplatis est nécessaire quand on veut définir les vecteurs à partir des connaissances de géométrie apprises au collège (Questions 1.21 et 1.3).

$\boxed{\textbf{Réponse 1.21}}$ Pour permettre aux parallélogrammes d'être éventuellement aplatis, il faut choisir la définition suivante : « Un quadrilatère $ABDC$

est un parallélogramme si et seulement si ses diagonales [AD] et [BC] ont même milieu ». On définit ainsi un parallélogramme au sens large. Pour dessiner un parallélogramme aplati $ABDC$, on tracera donc des points A, B, C, D alignés tels que les segments [AD] et [BC] ont même milieu.

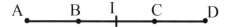

La définition classique : « Un quadrilatère est un parallélogramme si et seulement si ses côtés opposés sont parallèles deux à deux » ne convient plus pour un parallélogramme aplati puisque, lorsque A, B, C, D sont alignés, tous les segments d'extrémités A, B, C ou D sont sur une même droite.

Remarque — Pour bien retenir comment dessiner un parallélogramme aplati, il faut imaginer que l'on part d'un parallélogramme normal, puis que l'on écrase un côté vers l'autre sans changer les longueurs des quatre côtés. Tout se passe comme si les côtés étaient des bâtons articulés aux sommets du parallélogramme, et l'on imagine le dessin suivant :

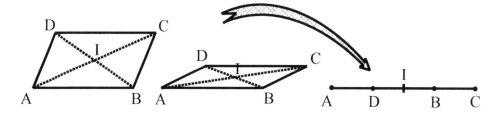

Réponse 1.22 Plaçons-nous dans un espace vectoriel E.

a) On a besoin de deux sous-espaces vectoriels supplémentaires F et G dans E. On a donc $E = F \oplus G$, et tout vecteur x de E s'écrit de façon unique sous la forme $x = x_1 + x_2$ avec $x_1 \in F$ et $x_2 \in G$. L'application :

$$p : \quad \begin{aligned} E = F \oplus G &\rightarrow E \\ x = x_1 + x_2 &\mapsto x_1 \end{aligned}$$

qui à $x \in E$ associe l'unique vecteur x_1 de F intervenant dans la décomposition de x dans la somme directe $E = F \oplus G$, est appelée projection vectorielle sur F parallèlement à G (ou de direction G). La FIG. 1.1 résume la situation.

b) Voici quelques propriétés de ces projections :
(1) p est linéaire.
(2) $\operatorname{Im} p = F$, de sorte que p n'est pas surjective en tant qu'application de E dans E.

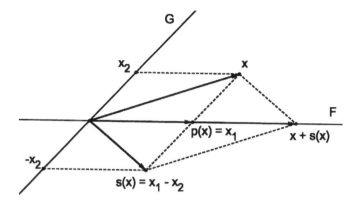

FIG. 1.1 – Projections et symétries vectorielles

(3) $\operatorname{Ker} p = G$, et en particulier p n'est pas injective.

(4) p est un projecteur, autrement dit $p^2 = p$. On dit aussi que l'endomorphisme p est idempotent.

(5) La réciproque est vraie : tout endomorphisme p qui vérifie $p^2 = p$ est une projection sur l'image $\operatorname{Im} p$ de p, parallèlement au noyau $\operatorname{Ker} p$ de p. On peut donc retenir que, dans $\mathcal{L}(E)$, se donner un projecteur revient à se donner une projection.

(6) On a cette caractérisation très utile :

$$y = p(x) \iff \begin{cases} y \in F \\ y - x \in G. \end{cases}$$

Réponse 1.23 a) On peut écrire :

$$y = p(x) \iff \begin{cases} y \in F \\ y - x \in G. \end{cases} \qquad (\dagger)$$

b) Par définition, la projection p sur F parallèlement à G est l'application :

$$\begin{aligned} p: \quad E = F \oplus G \quad &\to \quad E \\ x = x_1 + x_2 \quad &\mapsto \quad x_1 \end{aligned}$$

où $x = x_1 + x_2$ est la décomposition de x dans la somme directe $E = F \oplus G$. Si $y = p(x) = x_1$, alors $y = x_1 \in F$ et $y - x = x_2 \in G$. Réciproquement, si $y \in F$ et $y - x \in G$, posons $x_1 = y \in F$ et $x_2 = y - x \in G$. On a $x = x_1 - x_2$ et $p(x) = x_1 = y$ par définition de p.

Réponse 1.24 Si p désigne la projection affine sur F parallèlement à G :

$$M' = p(M) \Leftrightarrow \begin{cases} M' \in F \\ \overrightarrow{MM'} \in \overrightarrow{G}. \end{cases}$$

Réponse 1.25 Si M est un point du plan, le projeté orthogonal de M sur une droite D est l'unique point H tel que H appartienne à D et que la droite (MH) soit orthogonale à D. En disant cela, on suppose que $M \notin D$ pour que la droite (MH) existe, sinon on prend $H = M$.

La construction du projeté orthogonal H de M sur D est donc facile : il suffit de construire la perpendiculaire Δ_M à D passant par M, puis de noter H l'intersection de Δ_M et D.

Réponse 1.26 Soit E un espace vectoriel E. Soient F et G deux sous-espaces supplémentaires dans E.

a) Tout vecteur x de E s'exprime de façon unique sous la forme $x = x_1 + x_2$ avec $x_1 \in F$ et $x_2 \in G$, et l'application :

$$\begin{aligned} s : \quad E = F \oplus G \quad &\to \quad E \\ x = x_1 + x_2 \quad &\mapsto \quad x_1 - x_2 \end{aligned}$$

est appelée symétrie par rapport à F parallèlement à G. On dit aussi que c'est la symétrie de base F et de direction G (FIG. 1.1).

b) Citons ces propriétés des symétries :

(1) s est linéaire.

(2) s est bijective, donc $\operatorname{Im} s = E$ et $\operatorname{Ker} s = \{0\}$.

(3) s est diagonalisable et possède deux valeurs propres : 1 et -1 (quand ni F, ni G, n'est réduit à $\{0\}$).

(4) s est involutive, i.e. $s^2 = Id$. Cela prouve que s est bijective et $s^{-1} = s$.

(5) La réciproque est vraie : tout endomorphisme s vérifiant $s^2 = Id$ est une symétrie par rapport à $\operatorname{Ker}(s - Id)$ parallèlement à $\operatorname{Ker}(s + Id)$. On peut donc retenir que, dans $\mathcal{L}(E)$, une application est involutive si et seulement si c'est une symétrie.

(6) On dispose de la caractérisation :

$$y = s(x) \Leftrightarrow \begin{cases} x + y \in F \\ x - y \in G. \end{cases}$$

Réponse 1.27 a) On sait que :

$$y = s(x) \iff \begin{cases} x + y \in F \\ x - y \in G. \end{cases} \quad (\dagger)$$

b) La symétrie s par rapport à F parallèlement à G est, par définition, l'application :

$$s: \quad E = F \oplus G \quad \to \quad E$$
$$x = x_1 + x_2 \quad \mapsto \quad x_1 - x_2$$

où $x = x_1 + x_2$ est la décomposition de x dans la somme directe $E = F \oplus G$. Si $y = s(x) = x_1 - x_2$, alors $x + y = 2x_1 \in F$ et $x - y = 2x_2 \in G$. Réciproquement, si $x + y \in F$ et $x - y \in G$, posons :

$$x_1 = \frac{1}{2}(x + y) \in F \quad \text{et} \quad x_2 = \frac{1}{2}(x - y) \in G.$$

Alors $x = x_1 + x_2$ est la décomposition de x dans la somme $E = F \oplus G$, et l'on obtient bien $y = x_1 - x_2 = s(x)$.

Réponse 1.28 La figure ci-dessous, qui montre l'image d'un point M par une symétrie de base un plan et de direction une droite, nous permet de reconstituer la définition générale.

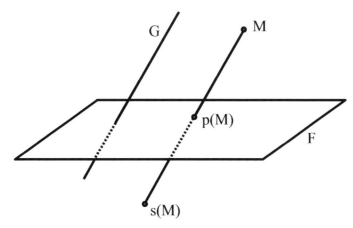

Si F et G sont deux sous-espaces affines de directions $\overrightarrow{F}$ et $\overrightarrow{G}$ supplémentaires dans $\overrightarrow{E}$ (donc tels que $\overrightarrow{E} = \overrightarrow{F} \oplus \overrightarrow{G}$), soit p la projection sur F parallèlement à G. On appelle symétrie affine par rapport à F parallèlement à $\overrightarrow{G}$ l'application :

$$s: \quad E \quad \longrightarrow \quad E$$
$$M \quad \longmapsto \quad M' \text{ tel que } p(M) \text{ soit le milieu de } [MM'].$$

On dit aussi que s est la symétrie affine de base F, de direction $\vec{G}$. Une telle symétrie est dite gauche pour rappeler qu'il ne s'agit pas forcément d'une symétrie orthogonale.

$\boxed{\textbf{Réponse 1.29}}$ On a l'équivalence :

$$M' = s\,(M) \;\Leftrightarrow\; \begin{cases} \text{le milieu de } [MM'] \text{ est dans } F \\ \overrightarrow{MM'} \in \vec{G}. \end{cases}$$

$\boxed{\textbf{Réponse 1.30}}$ Si I et J sont les milieux respectifs des côtés $[AB]$ et $[AC]$ d'un triangle ABC, il s'agit de montrer que la droite (IJ) est parallèle à (BC) et $BC = 2IJ$. Par hypothèse $\overrightarrow{AI} = \frac{1}{2}\overrightarrow{AB}$ et $\overrightarrow{AJ} = \frac{1}{2}\overrightarrow{AC}$, donc :

$$\overrightarrow{IJ} = \overrightarrow{AJ} - \overrightarrow{AI} = \frac{1}{2}\overrightarrow{AC} - \frac{1}{2}\overrightarrow{AB} = \frac{1}{2}\overrightarrow{BC},$$

ce qui permet de conclure.

$\boxed{\textbf{Réponse 1.31}}$ • Les vecteurs se prêtent bien à cet exercice. Comme $ABCD$ est un parallélogramme, et comme I et J sont les milieux de $[AB]$ et $[CD]$:

$$\overrightarrow{AI} = \frac{1}{2}\overrightarrow{AB} = \frac{1}{2}\overrightarrow{DC} = \overrightarrow{JC}$$

donc $\overrightarrow{AI} = \overrightarrow{JC}$, et le quadrilatère $AICJ$ est un parallélogramme.

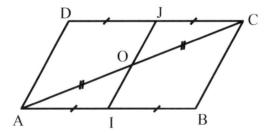

• On peut raisonner comme au collège en utilisant le théorème de la droite des milieux. Si O désigne le milieu de la diagonale $[AC]$, la droite (IO) passe par les milieux des segments $[AB]$ et $[AC]$, donc est parallèle à (BC) et l'on a $IO = BC/2$. On recommence avec le point J : la droite (JO) passe par les milieux des segments $[DC]$ et $[AC]$, donc est parallèle à (AD) et l'on a l'égalité $JO = AD/2$.

Comme (BC) est parallèle à (AD), on déduit (par transitivité de la relation de parallélisme) que (IO) et (JO) sont parallèles, et comme ces deux droites passent par le même point O, elles sont égales et les points O, I, J sont alignés.

Comme $IO = BC/2 = AD/2 = JO$, on déduit que O est le milieu de $[IJ]$. Finalement les diagonales du quadrilatère $AICJ$ se coupent en leur milieu O, ce qui montre qu'il s'agit d'un parallélogramme.

Réponse 1.32 La relation de Chasles montre que les égalités suivantes sont équivalentes :

$$4\overrightarrow{GA} - \overrightarrow{GB} - \overrightarrow{GC} = \overrightarrow{0}$$
$$4\overrightarrow{GA} - (\overrightarrow{GA} + \overrightarrow{AB}) - (\overrightarrow{GA} + \overrightarrow{AC}) = \overrightarrow{0}$$
$$2\overrightarrow{GA} = \overrightarrow{AB} + \overrightarrow{AC}. \quad (*)$$

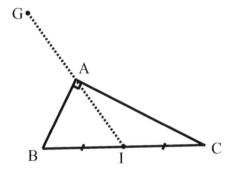

Comme le point I est le milieu de $[BC]$, on a $\overrightarrow{IB} + \overrightarrow{IC} = \overrightarrow{0}$ et l'on peut écrire $\overrightarrow{AB} + \overrightarrow{AC} = (\overrightarrow{AI} + \overrightarrow{IB}) + (\overrightarrow{AI} + \overrightarrow{IC}) = 2\overrightarrow{AI}$. On obtient $\overrightarrow{GA} = \overrightarrow{AI}$ en remplaçant dans $(*)$, ce qui montre que A est le milieu de $[GI]$. Le point G est donc bien le symétrique de I par rapport à A.

Réponse 1.33 Oui et non. C'est une erreur en ce sens où l'on confond deux éléments qui n'ont *a priori* rien à voir entre eux : un vecteur est un élément d'un espace vectoriel, ici un plan vectoriel $\overrightarrow{\mathcal{P}}$, et un couple de réels appartient au produit cartésien $\mathbb{R}^2 = \mathbb{R} \times \mathbb{R}$. Ecrire $\overrightarrow{u} = \binom{x}{y}$ est donc abusif, et cela risque d'entraîner de la confusion chez des lycéens. C'est pour cela que c'est en général interdit dans le secondaire.

Cependant il n'est pas faux d'écrire une telle égalité après avoir identifié l'espace vectoriel $\overrightarrow{\mathcal{P}}$ et $\mathbb{R}^2$. Cette identification est possible car l'application :

$$\varphi : \begin{array}{ccc} \overrightarrow{\mathcal{P}} & \to & \mathbb{R}^2 \\ \overrightarrow{u} & \mapsto & \binom{x}{y} \end{array}$$

qui à $\overrightarrow{u} \in \overrightarrow{\mathcal{P}}$ fait correspondre les coordonnées de $\overrightarrow{u}$ dans une base de $\overrightarrow{\mathcal{P}}$ fixée une fois pour toutes, est clairement un isomorphisme d'espaces vectoriels. Les ensembles $\overrightarrow{\mathcal{P}}$ et $\mathbb{R}^2$ sont donc les mêmes en tant qu'ensembles et en tant qu'espaces vectoriels. On a le droit de les identifier complètement via φ, c'est-à-dire de poser $\overrightarrow{u} = \varphi(\overrightarrow{u})$ pour tout $\overrightarrow{u} \in \overrightarrow{\mathcal{P}}$.

$\boxed{\textbf{Réponse 1.34}}$ • Notons K le corps des scalaires de E. L'ensemble Vect (Λ) est par définition lke plus petit sous-espace vectoriel contenant Λ. On sait que Vect (Λ) est l'ensemble des combinaisons linéaires des éléments de Λ, autrement dit :

$$\text{Vect}(\Lambda) = \{\alpha_1 x_1 + ... + \alpha_m x_m \,/\, m \in \mathbb{N},\ \alpha_i \in K,\ x_i \in \Lambda\}. \quad (\dagger)$$

• On a $\text{Vect}(F \cup G) = F + G$ où $F + G$ est l'ensemble formé de toutes les sommes $x + y$ où x décrit F et y décrit G. Enfin $\text{Vect}(F \cap G) = F \cap G$ puisque $F \cap G$ est un sous-espace vectoriel comme intersection de deux sous-espaces vectoriels.

$\boxed{\textbf{Réponse 1.35}}$ Si $z = x + iy$ et $z' = x' + iy'$ désignent les affixes de $\overrightarrow{u}$ et $\overrightarrow{v}$, alors :

$$
\begin{aligned}
z\overline{z'} &= (x + iy)(x' - iy') \\
&= (xx' + yy') + i(x'y - y'x) = (\overrightarrow{u}.\overrightarrow{v}) - i\det(\overrightarrow{u}, \overrightarrow{v}).
\end{aligned}
$$

On en déduit que :
$$
\begin{cases}
(\overrightarrow{u}, \overrightarrow{v}) \text{ lié} \iff z\overline{z'} \in \mathbb{R} \\
\overrightarrow{u}.\overrightarrow{v} = 0 \iff z\overline{z'} \in i\mathbb{R}.
\end{cases}
$$

Chapitre 2

Alignement, parallélisme & intersection

2.1 Alignement

Question 2.1 *Définition d'un alignement* (2018)
Quand dit-on que trois points sont alignés ?

Question 2.2 *Question surprenante*
Deux points sont-ils alignés ?

Question 2.3 *CNS d'alignement en termes d'affixes*
Donnez une CNS en termes d'affixes pour que trois points soient alignés.

Question 2.4 *Exercice pratique*
A l'intérieur d'un carré ABCD, tracez M tel que ABM soit équilatéral. A l'extérieur du carré, tracez N tel que BCN soit équilatéral. Montrez que D, M et N sont alignés.

Question 2.5 *Dans un tétraèdre* (2017[39])
Tracez un tétraèdre quelconque ABCD. Placez le milieu I de [CD] puis le point K tel que $\overrightarrow{AK} = \frac{1}{2}\overrightarrow{AB} + \frac{1}{4}\overrightarrow{AC} + \frac{1}{4}\overrightarrow{AD}$. Démontrez que les points B, K et I sont alignés.

2.2 Parallélisme

Question 2.6 *Proportionnalité & colinéarité*
Quel lien existe-t-il entre la proportionnalité de 2 suites finies de réels et la notion de colinéarité ?

Question 2.7 *CNS de colinéarité en termes d'affixes*
Donnez une CNS en termes d'affixes pour que deux vecteurs $\vec{u}$ et $\vec{v}$ du plan soient colinéaires. Même question avec orthogonaux.

Question 2.8 *Niveaux d'enseignement* (2023[21])
A quel niveau sont enseignés les angles alternes-internes ?

2.3   Intersection

Question 2.9 *Intersection d'un cercle & d'une droite*
    a) Montrez qu'une droite coupe un cercle en au plus deux points.
    b) Dessinez les cas de figure puis démontrez ces résultats.

Question 2.10 *Détermination d'une intersection I* (2017)
Déterminez l'intersection du cercle de centre $A(1,2)$ et de rayon 1, et du cercle de centre $O\left(0,0\right)$ et de rayon 2.

Question 2.11 *Détermination d'une intersection II* (2007) *L'intersection de la droite $y = 3x - 7$ et du cercle d'équation $x^2 + y^2 - 6x + 4y - 39 = 0$ est-elle vide ?*

Question 2.12 *Cercle circonscrit à un rectangle*
Montrer qu'il existe un unique cercle passant par les sommets d'un rectangle. Est-ce le cas avec un parallélogramme ?

2.4   Réponses

    Réponse 2.1 Trois points sont **alignés** s'il existe une droite qui les contient.

    Réponse 2.2 Deux points sont toujours alignés, puisqu'il existe toujours au moins une droite que les contient.

    Réponse 2.3 Soient trois points A, B, M distincts entre eux deux à deux (sinon ils sont alignés), d'affixes a, b et z. On a :

$$\begin{aligned}
(z - a)\overline{(z - b)} \in \mathbb{R} \quad &\Leftrightarrow \quad \arg (z - a)\overline{(z - b)} = 0 \ (\pi) \\
&\Leftrightarrow \quad \arg (z - a) - \arg (z - b) = 0 \ (\pi) \\
&\Leftrightarrow \quad (\vec{i}, \overrightarrow{AM}) - (\vec{i}, \overrightarrow{BM}) = 0 \ (\pi) \\
&\Leftrightarrow \quad (\overrightarrow{BM}, \overrightarrow{AM}) = 0 \ (\pi) \\
&\Leftrightarrow \quad A, B, M \text{ alignés.}
\end{aligned}$$

Réponse 2.4 Cherchons les coordonnées des points D, M et N dans le repère $\mathcal{R} = (A, B, D)$. En utilisant les lignes trigonométriques de $\pi/3$, on trouve :

$$D\begin{pmatrix} 0 \\ 1 \end{pmatrix} \quad M\begin{pmatrix} 1/2 \\ \sqrt{3}/2 \end{pmatrix} \quad \text{et} \quad N\begin{pmatrix} 1 + \sqrt{3}/2 \\ 1/2 \end{pmatrix}.$$

Ainsi :

$$\overrightarrow{DM}\begin{pmatrix} 1/2 \\ \sqrt{3}/2 - 1 \end{pmatrix} \quad \text{et} \quad \overrightarrow{DN}\begin{pmatrix} 1 + \sqrt{3}/2 \\ -1/2 \end{pmatrix}.$$

Comme :

$$\frac{1}{2} \times \left(-\frac{1}{2}\right) - \left(\frac{\sqrt{3}}{2} - 1\right) \times \left(1 + \frac{\sqrt{3}}{2}\right) = -\frac{1}{4} + \left(1 - \frac{3}{4}\right) = 0$$

on déduit que les vecteurs $\overrightarrow{DM}$ et $\overrightarrow{DN}$ sont colinéaires, donc que les points D, M et N sont alignés.

Remarque — Cet exercice est un classique de la classe de seconde permettant de travailler en coordonnées et nécessitant d'appliquer la condition de colinéarité de deux vecteurs ([31], p. 219).

Réponse 2.5 On trace le dessin au tableau et on le complète en suivant les instructions du jury, mais on s'aperçoit vite que le résultat n'est pas évident à première vue. On doit vite changer son fusil d'épaule et proposer une méthode qui fonctionne à tous les coups. Le jury observe les réactions du candidat et veut découvrir les méthodes qu'il proposera pour résoudre ce problème.

On proposera d'écrire l'hypothèse $\overrightarrow{CI} = \overrightarrow{ID}$, puis d'utiliser cette égalité et la définition de $\overrightarrow{AK}$ pour démontrer que les vecteurs $\overrightarrow{BK}$ et $\overrightarrow{BI}$ sont colinéaires, ce qui entraînera que les points B, K et I sont alignés. Pour démontrer cette colinéarité, on exprimera ces deux vecteurs dans une base de l'espace bien adaptée à la situation. La base $\mathcal{B} = (\overrightarrow{AB}, \overrightarrow{AC}, \overrightarrow{AD})$ convient parfaitement car $\overrightarrow{AK}$ nous est déjà donné dans cette base. On a :

$$\begin{aligned} \overrightarrow{BI} &= \overrightarrow{BC} + \overrightarrow{CI} = (\overrightarrow{AC} - \overrightarrow{AB}) + \frac{1}{2}\overrightarrow{CD} \\ &= \overrightarrow{AC} - \overrightarrow{AB} + \frac{1}{2}(\overrightarrow{AD} - \overrightarrow{AC}) = -\overrightarrow{AB} + \frac{1}{2}\overrightarrow{AC} + \frac{1}{2}\overrightarrow{AD}. \quad (*) \end{aligned}$$

Puis :

$$\overrightarrow{BK} = \overrightarrow{AK} - \overrightarrow{AB} = \left(\frac{1}{2}\overrightarrow{AB} + \frac{1}{4}\overrightarrow{AC} + \frac{1}{4}\overrightarrow{AD}\right) - \overrightarrow{AB}$$
$$= -\frac{1}{2}\overrightarrow{AB} + \frac{1}{4}\overrightarrow{AC} + \frac{1}{4}\overrightarrow{AD}.$$

On déduit que $\overrightarrow{BK} = \frac{1}{2}\overrightarrow{BI}$, ce qui montre que B, K et I sont alignés. On peut même affirmer que K est le milieu de $[BI]$.

Remarque — On peut tracer un dessin perspectif qui montre le tétraèdre $ABCD$ et le point I, puis tracer les points U, V et W tels que $\overrightarrow{AU} = \frac{1}{2}\overrightarrow{AB}$, $\overrightarrow{AV} = \frac{1}{4}\overrightarrow{AC}$ et $\overrightarrow{AW} = \frac{1}{4}\overrightarrow{AD}$. Il est alors facile de tracer le point K tel que $\overrightarrow{AK} = \overrightarrow{AU} + \overrightarrow{AV} + \overrightarrow{AW}$ en utilisant deux fois la règle du parallélogramme, pour pouvoir sentir que K sera effectivement près du milieu du segment $[BI]$, mais ceci est une visualisation du résultat et ne constitue pas une preuve formelle.

$\boxed{\textbf{Réponse 2.6}}$ Les suites réelles $x = (x_1, ..., x_m)$ et $y = (y_1, ..., y_m)$ sont proportionnelles si et seulement si les vecteurs-lignes x et y de $\mathbb{R}^m$ sont colinéaires. En effet, x et y sont des suites proportionnelles si, et seulement si, il existe un réel k tel que $(y_1, ..., y_m) = k(x_1, ..., x_m)$ ou $(x_1, ..., x_m) = k(y_1, ..., y_m)$. Cela équivaut à l'affirmation :

$$\exists\, (\alpha, \beta) \in \mathbb{R}^2 \backslash \{(0,0)\} \quad \alpha x + \beta y = 0$$

qui traduit exactement la colinéarité des vecteurs x et y.

$\boxed{\textbf{Réponse 2.7}}$ Si $z = x + iy$ et $z' = x' + iy'$ sont les affixes de deux vecteurs $\overrightarrow{u}$ et $\overrightarrow{v}$, alors :

$$z\overline{z'} = (x + iy)(x' - iy')$$
$$= (xx' + yy') + i(x'y - y'x)$$
$$= (\overrightarrow{u}.\overrightarrow{v}) - i\det(\overrightarrow{u}, \overrightarrow{v}).$$

On en déduit les CNS suivantes en termes d'affixes :

$$\begin{cases} (\overrightarrow{u}, \overrightarrow{v}) \text{ lié} \Leftrightarrow z\overline{z'} \in \mathbb{R} \\ \overrightarrow{u}.\overrightarrow{v} = 0 \Leftrightarrow z\overline{z'} \in i\mathbb{R}. \end{cases}$$

$\boxed{\textbf{Réponse 2.8}}$ On les voit en cinquième.

$\boxed{\textbf{Réponse 2.9}}$ a) Si l'on rapporte le plan à un repère orthonormal, un cercle $\mathcal{C}$ possède une équation de la forme $(x - x_0)^2 + (y - y_0)^2 = r^2$ et une droite D admet une équation de la forme $ax + by + c = 0$, avec $(a, b) \neq (0, 0)$. Les points d'intersections entre $\mathcal{C}$ et D s'obtiennent en résolvant le système :

$$(S) \quad \begin{cases} (x - x_0)^2 + (y - y_0)^2 = r^2 \\ ax + by + c = 0. \end{cases}$$

Supposons par exemple que $a \neq 0$, l'autre cas se traitant de la même façon. Alors (S) équivaut à :

$$\begin{cases} \left(\dfrac{b}{a} y + \dfrac{c}{a} + x_0 \right)^2 + (y - y_0)^2 = r^2 & (1) \\ x = -\dfrac{b}{a} y - \dfrac{c}{a} & (2) \end{cases}$$

et y est solution d'une équation polynomiale du second degré, puisque en développant le premier membre de (1) on constate que le coefficient de y^2 est $1 + b^2/a^2$, donc non nul. Une telle équation admet au plus deux solutions, et il suffit de remplacer dans (2) pour obtenir au plus deux couples (x, y) solutions de (S). On a montré qu'une droite coupe un cercle en au plus deux points.

b) Voici les trois cas de figure suivant l'ordre dans lequel se trouvent le rayon r du cercle et la distance d du centre du cercle à la droite D. On note H le projeté orthogonal de O sur D.

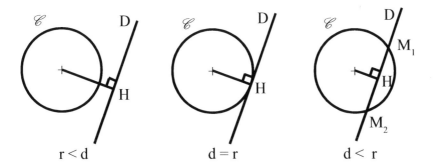

$$\qquad\qquad r < d \qquad\qquad\qquad\qquad d = r \qquad\qquad\qquad\qquad d < r$$

Première méthode (analytique) — Dans un repère orthonormal $(O, \overrightarrow{i}, \overrightarrow{j})$ d'origine le centre O du cercle, tel que $\overrightarrow{i}$ soit orthogonal à la direction de D, on est ramené à résoudre le système :

$$(L) \quad \begin{cases} x^2 + y^2 = r^2 \\ x = d \end{cases}$$

qui équivaut à :

$$\begin{cases} y^2 = r^2 - d^2 \\ x = d. \end{cases}$$

On retrouve alors les trois cas $r < d$, $r = d$ et $r > d$ qui donneront aucune solution, une seule solution ou deux solutions à l'équation $y^2 = r^2 - d^2$, permettant de conclure rapidement.

Seconde méthode (géométrique) — Envisageons les trois cas :

• Si $d < r$, le théorème de Pythagore et sa réciproque permettent d'écrire :

$$M \in \mathcal{C} \cap D \Leftrightarrow \begin{cases} OM = r \\ OM^2 = OH^2 + MH^2. \end{cases}$$

Cela permet d'affirmer que, si $M \in \mathcal{C} \cap D$, alors $MH = \sqrt{r^2 - d^2} > 0$, et $M \in \{M_1, M_2\}$ où M_1 et M_2 sont les deux seuls points de D situés à la distance $\sqrt{r^2 - d^2}$ de H. Réciproquement, si $M \in \{M_1, M_2\}$, alors $M = M_i$ où $i = 1$ ou 2, et l'on a $M_iH = \sqrt{r^2 - d^2}$ donc $M_iH^2 = r^2 - OH^2$. Comme le triangle OMH est rectangle, le théorème de Pythagore permet d'écrire $OM_i^2 = OH^2 + M_iH^2 = OH^2 + (r^2 - OH^2) = r^2$, d'où $OM_i = r$ et M appartient à $\mathcal{C}$. En conclusion :

$$M \in \mathcal{C} \cap D \Leftrightarrow M \in \{M_1, M_2\}$$

et l'on a bien $\mathcal{C} \cap D = \{M_1, M_2\}$.

• Si $d = r$, $OH = r$ et $H \in \mathcal{C} \cap D$. Réciproquement, si $M \in \mathcal{C} \cap D$, alors $OM^2 = OH^2 + MH^2$ entraîne $MH = 0$, d'où $M = H$. Dans ce cas, on obtient $\mathcal{C} \cap D = \{H\}$ comme on le voit sur la figure, et la droite D est tangente au cercle.

• Si $r < d$, le plus simple est de dire que, si $\mathcal{C} \cap D \neq \varnothing$, il existe un point M appartenant à l'intersection $\mathcal{C} \cap D$, et le théorème de Pythagore donne $OM^2 = OH^2 + MH^2$, d'où $OH \leq OM$, ce qui s'écrit $d \leq r$. On démontre ainsi l'implication :
$$\mathcal{C} \cap D \neq \varnothing \Rightarrow d \leq r$$
et la contraposée de cette implication s'écrit :
$$r < d \Rightarrow \mathcal{C} \cap D = \varnothing.$$

$\boxed{\textbf{Réponse 2.10}}$ Notons $\mathcal{C}_A$ le cercle de centre $A(1, 2)$ et de rayon 1, et $\mathcal{C}_O$ le cercle de centre O et de rayon 2. On a :

$$M(x, y) \in \mathcal{C}_A \cap \mathcal{C}_O \Leftrightarrow \begin{cases} (x - 1)^2 + (y - 2)^2 = 1 \\ x^2 + y^2 = 4 \end{cases}$$

$$\Leftrightarrow \begin{cases} x^2 + y^2 - 2x - 4y + 4 = 0 \\ x^2 + y^2 - 4 = 0. \end{cases} \quad (S)$$

Si $M \in \mathcal{C}_A \cap \mathcal{C}_O$ il suffit de soustraire les égalités du système (S) membre à membre pour obtenir $2x + 4y - 8 = 0$, soit $x + 2y - 4 = 0$. Si l'on appelle D la droite d'équation $x + 2y - 4 = 0$, on obtient :

$$M \in \mathcal{C}_A \cap \mathcal{C}_O \;\Rightarrow\; M \in D \cap \mathcal{C}_O \;\Rightarrow\; \begin{cases} x = 4 - 2y \\ (4 - 2y)^2 + y^2 = 4 \end{cases} \qquad (*)$$

d'où $5y^2 - 16y + 12 = 0$ en simplifiant . L'ordonnée y de M doit être une racine de cette équation du second degré. Le discriminant réduit de cette équation est $\Delta' = 64 - 60 = 4$, donc les racines sont $\frac{8 \pm 2}{5}$, soit $y = 2$ ou $y = 6/5$. En remplaçant dans $x = 4 - 2y$, on trouve $x = 0$ ou $x = 8/5$. En conclusion :

$$M \in \mathcal{C}_A \cap \mathcal{C}_O \;\Rightarrow\; M \in \{U, V\} \text{ où } U\,(0, 2) \text{ et } V\left(\frac{8}{5}, \frac{6}{5}\right).$$

Réciproquement, il est facile de vérifier que U et V appartiennent bien à l'intersection des deux cercles en remplaçant (x, y) par $(0, 2)$, puis par $(8/5, 6/5)$ dans le système (S). En conclusion $\mathcal{C}_A \cap \mathcal{C}_O = \{U, V\}$.

Réponse 2.11 On doit résoudre le système :

$$(S) \quad \begin{cases} y = 3x - 7 \\ x^2 + y^2 - 6x + 4y - 39 = 0 \end{cases}$$

qui admet autant de solution que l'équation obtenue en remplaçant y en fonction de x dans la seconde équation : $x^2 + (3x - 7)^2 - 6x + 4(3x - 7) - 39 = 0$. On développe et on réduit :

$$x^2 + 9x^2 + 49 - 42x - 6x + 12x - 28 - 39 = 0$$
$$10x^2 - 36x - 18 = 0$$
$$5x^2 - 18x - 9 = 0.$$

Le discriminant réduit est $\Delta' = 9^2 - 5\,(-9) = 126$. Il est positif, donc cette équation du second degré admet deux solutions réelles. Il en sera de même du système (S). La droite et le cercles donnés se coupent donc en deux points.

Réponse 2.12 • Soit un rectangle $ABCD$. S'il existe un cercle $\mathcal{C}$ passant par les sommets de ce rectangle, son centre O vérifiera $OA = OB = OC = OD$, donc se trouvera à l'intersection des médiatrices Δ_{AB} et Δ_{BC} des côtés $[AB]$ et $[BC]$. En utilisant le théorème de la droite des milieux, il est facile de montrer que Δ_{AB} et Δ_{BC} se coupent en le milieu I commun des diagonales $[AC]$ et $[BD]$. Donc $O = I$, et comme $A \in \mathcal{C}$, le rayon de $\mathcal{C}$ ne peut être que IA. Cela prouve que si un cercle est solution du problème, alors il s'agit du cercle $\mathcal{C}_0$ de centre I et de rayon IA.

Pour conclure il reste encore à vérifier que le cercle $\mathcal{C}_0$ passe effectivement par les sommets du rectangle. C'est évident car les diagonales d'un rectangle sont égales et se coupent en leur milieu.

• Si $ABCD$ est un parallélogramme qui n'est pas un rectangle, on peut raisonner comme précédemment pour constater que si $\mathcal{C}$ est un cercle solution, alors $\mathcal{C} = \mathcal{C}_0$. Mais cette fois-ci $\mathcal{C}_0$ est à rejeter car les diagonales du parallélo-gramme ne sont plus égales. En conclusion, il n'existe pas de cercle circonscrit à un parallélogramme qui n'est pas un rectangle.

Chapitre 3

Proportionnalité & géométrie

3.1 Proportionnalité

Question 3.1 *Définition*
Rappelez quand deux suites sont proportionnelles.

Question 3.2 *Traduction graphique*
Montrez qu'une situation de proportionnalité équivaut à l'alignement de certains points sur une droite.

3.2 Théorème de Thalès

Question 3.3 *Théorème de la droite des milieux*
En se plaçant au niveau d'une classe de quatrième, montrer que, dans un triangle :
  a) La droite joignant les milieux de 2 côtés est parallèle au troisième.
  b) Si I et J sont les milieux de [AB] et [AC], alors BC = 2IJ.
  c) La droite passant par le milieu d'un côté et parallèle à un autre côté coupe le troisième côté en son milicu.

Question 3.4 *Théorème de Thalès*
  a) Démontrez le théorème de Thalès dans le triangle grâce aux vecteurs.
  b) Déduisez le théorème général concernant 2 sécantes et 3 parallèles.

Question 3.5 *Cas particulier* *(2017[39])*
De quel théorème le théorème de la droite des milieux est-il un cas particulier ?

Question 3.6 *Thalès par les aires* *(2005)*
Démontrez le théorème de Thalès en utilisant des aires.

Question 3.7 *Réciproque de Thalès* (2023)
Enoncez et démontrez la réciproque du théorème de Thalès.

Question 3.8 *Question de vocabulaire*
La réciproque du théorème de Thalès est-elle une réciproque ?

Question 3.9 *Usage du théorème de Thalès*
A quoi sert le théorème de Thalès ?

Question 3.10 *Rapports de mesures algébriques* (2012)
Si l'on applique le théorème de Thalès, on conclut à l'égalité des rapports $\overline{AB}/\overline{AC} = \overline{A'B'}/\overline{A'C'}$. Peut-on aussi conclure à toutes les égalités de rapports construits de la même façon ?

Question 3.11 *Peut-on aller jusque là ?*
Dans la configuration de Thalès générale comportant deux sécantes et trois parallèles, on écrit $\overline{AB}/\overline{AC} = \overline{A'B'}/\overline{A'C'}$. Peut-on aller plus loin et écrire :

$$\frac{\overline{AB}}{\overline{AC}} = \frac{\overline{A'B'}}{\overline{A'C'}} = \frac{\overline{AA'}}{\overline{BB'}} \ ?$$

Question 3.12 *Cet élève a-t-il raison ?*
Que diriez-vous à un élève qui écrirait la réciproque du théorème de Thalès de cette façon :

$$\frac{OA}{OB} = \frac{OA'}{OB'} \ \Rightarrow \ (AA')//(BB') \quad ?$$

Question 3.13 *Peut-on écrire cette implication ?*
Lorsque les points O, A, B d'une part, et O, A', B' d'autre part, sont distincts et alignés, est-il exact d'écrire la réciproque du théorème de Thalès dans un triangle de cette façon :

$$\frac{\overline{OA}}{\overline{OB}} = \frac{\overline{OA'}}{\overline{OB'}} \ \Rightarrow \ (AA')//(BB') \quad ?$$

Question 3.14 *Une réciproque correcte ?*
Est-il exact d'écrire la réciproque du théorème de Thalès de cette façon :

$$\frac{\overline{AB}}{\overline{AC}} = \frac{\overline{A'B'}}{\overline{A'C'}} \ \Rightarrow \ (AA')//(BB')//(CC') \quad ?$$

Question 3.15 *Projeté d'un milieu de segment*
En utilisant le théorème de la droite des milieux, montrez que le projeté du milieu d'un segment est égal au milieu du segment projeté.

Question 3.16 *Figures-clés*
Dessinez des figures-clés observées dans le secondaire concernant la configuration de Thalès.

3.3 Réponses

Réponse 3.1 Deux suites finies $(x_1, ..., x_m)$ et $(y_1, ..., y_m)$ de réels sont proportionnelles s'il existe un réel k tel que $(y_1, ..., y_m) = k(x_1, ..., x_m)$ ou $(x_1, ..., x_m) = k(y_1, ..., y_m)$. Si $(x_1, ..., x_m) \neq (0, ..., 0)$, cela revient à affirmer l'existence d'un réel k tel que $(y_1, ..., y_m) = k(x_1, ..., x_m)$.

On remarque que les suites $(x_1, ..., x_m)$ et $(y_1, ..., y_m)$ sont proportionnelles si et seulement si les vecteurs-lignes $(x_1, ..., x_m)$ et $(y_1, ..., y_m)$ de $\mathbb{R}^m$ sont colinéaires (Question 2.6).

Réponse 3.2 Le résultat fondamental est le suivant :

> **Théorème** — Deux suites $(x) = (x_1, ..., x_m)$ et $(y) = (y_1, ..., y_m)$ sont proportionnelles si et seulement si les points de coordonnées (x_i, y_i) sont alignés sur une droite D qui passe par l'origine O du repère.

Preuve — Si les suites (x) et (y) sont proportionnelles, il existe $k \in \mathbb{R}$ tel que $(y) = k(x)$ ou $(x) = k(y)$. Si par exemple $(y) = k(x)$, alors tous les points M_i de coordonnées (x_i, y_i) vérifient $y_i = kx_i$ donc appartiennent à la droite D d'équation $y = kx$ qui passe bien par l'origine O du repère. Si l'on avait $(x) = k(y)$, l'équation de D serait $x = ky$ et on conclurait de la même façon.

Réciproquement, si les points $M_i (x_i, y_i)$ sont alignés sur une droite D passant par l'origine O du repère, et si $y = kx$ ou $x = ky$ est une équation de cette droite, on aura $(y) = k(x)$ ou $(x) = k(y)$, ce qui prouve que les suites (x) et (y) sont proportionnelles. ∎

Réponse 3.3 a) Traçons les milieux I et J des côtés $[AB]$ et $[AC]$ du triangle ABC. Soit H le pied de la hauteur issue de A du triangle ABC.

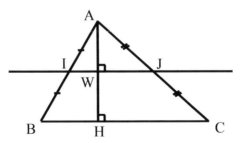

Le triangle AHC est rectangle en H, donc H appartient au cercle de diamètre $[AC]$, et $JA = JH$. Le point J appartient donc à la médiatrice de $[AH]$. En recommençant de la même façon avec le triangle rectangle ABH, on constate que I appartient aussi à la médiatrice de $[AH]$. On en déduit que (IJ) est égale à la médiatrice de $[AH]$, et qu'à ce titre (IJ) est perpendiculaire à (AH).

Les droites (IJ) et (BC) seront donc parallèles, puisque perpendiculaires à la même droite (AH).

b) *Première solution* — Traçons le milieu K de $[BC]$. La question a) montre que les côtés opposés du quadrilatère $IKCJ$ sont deux à deux parallèles. On en déduit que $IKCJ$ est un parallélogramme, et donc que $IJ = KC$. On obtient alors $BC = 2KC = 2IJ$ comme annoncé.

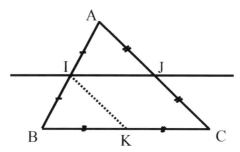

Seconde solution — Plaçons-nous dans le cas de la figure dessinée en a), où $H \in [BC]$ (les deux autres cas de figures se traitant de la même façon) et notons U et V les milieux de $[HC]$ et $[HB]$. On vérifie comme précédemment que (UJ) et (VI) sont les médiatrices respectives de $[HC]$ et $[HB]$. On en déduit que les quadrilatères $WHUJ$ et $WHVI$ possèdent chacun trois angles droits, donc sont des rectangles. Par conséquent :

$$\begin{cases} WJ = HU = UC \\ IW = HV = VB \end{cases}$$

et $BC = BH + HC = 2VH + 2HU = 2IW + 2WJ = 2IJ$.

Remarque — Le raisonnement proposé dans la seconde solution doit être répété dans chacun des trois cas de figures qui correspondent à la position relative de H par rapport aux points B et C. Si l'on ne se place plus au niveau quatrième et si l'on s'autorise à utiliser des mesures algébriques, les trois démonstrations n'en donnent plus qu'une : pour s'en persuader, il suffit de remplacer toutes les distances écrites plus haut par des mesures algébriques.

c) Si Δ est une droite parallèle à (BC) qui passe par le milieu I de $[AB]$, elle coupe (AC) en un point J'. Si J désigne le milieu de $[AC]$, la question a) montre que (IJ) est parallèle à (BC). Les droites Δ et (IJ) sont donc toutes les deux parallèles à (BC), et passent par le même point I. Elles sont donc égales, et $J' = J$.

Réponse 3.4 a) Voici le théorème de Thalès dans le triangle :

Théorème — Soient OAA' et OBB' deux triangles non aplatis. Si $A \in (OB)$ et $A' \in (OB')$,

$$(AA') \mathbin{/\mkern-5mu/} (BB') \quad \Rightarrow \quad \frac{\overline{OA}}{\overline{OB}} = \frac{\overline{OA'}}{\overline{OB'}} = \frac{\overline{AA'}}{\overline{BB'}}.$$

et le démontrer en n'utilisant que des conséquences immédiates des axiomes des espaces affines et des espaces vectoriels. La démonstration est simple et facile à retenir :

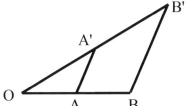

Preuve — Dire que (AA') est parallèle à (BB') revient à affirmer l'existence d'un réel k tel que $\overrightarrow{BB'} = k\overrightarrow{AA'}$. Par hypothèse, il existe deux réels α et α' tels que $\overrightarrow{OB} = \alpha\overrightarrow{OA}$ et $\overrightarrow{OB'} = \alpha'\overrightarrow{OA'}$, donc :

$$\begin{aligned}
\overrightarrow{BB'} = k\overrightarrow{AA'} \quad &\Rightarrow \quad \overrightarrow{OB'} - \overrightarrow{OB} = k(\overrightarrow{OA'} - \overrightarrow{OA}) \\
&\Rightarrow \quad \alpha'\overrightarrow{OA'} - \alpha\overrightarrow{OA} = k\overrightarrow{OA'} - k\overrightarrow{OA}.
\end{aligned}$$

Cela entraîne $\alpha = \alpha' = k$ puisque les vecteurs $\overrightarrow{OA}$ et $\overrightarrow{OA'}$ sont linéairement indépendants. Ainsi $\overrightarrow{OB} = k\overrightarrow{OA}$, $\overrightarrow{OB'} = k\overrightarrow{OA'}$ et $\overrightarrow{BB'} = k\overrightarrow{AA'}$, donc :

$$\frac{1}{k} = \frac{\overline{OA}}{\overline{OB}} = \frac{\overline{OA'}}{\overline{OB'}} = \frac{\overline{AA'}}{\overline{BB'}}. \quad \blacksquare$$

b) Le « vrai » théorème de Thalès concerne une figure plus générale formée par deux sécantes et trois parallèles. On le déduit du théorème précédent. Le voici :

Théorème — Si trois droites strictement parallèles coupent deux droites D et D' respectivement en A, B, C et A', B', C', alors $\dfrac{\overline{AB}}{\overline{AC}} = \dfrac{\overline{A'B'}}{\overline{A'C'}}.$

Preuve — Les trois droites étant strictement parallèles, $A \neq C$ et $A' \neq C'$, donc les quotients écrits ont un sens. On envisage deux cas suivant que D et D' soient parallèles ou non.

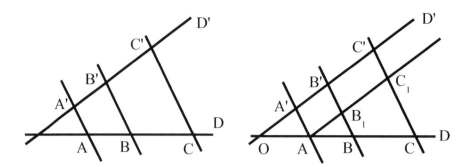

• Si D et D' sont parallèles, les quadrilatères $AA'B'B$ et $AA'C'C$ sont des parallélogrammes (aplatis si $D = D'$), donc $\overrightarrow{A'B'} = \overrightarrow{AB}$ et $\overrightarrow{A'C'} = \overrightarrow{AC}$. Par suite $\overline{A'B'} = \overline{AB}$ et $\overline{A'C'} = \overline{AC}$ et l'on a bien l'égalité des quotients.

• Si D et D' se coupent en O, la parallèle à D' passant par A coupe (BB') en B_1 et (CC') en C_1, et le théorème de Thalès dans le triangle permet d'écrire :

$$\frac{\overline{AB}}{\overline{AC}} = \frac{\overline{AB_1}}{\overline{AC_1}} = \frac{\overline{A'B'}}{\overline{A'C'}}$$

en utilisant le premier cas de figure. ∎

Réponse 3.5 Le théorème de la droite des milieux est un cas particulier du théorème de Thalès et de sa réciproque. Les deux premières assertions du théorème de la droite des milieux correspondent au théorème de Thalès et à sa réciproque lorsque le rapport des distances est $1/2$.

Réponse 3.6 Sur la figure jointe, le rapport $\mathcal{A}_{AMN}/\mathcal{A}_{ABN}$ des aires $\mathcal{A}_{AMN}$ et $\mathcal{A}_{ABN}$ des triangles AMN et ABN est égal au rapport AM/AB, soit :

$$\frac{\mathcal{A}_{AMN}}{\mathcal{A}_{ABN}} = \frac{AM}{AB}.$$

De la même façon :

$$\frac{\mathcal{A}_{AMN}}{\mathcal{A}_{AMC}} = \frac{AN}{AC}.$$

Pour conclure à l'égalité des rapports AM/AB et AN/AC il suffit maintenant de remarquer que les aires des triangles ABN et AMC sont égales. En effet, les triangles MBN et NMC ont même base $[MN]$ et $(BC)\,/\!/(MN)$, donc $\mathcal{A}_{MBN} = \mathcal{A}_{NMC}$ et $\mathcal{A}_{ABN} = \mathcal{A}_{AMN} + \mathcal{A}_{MBN} = \mathcal{A}_{AMN} + \mathcal{A}_{NMC} = \mathcal{A}_{AMC}$.

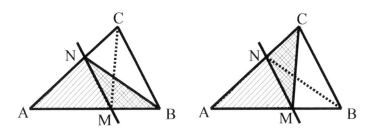

Remarque — Cette preuve par les aires, proposée par Euclide d'Alexandrie (IIIe s. av. J.-C.) dans le volume VI des *Eléments* [28], a été l'objet de questions enchaînées dans la seconde composition du CAPES interne 2000.

Réponse 3.7 L'énoncé suivant n'est pas à strictement parler la réciproque du théorème de Thalès, mais l'usage veut qu'on l'appelle ainsi. Cette « réciproque » se démontre en utilisant le sens direct, comme pour les théorèmes de Ménélaüs et de Ceva. Voici :

> **Théorème (Réciproque du théorème de Thalès)** — Soient deux sécantes D et D', trois points A, B, C sur D, et trois points A', B', C' sur D'. On suppose que ces six points sont distincts entre eux deux à deux. Si (AA') est parallèle à (BB') et si :
>
> $$\frac{\overline{AB}}{\overline{AC}} = \frac{\overline{A'B'}}{\overline{A'C'}},$$
>
> alors les droites (AA'), (BB'), (CC') sont parallèles.

Preuve — On utilise le sens direct. Soit C'' l'intersection de la droite (AB) et de la parallèle à (AA') passant par C. Le théorème de Thalès donne :

$$\frac{\overline{AB}}{\overline{AC}} = \frac{\overline{A'B'}}{\overline{A'C''}}.$$

De $\dfrac{\overline{AB}}{\overline{AC}} = \dfrac{\overline{A'B'}}{\overline{A'C'}}$ on déduit $\dfrac{\overline{A'B'}}{\overline{A'C''}} = \dfrac{\overline{A'B'}}{\overline{A'C'}}$, d'où $\overline{A'C''} = \overline{A'C'}$ puis $C'' = C'$. ∎

Réponse 3.8 Non. La vraie réciproque, qui aurait dû s'écrire :

$$\frac{\overline{AB}}{\overline{AC}} = \frac{\overline{A'B'}}{\overline{A'C'}} \;\;\Rightarrow\;\; (AA') \;/\!/\; (BB') \;/\!/\; (CC'),$$

est fausse, comme le montre le contre-exemple de la figure jointe. Pour obtenir un énoncé valide, il faut renforcer les hypothèses en ajoutant le parallélisme de deux sécantes, par exemple $(AA')\ /\!/\ (BB')$. C'est l'usage qui nous fait parler de la réciproque du théorème de Thalès.

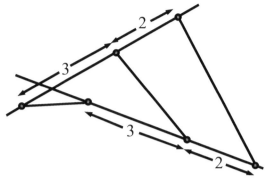

Réponse 3.9 Le théorème de Thalès montre la proportionnalité qui existe entre des longueurs et les longueurs projetées, de ce fait il sert à calculer des distances inaccessibles comme une hauteur de bâtiment, la largeur d'une rivière ou celle d'un fossé. On l'utilise de cette façon dès le collège.

Selon la petite histoire, un chamelier qui accompagnait Thalès lui demanda s'il était capable de calculer la hauteur de la grande pyramide de Gizeh. Le mathématicien planta un « gnomon » (bâton de hauteur connue), et mesura sur le sol les longueurs des ombres projetées par le gnomon et la pyramide. De ces trois mesures, il déduisit miraculeusement la hauteur de la pyramide.

Le théorème de Thalès permet de créer des situations de proportionnalité et intervient dans de nombreuses constructions : barycentres, points qui divisent un segment dans un rapport donné... De ce fait, il permet de maîtriser les effets d'un agrandissement ou d'une réduction sur une figure plane ou un solide.

Réponse 3.10 Bien sûr, puisque l'on peut très bien changer la notation des points A, B, C et A', B', C', l'essentiel étant que les droites (AA'), (BB') et CC') soient parallèles. On peut donc écrire tous les rapports de la forme $\overline{AB}/\overline{AC} = \overline{A'B'}/\overline{A'C'}$ en échangeant les rôles de A, B et C et ceux de A', B' et C' conjointement. Avec des permutations circulaires, on obtient :

$$\frac{\overline{AB}}{\overline{AC}} = \frac{\overline{A'B'}}{\overline{A'C'}}; \quad \frac{\overline{BC}}{\overline{BA}} = \frac{\overline{B'C'}}{\overline{B'A'}}; \quad \frac{\overline{CA}}{\overline{BA}} = \frac{\overline{C'A'}}{\overline{B'A'}}.$$

On peut aussi changer l'ordre des points, et par exemple obtenir :

$$\frac{\overline{BC}}{\overline{CA}} = \frac{\overline{B'C'}}{\overline{C'A'}}$$

puisque :

$$\frac{\overline{BC}}{\overline{CA}} = -\frac{\overline{CB}}{\overline{CA}} = -\frac{\overline{C'B'}}{\overline{C'A'}} = \frac{\overline{B'C'}}{\overline{C'A'}}.$$

Réponse 3.11 Non. Sous les hypothèses du théorème de Thalès, les égalités de rapports pris sur les droites sécantes ne sont pas égaux aux rapports pris sur les droites parallèles. En effet, si l'on avait :

$$\frac{\overline{AB}}{\overline{AC}} = \frac{\overline{A'B'}}{\overline{A'C'}} = \frac{\overline{AA'}}{\overline{BB'}} \quad (*)$$

on aboutirait vite à une absurdité puisque le dernier rapport est indépendant de C et C'. Pour $C_0 \neq C$, et C'_0 associé à C_0, avoir encore :

$$\frac{\overline{AB}}{\overline{AC_0}} = \frac{\overline{A'B'}}{\overline{A'C'_0}} = \frac{\overline{AA'}}{\overline{BB'}}$$

entraîne $\dfrac{\overline{AB}}{\overline{AC}} = \dfrac{\overline{AB}}{\overline{AC_0}}$ d'où $C_0 = C$, ce qui est absurde.

Réponse 3.12 Que l'implication est fausse, car il manque une hypothèse. Il faut rajouter que les points O, A, B et O, A', B' sont dans le même ordre sur leurs droites respectives. Pour construire un contre-exemple, il suffit de prendre le symétrique A_0 de A par rapport à O. On obtient :

$$\frac{OA_0}{OB} = \frac{OA'}{OB'}$$

sans que (A_0A') soit parallèle à (BB').

Réponse 3.13 Dans ce cas, c'est juste.

Réponse 3.14 Même si les points correspondent à une situation de Thalès, il manque une hypothèse essentielle : le parallélisme entre deux droites parmi les droites (AA'), (BB') et (CC').

Réponse 3.15 Soit I le milieu de $[AB]$. Soient C, D, J les projetés des points A, B, I sur une droite Δ parallèlement à une direction d. Il s'agit de montrer que J est le milieu de $[CD]$.

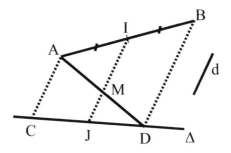

En appliquant deux fois le théorème de la droite des milieux (ou le théorème de Thalès dans le triangle), on obtient :

$$\left\{\begin{array}{l} I \text{ milieu de } [AB] \\ (IJ) \, /\!/ \, (BD) \end{array}\right. \Rightarrow \; M \text{ milieu de } [AD]$$

puis :

$$\left\{\begin{array}{l} M \text{ milieu de } [AD] \\ (IJ) \, /\!/ \, (AC) \end{array}\right. \Rightarrow \; J \text{ milieu de } [CD]$$

ce qui permet de conclure.

Remarque — On suppose implicitement que l'on se place dans le cas général où les points qui définissent les droites (AC), (BD) et (IJ) sont distincts entre eux. Dans le cas contraire, on peut aussi conclure. En effet, si $A = C$ ou $B = D$, le résultat devient une conséquence directe du théorème de la droite des milieux, et si $I = J$, on peut utiliser le théorème de Thalès (ou la symétrie par rapport à O et ses propriétés) pour arriver à ses fins.

$\boxed{\textbf{Réponse 3.16}}$ La configuration de Thalès la plus générale à laquelle on pense en premier est sans aucun doute celle formée par trois parallèles et deux sécantes (FIG. 3.1, (a) & (b)).

Si l'on s'intéresse à des triangles, on obtient les configurations des FIG. 3.1, (c) & (d), étudiées en quatrième. On pourrait bien sûr aussi dessiner la figure (c) dans le cas où les deux triangles sont opposés par le sommet. La figure (d) correspond au théorème de la droite des milieux qui n'est autre qu'une première version simplifiée du théorème de Thalès et de sa réciproque dans le triangle.

Enfin les figures (e) et (f) mettent l'accent sur le projeté du milieu d'un segment et sur la projection d'une division régulière. Plusieurs énoncés peuvent être donnés à partir du dessin du trapèze (e) dans ce que l'on pourrait appeler un « théorème de la droite des milieux pour les trapèzes ». Ainsi, dans un trapèze $ABCD$ de bases (AB) et (CD), si I et J désignent les milieux des segments $[AD]$ et $[BC]$:

    - la droite (IJ) est parallèle aux côtés (AB) et (CD),
    - la droite passant par I et parallèle à (AB) coupe $[BC]$ en J.

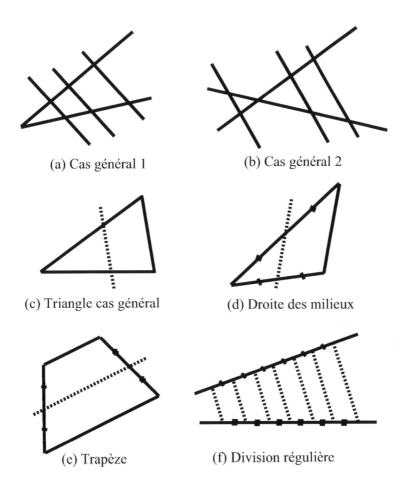

(a) Cas général 1   (b) Cas général 2

(c) Triangle cas général   (d) Droite des milieux

(e) Trapèze   (f) Division régulière

FIG. 3.1 – Figures-clés

Chapitre 4

Repérage

4.1 Généralités

Question 4.1 *Définition des coordonnées d'un point* (2018[7])
Donnez la définition vectorielle des coordonnées d'un point dans un repère.

Question 4.2 *Définition d'un repère cartésien* (2017[39])
Qu'appelle-t-on repère cartésien d'un espace de dimension n ? Coordonnées cartésiennes d'un point dans ce repère ?

Question 4.3 *Définition d'un repère du plan* (2017[39])
Qu'est-ce qu'un repère quelconque du plan ?

Question 4.4 *Vecteurs d'un repère cartésien* (2017[39])
Quand on a un repère $(O, \vec{i}, \vec{j})$, que représentent les vecteurs $\vec{i}$ et $\vec{j}$ pour le plan ?

Question 4.5 *Coordonnées d'un vecteur $\overrightarrow{AB}$* (2018[7])
Justifiez la formule donnant les coordonnées d'un vecteur $\overrightarrow{AB}$.

Question 4.6 *Au collège* (2017[3])
Au collège, on ne parle pas de coordonnées sphériques. De quoi parle-t-on ? Faites un schéma ?

4.2 Dans le plan

Question 4.7 *Distance entre deux points*
Démontrez la formule donnant la distance entre deux points du plan en fonction des coordonnées comme on le ferait au lycée.

Question 4.8 *Repère orthonormal indispensable ?* *(2018 [7])*
Faut-il forcément un repère orthonormal pour parler de distance ?

Question 4.9 *Coordonnées du milieu d'un segment* *(2018 [7])*
Démontrez la formule donnant les coordonnées du milieu d'un segment en utilisant des connaissances du collège.

Question 4.10 *Equation d'un cercle*
Cherchez une équation du cercle de centre $A\,(2,5)$ et de rayon 3.

Question 4.11 *Coordonnées polaires*
Définissez les coordonnées polaires d'un point. Si M a pour coordonnées polaires (ρ,θ), quelles sont toutes ses autres coordonnées polaires ?

Question 4.12 *Passage cartésien-polaire*
Soit $(x,y) \in \mathbb{R}^2\backslash\{(0,0)\}$. Montrer qu'il existe un seul couple (ρ,θ) dans $\mathbb{R}_+^* \times \,]-\pi,\pi]$ vérifiant le système (S), puis exprimer ρ et θ en fonction de x et y.

$$(S) \quad \begin{cases} x = \rho\cos\theta \\ y = \rho\sin\theta. \end{cases}$$

Question 4.13 *Expression analytique d'une réflexion plane*
On se place dans un plan. Déterminez l'expression analytique de la symétrie orthogonale par rapport à la droite D d'équation $x + 2y - 3 = 0$.

Question 4.14 *Expression analytique d'une isométrie plane*
Quelle est la forme générale de l'expression analytique d'une isométrie plane dans un repère orthonormal ? Donnez l'expression analytique de la réflexion par rapport à l'axe des abscisses, puis de la rotation r de centre O amenant $(1,0)$ sur $(0,1)$.

Question 4.15 *Expression analytique d'une rotation*
Soit r la rotation de centre $\Omega\,(1,0)$ et d'angle $\pi/3$. Exprimer les coordonnées (x',y') de $r\,(M)$ en fonction des coordonnées (x,y) de M.

Question 4.16 *Preuve d'un parallélisme* *(2017 [39])*
On considère un parallélogramme $ABCD$ et trois points M, N, P définis par $\overrightarrow{MA} - 2\overrightarrow{MB} = \overrightarrow{AC}$, $\overrightarrow{BN} = 2\overrightarrow{BC}$ et $4\overrightarrow{PC} - 3\overrightarrow{PA} = \overrightarrow{CD}$.
  a) Complétez la figure en plaçant les points M, N et P.
  b) Montrez que (CP) et (MN) sont parallèles.

4.3   Dans l'espace

Question 4.17 *Calcul d'angle en dimension* 3
Dessinez au tableau et à main levée un parallélépipède rectangle en perspective cavalière. Nommez ses sommets. Les côtés du parallélépipède valent 5, 3 et 2. Combien vaut l'angle $\widehat{BAG}$?

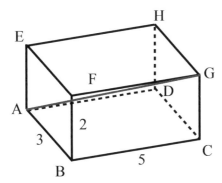

Question 4.18 *Equation d'une sphère*
A quoi ressemble l'équation d'une sphère dans $\mathbb{R}^3$?

Question 4.19 *Section plane d'une sphère* *(2006)*
L'espace est rapporté à un repère orthonormal. On pose :

$$\mathcal{S} = \{M\,(x, y, z) \in E \,/\, x^2 + y^2 + z^2 - 4x + 2z + 1 = 0\}.$$

a) Montrer que $\mathcal{S}$ est une sphère.
b) Montrer que le plan $\mathcal{P}$ d'équation $x + y - z - 1 = 0$ coupe $\mathcal{S}$.
c) Déterminer le centre et le rayon du cercle $\mathcal{C} = \mathcal{P} \cap \mathcal{S}$.

4.4   Questions surprenantes

Question 4.20 *Question déstabilisante* *(2017 [39])*
Peut-on faire de la géométrie vectorielle sans coordonnées ?

4.5 Réponses

Réponse 4.1 Voir Question 4.2.

Réponse 4.2 Un repère cartésien de l'espace affine E est la donnée d'une base $(\overrightarrow{e_1}, ..., \overrightarrow{e_n})$ de l'espace vectoriel associé à E, et d'un point O de E, appelé origine du repère. Soient $M \in E$ et $\mathcal{R} = (O, \overrightarrow{e_1}, ..., \overrightarrow{e_n})$ un repère cartésien de E. Les coordonnées cartésiennes de M dans $\mathcal{R}$ sont, par définition, les coordonnées du vecteur $\overrightarrow{OM}$ dans la base $(\overrightarrow{e_1}, ..., \overrightarrow{e_n})$. Ce sont donc les uniques scalaires x_1, ..., x_n qui vérifient :

$$\overrightarrow{OM} = \sum_{i=1}^{n} x_i \overrightarrow{e_i}.$$

Réponse 4.3 C'est un repère qui n'est pas forcément orthogonal ou orthonormal. Il est donné par un point O, appelé origine du repère, et par deux vecteurs $\overrightarrow{i}$ et $\overrightarrow{j}$ linéairement indépendants (donc qui forment une base du plan vectoriel associé).

Réponse 4.4 Ce sont les vecteurs d'une base du plan vectoriel associé.

Réponse 4.5 Le plan est rapporté au repère $\mathcal{R} = (O, \overrightarrow{i}, \overrightarrow{j})$. Par définition, dire que deux points A et B admettent les coordonnées (x_A, y_A) et (x_B, y_B) dans ce repère signifie que $\overrightarrow{OA} = x_A \overrightarrow{i} + y_A \overrightarrow{j}$ et $\overrightarrow{OB} = x_B \overrightarrow{i} + y_B \overrightarrow{j}$. La relation de Chasles (définissant l'addition vectorielle dans notre présentation) permet alors d'écrire :

$$\begin{aligned}
\overrightarrow{AB} = \overrightarrow{OB} - \overrightarrow{OA} &= (x_A \overrightarrow{i} + y_A \overrightarrow{j}) - (x_B \overrightarrow{i} + y_B \overrightarrow{j}) \\
&= (x_A - x_B) \overrightarrow{i} + (y_A - y_B) \overrightarrow{j}.
\end{aligned}$$

Cette dernière écriture signifie, par définition, que le vecteur $\overrightarrow{AB}$ admet les coordonnées $(x_A - x_B, y_A - y_B)$ dans la base $(\overrightarrow{i}, \overrightarrow{j})$ du plan vectoriel associé.

Réponse 4.6 Au collège, on se repère sur une sphère comme on le fait sur la surface terrestre, en introduisant la longitude θ et la latitude ϕ d'un point M. Il s'agit d'angles que l'on oriente en parlant de longitude est ou ouest, et de latitude nord ou sud.

Remarques — La **longitude** θ d'un point est l'angle au centre que forme le plan passant par ce point et par l'axe de rotation de la terre avec le plan du méridien de Greenwich. Sur la figure, la longitude du point M est $GON°$ Est car on se dirige vers l'Est à partir du méridien de Greenwich.

La **latitude** ϕ d'un point est l'angle au centre formé par la normale (verticale) en ce point et le plan équatorial (OGN). Elle varie donc de $0°$ à $90°$ avec la mention Nord ou Sud suivant le pôle vers lequel on se dirige. Sur le dessin, la latitude de M est $NOM°$ Nord.

Le jury de la session 2017 a demandé au passage comment s'appelait l'angle MON. Il s'agit de la **colatitude** du point M : c'est l'angle complémentaire de la latitude.

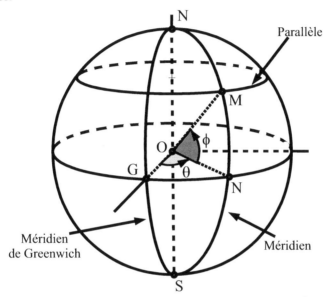

Réponse 4.7 Soient A et B deux points de coordonnées (x_A, y_A) et (x_B, y_B) dans un repère orthonormal $\mathcal{R} = (O, \vec{i}, \vec{j})$ du plan. Sur la figure ci-dessous on a tracé le point H de coordonnées (x_B, y_A).

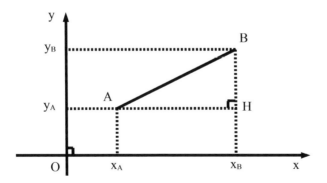

Par construction (BH) est parallèle à Oy, et (AH) est parallèle à Ox. Puisque les axes de coordonnées sont perpendiculaires, le triangle ABH est rectangle en H et l'on peut appliquer le théorème de Pythagore pour obtenir :

$$AB^2 = AH^2 + HB^2.$$

Le quadrilatère AHx_Bx_A, où l'on a abusivement noté x_A et x_B les points de coordonnées $(x_A, 0)$ et $(x_B, 0)$, est un rectangle puisque ses côtés opposés sont parallèles deux à deux, et puisqu'il possède un angle droit. Donc :

$$AH = |x_B - x_A|.$$

De même, on dispose de l'égalité $BH = |y_B - y_A|$. Finalement :

$$AB^2 = AH^2 + HB^2 = (x_B - x_A)^2 + (y_B - y_A)^2$$

donc $AB = \sqrt{(x_B - x_A)^2 + (y_B - y_A)^2}$.

$\boxed{\textbf{Réponse 4.8}}$ Non, il suffit d'être dans un espace affine euclidien pour que celui-ci soit canoniquement muni d'une distance issue du produit scalaire. De plus, on peut parler de distance dans n'importe quel espace métrique !

On peut aussi dire que, dès le collège, on travaille dans une géométrie de type Euclide-Hilbert, où l'on admet qu'il existe une certaine distance euclidienne : nul besoin de repère pour cela.

Ce qui est sûr, c'est qu'un repère orthonormal est utile si l'on veut utiliser une formule simple de la distance entre deux points en utilisant des coordonnées.

$\boxed{\textbf{Réponse 4.9}}$ On peut utiliser la propriété suivant laquelle le milieu d'un segment se projette sur le milieu du segment projeté (Question 3.15). Sur la figure ci-dessous, en considérant la projection sur l'axe des abscisses parallèlement à l'axe des ordonnées, cette propriété montre que le milieu I de $[AB]$ se projette en le milieu I' des projetés A' et B' de A et B. Les abscisses x_A, x_I et x_B des points A', I' et B' sont donc liées par la relation $|x_I - x_A| = |x_B - x_I|$. Que A' soit avant ou après B' sur l'axe des abscisses, on obtient toujours $x_I - x_A = x_B - x_I$, d'où $x_I = (x_A + x_B)/2$. On ferait de même avec les ordonnées.

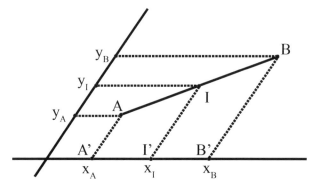

Remarque — L'égalité $|x_I - x_A| = |x_B - x_I|$ est une conséquence des égalités du type $A'I' = k\,|x_I - x_A|$ obtenues quand on se place dans le repère $(O,\,\overrightarrow{i}\,)$ de l'axe Ox, en posant $k = ||\,\overrightarrow{i}\,||$. Ces égalités se démontrent en retournant à la définition d'une abscisse d'un point sur une droite, donc en écrivant :

$$\overrightarrow{A'I'} = \overrightarrow{OI'} - \overrightarrow{OA'} = x_I\,\overrightarrow{i} - x_A\,\overrightarrow{i} = (x_I - x_A)\,\overrightarrow{i}$$

d'où $A'I' = ||\,(x_I - x_A)\,\overrightarrow{i}\,|| = |x_I - x_A|\,||\,\overrightarrow{i}\,|| = k\,|x_I - x_A|$.

$\boxed{\text{Réponse 4.10}}$ Un point $M\,(x,y)$ appartient au cercle de centre $A\,(2,5)$ et de rayon 3 si et seulement si $AM = 3$, ce qui se traduit par $(x-2)^2 + (y-5)^2 = 9$ dans un repère orthonormal, ou encore $x^2 + y^2 - 4x - 10y + 20 = 0$.

$\boxed{\text{Réponse 4.11}}$ Soit $\mathcal{R} = (O,\,\overrightarrow{i},\,\overrightarrow{j}\,)$ un repère orthonormal direct du plan affine euclidien E. Si $\theta \in \mathbb{R}$, posons $\overrightarrow{u_\theta} = \cos\theta\,\overrightarrow{i} + \sin\theta\,\overrightarrow{j}$. L'application :

$$f: \quad \mathbb{R}^2 \quad \longrightarrow \quad E$$
$$(\rho,\theta) \quad \longmapsto \quad M \text{ tel que } \overrightarrow{OM} = \rho\overrightarrow{u_\theta}$$

est surjective, et tout antécédent de M par f s'appelle **système de coordonnées polaires de M** dans $\mathcal{R}$. Si M, distinct de l'origine du repère, admet les coordonnées polaires (ρ,θ), tous les autres systèmes de coordonnées polaires de M sont $(\rho,\theta + k2\pi)$ ou $(-\rho,\theta + \pi + k2\pi)$ avec k parcourt $\mathbb{Z}$.

$\boxed{\text{Réponse 4.12}}$ Si $(x,y) \in \mathbb{R}^2 \backslash \{(0,0)\}$,

$$\begin{cases} x = \rho\cos\theta \\ y = \rho\sin\theta \end{cases} \Leftrightarrow \begin{cases} \rho = \sqrt{x^2 + y^2} \\ \cos\theta = \dfrac{x}{\sqrt{x^2 + y^2}} \\ \sin\theta = \dfrac{y}{\sqrt{x^2 + y^2}}. \end{cases}$$

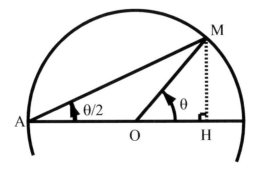

Connaître $\cos\theta$ et $\sin\theta$ revient à connaître parfaitement le réel θ à 2π près. Comme θ doit appartenir à $]-\pi,\pi]$, le couple (ρ,θ) vérifiant le système ci-dessus sera unique. On a $\rho = \sqrt{x^2 + y^2}$. Le théorème de l'angle inscrit donne :

$$\tan\frac{\theta}{2} = \frac{y}{x + \sqrt{x^2 + y^2}} \quad \text{d'où} \quad \theta = 2\arctan\frac{y}{x + \sqrt{x^2 + y^2}}.$$

Cette formule demande que les points A, O, M soient cocycliques, c'est-à-dire que M n'appartienne pas à la demi-droite $D_- = \{(x,0) \,/\, x \leq 0\}$. Si $M \in D_-$ sans être égal à O, alors $y = 0$ et $x < 0$, donc $\sin\theta = 0$ et $\cos\theta = -1$. Dans ce cas particulier, $\theta = \pi$ (2π).

Remarque — Sous réserve que $(x,y) \in \mathbb{R}^2\backslash D_-$, les expressions de ρ et θ sont des fonctions C^∞ de x, y. Si l'on note $U = \{(r,\theta) \,/\, r > 0 \text{ et } -\pi < \theta < \pi\}$, l'application :

$$\begin{array}{cccc} \varphi : & U & \to & \mathbb{R}^2\backslash D_- \\ & (r,\theta) & \mapsto & (x,y) = (r\cos\theta, r\sin\theta) \end{array}$$

qui fait passer des coordonnées polaires aux coordonnées cartésiennes, est donc un C^∞-difféomorphisme.

Réponse 4.13 L'image $M'(x',y')$ de $M(x,y)$ par la symétrie orthogonale s de base la droite D d'équation $x + 2y - 3 = 0$ est obtenue en écrivant que le vecteur $\overrightarrow{MM'}$ est orthogonal à D et que le milieu I de $[MM']$ appartient à D. Comme $\overrightarrow{u}(1,2)$ est un vecteur orthogonal à la direction de D, cela se traduit par :

$$\exists\lambda \in \mathbb{R} \quad \left\{ \begin{array}{l} \overrightarrow{MM'} = \lambda\overrightarrow{u} \\ I \in D \end{array} \right. \quad \text{ou encore :} \quad \left\{ \begin{array}{l} x' = x + \lambda \\ y' = y + 2\lambda \\ \dfrac{x + x'}{2} + 2 \times \dfrac{y + y'}{2} - 3 = 0. \end{array} \right.$$

En remplaçant x' et y' par leurs valeurs en fonction de x, y et λ dans la troisième équation, on trouve :

$$\frac{2x + \lambda}{2} + 2.\frac{2y + 2\lambda}{2} - 3 = 0$$

d'où $\lambda = \dfrac{1}{5}\left(6 - 2x - 4y\right)$. Ainsi :

$$\left\{ \begin{array}{l} x' = \dfrac{1}{5}\left(6 + 3x - 4y\right) \\[2mm] y' = \dfrac{1}{5}\left(12 - 4x - 3y\right). \end{array} \right.$$

Cette réponse est acceptable car s'écrit matriciellement :

$$\begin{pmatrix} x' \\ y' \end{pmatrix} = \underbrace{\begin{pmatrix} 3/5 & -4/5 \\ -4/5 & -3/5 \end{pmatrix}}_{S} \begin{pmatrix} x \\ y \end{pmatrix} + \begin{pmatrix} 6/5 \\ 12/5 \end{pmatrix}$$

où la matrice S est bien celle d'une réflexion car de la forme $\begin{pmatrix} a & b \\ b & -a \end{pmatrix}$ avec $a^2 + b^2 = 1$.

Réponse 4.14 Soit $\mathcal{R} = (O, \overrightarrow{i}, \overrightarrow{j})$ un repère orthonormal du plan.

• Une isométrie f du plan $\mathcal{P}$ dans lui-même est une application affine de partie linéaire une application orthogonale. On sait qu'une application orthogonale du plan est soit une réflexion, soit une rotation, et qu'elle admet suivant le cas une matrice de la forme :

$$R_\theta = \begin{pmatrix} \cos\theta & -\sin\theta \\ \sin\theta & \cos\theta \end{pmatrix} \quad \text{ou} \quad S_\theta = \begin{pmatrix} \cos\theta & \sin\theta \\ \sin\theta & -\cos\theta \end{pmatrix},$$

dans la base orthonormale $(\overrightarrow{i}, \overrightarrow{j})$, où $\theta \in \mathbb{R}$. On peut donc affirmer que l'expression analytique de f sera de l'une des formes suivantes :

$$\begin{cases} x' = \cos\theta\, x - \sin\theta\, y + \alpha \\ y' = \sin\theta\, x + \cos\theta\, y + \beta \end{cases} \quad \text{ou} \quad \begin{cases} x' = \cos\theta\, x + \sin\theta\, y + \alpha \\ y' = \sin\theta\, x - \cos\theta\, y + \beta, \end{cases}$$

où (α, β) désigne le couple des coordonnées de $f(O)$ dans le repère $\mathcal{R}$.

• Voici les expressions analytiques de la réflexion s_{Ox} par rapport à Ox (en (1)) et de r (en (2)) :

$$(1)\ \begin{pmatrix} x' \\ y' \end{pmatrix} = \begin{pmatrix} 1 & 0 \\ 0 & -1 \end{pmatrix} \begin{pmatrix} x \\ y \end{pmatrix} = \begin{pmatrix} x \\ -y \end{pmatrix}; \quad (2)\ \begin{pmatrix} x' \\ y' \end{pmatrix} = \begin{pmatrix} 0 & -1 \\ 1 & 0 \end{pmatrix} \begin{pmatrix} x \\ y \end{pmatrix} = \begin{pmatrix} -y \\ x \end{pmatrix}.$$

En effet, la matrice carrée qui intervient dans l'expression (1) est celle d'une réflexion, donc de la forme S_θ, et transforme le vecteur $\overrightarrow{i}$ en lui-même, donc sa première colonne est $^t(1,0)$. On en déduit la seconde colonne. On recommence avec (2) où la matrice carrée est celle d'une rotation qui transforme $\overrightarrow{i}$ en $\overrightarrow{j}$, donc sa première colonne est $^t(0,1)$, et la seconde colonne s'en déduit. Dans les deux cas $\alpha = \beta = 0$ puisque l'origine O du repère est transformée en elle-même.

Réponse 4.15 Le plan affine euclidien orienté est rapporté à un repère orthonormal direct $(O, \overrightarrow{i}, \overrightarrow{j})$. La rotation r est une application affine de partie linéaire la rotation vectorielle ρ d'angle $\pi/3$, donc de matrice :

$$M = \begin{pmatrix} \cos \pi/3 & -\sin \pi/3 \\ \sin \pi/3 & \cos \pi/3 \end{pmatrix} = \begin{pmatrix} 1/2 & -\sqrt{3}/2 \\ \sqrt{3}/2 & 1/2 \end{pmatrix}$$

dans la base $(\vec{i}, \vec{j})$. Il suffit de traduire matriciellement l'égalité vectorielle $\overrightarrow{\Omega M'} = \rho(\overrightarrow{\Omega M})$ pour obtenir :

$$\begin{pmatrix} x' - 1 \\ y' \end{pmatrix} = \begin{pmatrix} 1/2 & -\sqrt{3}/2 \\ \sqrt{3}/2 & 1/2 \end{pmatrix} \begin{pmatrix} x - 1 \\ y \end{pmatrix}$$

soit :

$$\begin{cases} x' = \dfrac{1}{2}(x - \sqrt{3}y + 1) \\ y' = \dfrac{1}{2}(\sqrt{3}x + y - \sqrt{3}). \end{cases}$$

$\boxed{\textbf{Réponse 4.16}}$ Avertissement : l'énoncé a été modifié car les relations rapportées dans [39] ne fonctionnaient pas, mais l'esprit de la question a été conservé.

a) Compte tenu de ces données, on va définir les points M, N et P en utilisant le repère $\mathcal{R} = (A, \overrightarrow{AB}, \overrightarrow{AC})$ du plan. On sera alors certain d'aboutir à une conclusion (NB : le jury observe les réactions du candidat et retient la nature et l'adéquation des méthodes employées, aussi le candidat propose une méthode sûre où l'on retourne à un repérage du plan puisqu'il ne voit pas de raccourci évident). On a :

$$\overrightarrow{MA} - 2\overrightarrow{MB} = \overrightarrow{AC} \Rightarrow \overrightarrow{MA} - 2(\overrightarrow{MA} + \overrightarrow{AB}) = \overrightarrow{AC} \Rightarrow \overrightarrow{AM} = -2\overrightarrow{AB} - \overrightarrow{AC}$$

ce qui donne les coordonnées du point M dans le repère $\mathcal{R}$. On continue :

$$\overrightarrow{BN} = 2\overrightarrow{BC} \Rightarrow \overrightarrow{AN} - \overrightarrow{AB} = 2\overrightarrow{AC} - 2\overrightarrow{AB} \Rightarrow \overrightarrow{AN} = -\overrightarrow{AB} + 2\overrightarrow{AC}.$$

$$4\overrightarrow{PC} - 3\overrightarrow{PA} = \overrightarrow{CD} \Rightarrow 4(\overrightarrow{AC} - \overrightarrow{AP}) + 3\overrightarrow{AP} = \overrightarrow{AD} - \overrightarrow{AC}$$
$$\Rightarrow \overrightarrow{AP} = 4\overrightarrow{AC} - \overrightarrow{AD} + \overrightarrow{AC}$$

et puisque $\overrightarrow{AD} = \overrightarrow{BC} = \overrightarrow{AC} - \overrightarrow{AB}$:

$$\overrightarrow{AP} = 4\overrightarrow{AC} - \overrightarrow{AC} + \overrightarrow{AB} + \overrightarrow{AC} = \overrightarrow{AB} + 4\overrightarrow{AC}.$$

Ces expressions de $\overrightarrow{AM}$, $\overrightarrow{AN}$ et $\overrightarrow{AP}$ permettent de construire les points M, N et P en utilisant la règle du parallélogramme.

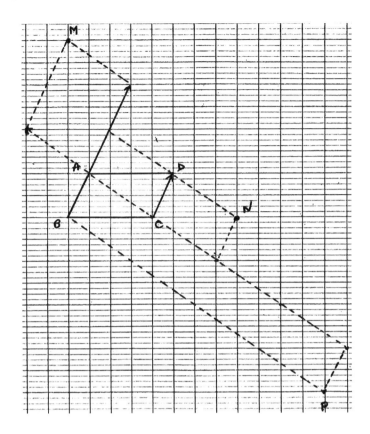

b) On obtient :

$$\overrightarrow{MN} = \overrightarrow{AN} - \overrightarrow{AM} = -\overrightarrow{AB} + 2\overrightarrow{AC} - (-2\overrightarrow{AB} - \overrightarrow{AC}) = \overrightarrow{AB} + 3\overrightarrow{AC}$$

et $\overrightarrow{CP} = \overrightarrow{AP} - \overrightarrow{AC} = (\overrightarrow{AB} + 4\overrightarrow{AC}) - \overrightarrow{AC} = \overrightarrow{AB} + 3\overrightarrow{AC} = \overrightarrow{MN}$, ce qui prouve que (CP) et (MN) sont parallèles, et même que $CPMN$ est un parallélogramme.

$\boxed{\textbf{Réponse 4.17}}$ Plaçons-nous par exemple dans le repère (A, B, D, E). Les coordonnées des sommets du parallélépipède sont faciles à trouver, et marquées sur la figure. On applique la formule :

$$\cos(\overrightarrow{AB}, \overrightarrow{AG}) = \frac{\overrightarrow{AB}.\overrightarrow{AG}}{||\overrightarrow{AB}||.||\overrightarrow{AG}||} \quad \text{avec } \overrightarrow{AB}\begin{pmatrix} 3 \\ 0 \\ 0 \end{pmatrix} \text{ et } \overrightarrow{AG}\begin{pmatrix} 3 \\ 5 \\ 2 \end{pmatrix}.$$

On trouve :

$$\cos(\overrightarrow{AB}, \overrightarrow{AG}) = \frac{9}{3\sqrt{3^2 + 5^2 + 2^2}} \simeq 0.486\,664\,263$$

d'où $(\overrightarrow{AB}, \overrightarrow{AG}) \simeq 60,8°$ en utilisant la fonction arccos.

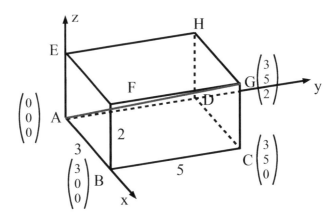

Réponse 4.18 Un point $M(x, y, z)$ de l'espace appartient à la sphère de centre $\Omega(x_0, y_0, z_0)$ et de rayon r si et seulement si $\Omega M = r$, ce qui se traduit par $(x - x_0)^2 + (y - y_0)^2 + (z - z_0)^2 = r^2$ dans un repère orthonormal.

Réponse 4.19 a) Une équation de $\mathcal{S}$ est $(x - 2)^2 + y^2 + (z + 1)^2 = 4$. Si A désigne le point de coordonnées $(2, 0, -1)$, un point M appartient à $\mathcal{S}$ si et seulement si $AM = 2$. L'ensemble $\mathcal{S}$ est donc la sphère de centre A et de rayon $R = 2$.

b) L'ensemble $\mathcal{S} \cap \mathcal{P}$ est défini par les équations :

$$(I) \quad \begin{cases} x + y - z - 1 = 0 & (1) \\ x^2 + y^2 + z^2 - 4x + 2z + 1 = 0 & (2) \end{cases}$$

Une formule classique donne la distance d de A au plan $\mathcal{P}$:

$$d = \frac{|2 + 0 - (-1) - 1|}{\sqrt{3}} = \frac{2}{\sqrt{3}}.$$

Comme $2/\sqrt{3} < 2$, le plan $\mathcal{P}$ coupe $\mathcal{S}$ suivant un cercle non réduit à un singleton.

c) Le rayon r de $\mathcal{C}$ vérifie $r^2 + d^2 = R^2$ d'après le théorème de Pythagore, donc :

$$r = \sqrt{4 - \frac{4}{3}} = \sqrt{\frac{8}{3}}.$$

Le centre Ω de $\mathcal{C}$ est le projeté orthogonal de A sur $\mathcal{P}$. Puisque $(1, 1, -1)$ sont les coordonnées d'un vecteur normal $\overrightarrow{u}$ à $\mathcal{P}$, les coordonnées (x, y, z) de Ω seront obtenues en écrivant qu'il existe un réel λ tel que $\overrightarrow{A\Omega} = \lambda \overrightarrow{u}$ et que Ω

appartient à $\mathcal{P}$. Traduisons :

$$\begin{cases} x = 2 + \lambda \\ y = \lambda \\ z = -1 - \lambda \end{cases} \qquad \text{et} \quad (2 + \lambda) + \lambda - (-1 - \lambda) - 1 = 0.$$

On obtient $\lambda = -2/3$ et $\Omega\,(4/3, -2/3, -1/3)$.

$\boxed{\textbf{Réponse 4.20}}$ Oui bien sûr : il suffit de manipuler des vecteurs sans faire référence à un repère donné.

Chapitre 5

Triangles

5.1 Triangles rectangles

Question 5.1 *Preuve du théorème de Pythagore* *(2015 [1], 2018 [9])*
Démontrez le théorème de Pythagore sans utiliser le produit scalaire.

Question 5.2 *Réciproque du théorème de Pythagore*
Démontrez la réciproque du théorème de Pythagore sans utiliser le produit scalaire.

Question 5.3 *Théorème de Pythagore au collège* *(2022 [20])*
  a) Pourriez-vous écrire la rédaction type que vous feriez au collège de la résolution d'un exercice permettant de montrer qu'un triangle est rectangle ? Par exemple $AB = 5\,cm$, $AC = 4\,cm$, $BC = 3\,cm$.
  b) Maintenant, si $BC = 2\,cm$, comment modifiez-vous la rédaction précédente ?

Question 5.4 *Relations métriques dans le triangle rectangle* *(2005)*
Rappelez les 3 relations métriques classiques faisant intervenir un triangle rectangle et le pied d'une hauteur. Démontrez-les.

Question 5.5 *Pied de la hauteur*
Montrer que le pied de la hauteur issue de l'angle droit d'un triangle rectangle appartient à l'hypoténuse.

Question 5.6 *Triangle rectangle & cercle*
  a) Quel résultat concerne un triangle rectangle et un cercle ?
  b) Démontrez-le comme on le ferait au collège.
  c) Et en utilisant des notions apprises au lycée ?

Question 5.7 *Exercice pratique (2018 [9])*
*Dans un rectangle $BCDE$, soit A un point de $[DE]$ tel que le triangle ABC
soit rectangle en A, Soit H le point de $[BC]$ tel que (AH) soit perpendiculaire
à (BC). Montrer que $AH^2 = BH \times CH$.*

Question 5.8 *Avec des outils du lycée (2023 [21])*
*Soient les points $A(0, 1)$, $B(1, 3)$ et $C(-6, 4)$. Que pouvez-vous dire sur le
triangle ABC en utilisant des outils du lycée ?*

5.2   Triangles quelconques

Question 5.9 *Ensembles de triangles (2023 [22])*
*Soit T l'ensemble des triangles. Représentez au sein de cet ensemble les en-
sembles des triangles isocèles, rectangles, puis équilatéraux.*

Question 5.10 *Médiatrices d'un triangle*
(2015 [24], 2023 [21])
Montrez que les médiatrices des côtés d'un triangle sont concourantes.

Question 5.11 *Cercle circonscrit à un triangle*
Montrez qu'il existe un unique cercle passant par les sommets d'un triangle.

Question 5.12 *Médianes d'un triangle (2009)*
*Démontrez que les trois médianes d'un triangle sont concourantes en utilisant
des outils du collège.*

Question 5.13 *Médianes non confondues*
Montrer que deux médianes d'un triangle ne sont jamais confondues.

Question 5.14 *Hauteurs d'un triangle*
*En utilisant des vecteurs et quelques résultats du collège, montrez que les trois
hauteurs d'un triangle sont concourantes.*

Question 5.15 *Hauteurs d'un triangle en collège*
*En utilisant des connaissances du collège, montrez que les trois hauteurs d'un
triangle sont concourantes.*

Question 5.16 *Bissectrices intérieures d'un triangle (2015 [24])*
Montrer que les bissectrices intérieures d'un triangle sont concourantes.

Question 5.17 *Cercles tangents aux côtés d'un triangle*
Combien existe-t-il de cercles tangents aux supports des côtés d'un triangle ?

Question 5.18 *Cercle exinscrit à un triangle*
Qu'est-ce qu'un cercle exinscrit à un triangle ?

Question 5.19 *Somme des angles d'un triangle (2017[10], 2021[16])*
Montrer que la somme des angles d'un triangle vaut un plat.

Question 5.20 *Somme des angles d'un triangle en 5ᵉ (2017, [10])*
Proposez une activité de cinquième permettant de calculer la somme des angles d'un triangle.

Question 5.21 *Construction d'un triangle de longueurs imposées*
Donnez une CNS pour qu'un triangle de côtés de longueurs imposées a, b, c soit constructible.

5.3 Questions surprenantes

Question 5.22 *Triplets pythagoriciens (2015[1])*
Montrez qu'il existe un seul triplet pythagoricien formé d'entiers consécutifs.

Question 5.23 *Programme de géométrie du collège (2018[4])*
Quel est le programme de géométrie niveau par niveau au collège ?

Question 5.24 *Distance d'un point à une droite I*
Soient M un point et D une droite. Montrez que la plus petite distance de M à un point de D est atteinte en un et un seul point de D.

Question 5.25 *Distance d'un point à une droite II (2015)*
Soient M un point et D une droite. Soit H le projeté orthogonal de M sur D. Si N est un point de D distinct de H, montrez que $MH < MN$ sans utiliser le théorème de Pythagore.

Question 5.26 *Caractérisation d'un losange (2018, [9])*
Est-ce que 4 côtés identiques définissent un losange ?

Question 5.27 *Puissance d'un point par rapport à un cercle*
Soient M un point et $\mathcal{C}$ un cercle. Une droite D passant par un point M coupe $\mathcal{C}$ en deux points A et B. Montrez que le produit $\overline{MA}.\overline{MB}$ est indépendant du choix de D.

Question 5.28 *Triangle rectangle de longueurs imposées (2007)*
Etant donnés trois nombres positifs a, b, c tels que $a^2 + b^2 = c^2$, montrez que l'on peut tracer un triangle dont les côtés sont de longueurs a, b et c.

Question 5.29 *Triangles semblables* *(2005)*
Quand dit-on que deux triangles sont semblables ?

Question 5.30 *Secteurs angulaires* *(2005)*
Qu'appelle-t-on secteur angulaire saillant ? Rentrant ?

Question 5.31 *Trajectoire du milieu d'une échelle* *(2019 [12])*
Une échelle est posée contre un mur vertical. Si le pied de l'échelle glisse sur le sol, quelle sera la trajectoire du point I milieu de l'échelle ?

5.4 Réponses

Réponse 5.1 ▶ En collège, on peut démontrer le théorème de Pythagore en utilisant des aires et la dissection montrée par la figure jointe et attribuée à Pythagore lui-même.

Des arguments angulaires montrent que $LMNP$ est un carré. En effet, les quatre triangles rectangles hachurés sont isométriques, d'où des égalités angulaires. L'angle $\widehat{PLM}$ vaut $180°$ moins la somme des angles $\widehat{ALP}$ et $\widehat{BLM}$, qui vaut un droit, donc $\widehat{PLM}$ est droit. Le quadrilatère $LMNP$ possède quatre côtés égaux, c'est donc un losange, et comme il possède aussi un angle droit, c'est un carré.

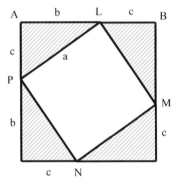

Comme $LMNP$ est un carré, l'aire du grand carré peut être calculée de deux façons différentes, et l'on obtient $(b+c)^2 = 4 \times \frac{bc}{2} + a^2$ d'où $b^2 + c^2 = a^2$ en développant et en simplifiant.

▶ Dans la preuve précédente, on peut éviter de développer algébriquement $(b+c)^2$. Pour cela, il suffit de construire les deux carrés identiques ci-dessous. Les parties hachurées de la même façon ont la même aire, donc $b^2 + c^2 = a^2$.

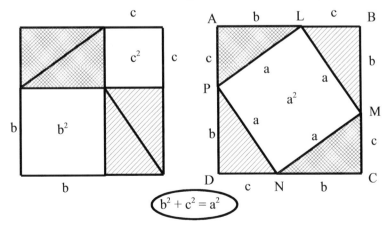

$\boxed{\textbf{Réponse 5.2}}$ Considérons un triangle non aplati ABC qui satisfait l'égalité de Pythagore $AB^2 + AC^2 = BC^2$. Notons B' le point du demi-plan de frontière (AC) ne contenant pas B tel que $AB' = AB$ et tel que la droite (AB') soit perpendiculaire à (AC). Le théorème de Pythagore appliqué au triangle rectangle $AB'C$ donne $B'C^2 = AB^2 + AC^2 = BC^2$ donc $B'C = BC$. Comme $AB' = AB$, les points A et C sont à égale distance des extrémités du segment $[BB']$, et la droite (AC) est la médiatrice de $[BB']$. Cela prouve que (BB') est perpendiculaire à (AC). Les droites (BB') et (AB') sont ainsi toutes deux perpendiculaires à (AC). Comme elles passent par le même point B', elles sont confondues, et $A \in (BB')$. On a prouvé que ABC était rectangle en A.

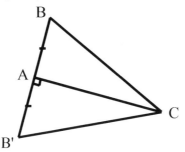

$\boxed{\textbf{Réponse 5.3}}$ a) On peut rédiger ainsi : « On vérifie que $AB^2 = AC^2 + BC^2$ puisque $AB^2 = 5^2 = 25$ et $AC^2 + BC^2 = 4^2 + 3^2 = 16 + 9 = 25$. On peut donc utiliser la réciproque du théorème de Pythagore pour affirmer que le triangle ABC est rectangle en C.

b) Si $BC = 2$, on constate que $AB^2 \neq AC^2 + BC^2$, ce qui entraîne que le triangle ABC n'est plus rectangle en C. Pour le voir, on raisonne par l'absurde : si ABC était rectangle en C, on aurait $AB^2 = AC^2 + BC^2$ en appliquant le théorème de Pythagore, ce qui est faux, donc ABC n'est pas rectangle en C

Remarque — Dans le compte rendu des échanges entre le candidat et le jury retranscrit en [20], le candidat répond à la question b) en utilisant toujours la réciproque du théorème de Pythagore, et le jury lui demande de bien réfléchir s'il en a le droit. Finalement, le candidat parlera d'utiliser la contraposée du théorème de Pythagore, ce qui équivaut logiquement à l'utilisation du théorème. Le raisonnement par l'absurde proposé plus haut permet de ne pas parler de contraposée.

$\boxed{\textbf{Réponse 5.4}}$ Soit H le pied de la hauteur issue de A d'un triangle ABC rectangle en A. On sait que :

(1) $AH^2 = \overline{BH}.\overline{HC}$.
(2) $BA^2 = \overline{BH} \times \overline{BC}$.

(3) $AH \times BC = AB \times AC$.

Les égalités (1) et (2) peuvent se montrer en utilisant plusieurs fois le théorème de Pythagore, tandis que la relation (3) est triviale si on utilise des aires.

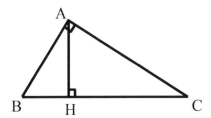

Le théorème de Pythagore appliqué trois fois donne :

$$BC^2 = BA^2 + AC^2$$
$$\left(\overline{BH} + \overline{HC}\right)^2 = \left(BH^2 + HA^2\right) + \left(AH^2 + HC^2\right)$$
$$AH^2 = \overline{BH} \times \overline{HC}.$$

On en déduit BA^2 en fonction de BH et BC :

$$\begin{aligned} BA^2 &= BH^2 + HA^2 \\ &= BH^2 + \overline{BH} \times \overline{HC} \\ &= \overline{BH} \times \left(\overline{BH} + \overline{HC}\right) \\ &= \overline{BH} \times \overline{BC}. \end{aligned}$$

Il suffit enfin d'écrire l'aire du triangle ABC de deux façons pour obtenir l'égalité $\frac{AH \times BC}{2} = \frac{AB \times AC}{2}$ et conclure.

Remarques — α) Chacune des trois relations métriques précédentes caractérise un triangle rectangle (cf. volume de géométrie de la collection [36]).

β) La formule $BA^2 = \overline{BH} \times \overline{BC}$ se montre facilement en utilisant le produit scalaire (Question 7.23).

$\boxed{\textbf{Réponse 5.5}}$ L'égalité $BA^2 = \overline{BH} \times \overline{BC}$ montre que $\overline{BH}$ et $\overline{BC}$ ont même signe, ce qui prouve que H appartient à la demi-droite ouverte $]BC)$ d'origine B. De même, la relation $CA^2 = \overline{CH} \times \overline{CB}$ montre que H appartient à la demi-droite $]CB)$. Par conséquent $H \in\,]BC) \cap\,]CB)] =\,]BC[$.

$\boxed{\textbf{Réponse 5.6}}$ a) On sait qu'un triangle ABC est rectangle en A si et seulement si A appartient au cercle de diamètre $[BC]$.

b) En n'utilisant que des notions vues au collège :

- *Sens direct (la condition est nécessaire)* — Si ABC est rectangle en A, il est facile de construire le point D tel que $ABDC$ soit un rectangle : il suffit de placer D à l'intersection de la perpendiculaire à (AB) issue de B et de la perpendiculaire à (AC) issue de C. On sait que les diagonales d'un rectangle sont égales et se coupent en leur milieu I, donc $AI = BI = DI = CI$ et A appartient au cercle de diamètre $[BC]$.

- *Sens indirect (la condition est suffisante)* — Si A appartient au cercle $\mathcal{C}$ de diamètre $[BC]$, et si I désigne le milieu de $[BC]$, la droite (AI) recoupe $\mathcal{C}$ en D. Les diagonales du quadrilatère $ABDC$ sont alors égales et se coupent en leur milieu I. Cela montre que $ABDC$ est un rectangle, de sorte que le triangle ABC soit rectangle en A.

c) Au lycée, on dispose du produit scalaire et l'on peut démontrer directement l'équivalence. Si $\mathcal{C}_{[BC]}$ désigne le cercle de diamètre $[BC]$ et si I désigne le milieu de $[BC]$, alors $\overrightarrow{AB}.\overrightarrow{AC} = (\overrightarrow{AI} + \overrightarrow{IB}).(\overrightarrow{AI} + \overrightarrow{IC}) = AI^2 - IB^2$ donc :

$$ABC \text{ rectangle en } A \ \Leftrightarrow \ \overrightarrow{AB}.\overrightarrow{AC} = 0 \ \Leftrightarrow \ AI = IB \ \Leftrightarrow \ A \in \mathcal{C}_{[BC]}.$$

$\boxed{\textbf{Réponse 5.7}}$ Comme ABC est rectangle en A, et comme H est le pied de la hauteur de ce triangle issue de A, la relation $AH^2 = BH \times HC$ est l'une des relations métriques classiques que l'on apprend sur le triangle rectangle. Pour la démontrer, on peut utiliser trois fois le théorème de Pythagore :

$$BC^2 = BA^2 + AC^2$$
$$\left(\overline{BH} + \overline{HC}\right)^2 = \left(BH^2 + HA^2\right) + \left(AH^2 + HC^2\right)$$
$$AH^2 = \overline{BH} \times \overline{HC}.$$

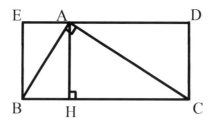

Remarques — La réponse est évidente si on connaît ses relations métriques dans un triangle rectangle (Question 5.4). On a répondu en utilisant des mesures algébriques qui ne sont pas au programme du collège, mais permettent de ne pas avoir à supposer que H appartient à $[BC]$ puisque la relation de Chasles est disponible quand on utilise des mesures algébriques. Au collège, on admettra que H appartient au segment $[BC]$ et on remplacera les mesures algébriques par des distances.

Réponse 5.8 On peut commencer par tracer la figure pour avoir des idées. Le triangle semble être rectangle en A. Calculons les distances :

$$AB = \sqrt{1^2 + (3-1)^2} = \sqrt{5} \quad \text{puis} \quad BC = \sqrt{(-6-1)^2 + (4-3)^2} = 5\sqrt{2},$$

puis $C = \sqrt{(-6)^2 + (4-1)^2} = 3\sqrt{5}$.

On constate que $AB^2 + AC^2 = 5 + 45 = 50 = BC^2$. On peut donc appliquer la réciproque du théorème de Pythagore et conclure que le triangle ABC est bien rectangle en A.

Réponse 5.9 Les ensembles I des triangles isocèles et R des triangles rectangles s'interceptent puisqu'il existe des triangles à la fois isocèles et rectangles. Par contre, l'ensemble E des triangles équilatéraux est inclus dans I mais n'intercepte par R. Tout est résumé sur la figure à l'aide de patates de Venn.

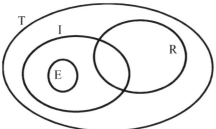

Réponse 5.10 Notons Δ_A, Δ_B, Δ_C les médiatrices des côtés $[BC]$, $[CA]$, $[AB]$ d'un triangle ABC. Si Δ_A et Δ_B se coupent en O, *alors* $OB = OC$ et $OC = OA$ puisque la médiatrice d'un segment est l'ensemble des points équidistants des extrémités de ce segment. Par transitivité de la relation d'égalité, on obtient $OB = OA$, ce qui prouve que O appartient à Δ_C. En conclusion O appartient bien aux trois médiatrices.

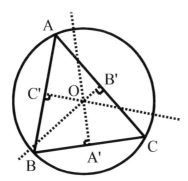

Ce que le candidat garde pour lui — Le triangle ABC n'étant pas supposé aplati, il est facile de vérifier que les droites Δ_A et Δ_B ne sont pas parallèles. Il suffit de raisonner par l'absurde : si elles ne l'étaient pas, les droites (BC) et (CA) seraient perpendiculaires à une même direction (la direction commune de Δ_A et Δ_B), donc seraient parallèles, et comme ces deux droites passent par le même point C, elles seraient confondues et l'on aurait $(BC) = (CA)$, ce qui prouve que A, B et C sont alignés. Absurde.

| **Réponse 5.11** | Soit ABC un triangle non aplati. Raisonnons par analyse-synthèse.

Analyse — Si un cercle $\mathcal{C}$ passe par les sommets A, B, C du triangle, son centre O vérifie $OA = OB = OC$, donc appartient aux trois médiatrices du triangle. C'est donc le point de concours de ces trois médiatrices, dont l'existence est connue (Question 5.10). Le rayon de $\mathcal{C}$ est nécessairement OA. Conclusion : si $\mathcal{C}$ existe, il est unique puisque son centre est l'intersection O des trois médiatrices du triangle et son rayon est OA.

Synthèse — Si O désigne le point de concours des médiatrices du triangle ABC, le cercle $\mathcal{C}$ de centre O et de rayon OA passe évidemment par les sommets du triangle ABC puisque $OA = OB = OC$ (par définition de O).

| **Réponse 5.12** | Proposons deux solutions qui utilisent le théorème de Thalès, ou si l'on préfère le théorème de la droite des milieux. Une troisième solution, très rapide, utilise l'isobarycentre des sommets du triangle, mais nous ne la rappellerons pas ici. Notons A', B', C' les milieux des côtés $[BC]$, $[CA]$, $[AB]$.

Première solution — Soit G l'intersection des médianes (AA') et (BB'). Soit U le milieu de $[AG]$. Soient V et W les projetés de U et A' sur (AC) parallèlement à (BB'). Le théorème de la droite des milieux montre que V est le milieu de $[AB']$ (utiliser le triangle AGB') et que W est le milieu de $[B'C]$ (utiliser le triangle CBB'). Par conséquent $AV = VB'$ et $B'W = WC$. Comme $AB' = B'C$, on déduit que :

$$AV = VB' = B'W = WC = \frac{AC}{4}.$$

La graduation A, V, B', W de $[AC]$ est donc régulière, et par projection on en déduit que la graduation A, U, G, A' de $[AA']$ est aussi régulière (ce résultat général se montre en utilisant que le projeté du milieu d'un segment est égal au milieu du segment projeté, propriété qui est une conséquence directe du théorème de la droite des milieux).

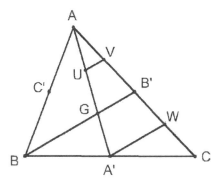

Finalement G est un point du segment $[AA']$ situé au tiers de la base A' de la médiane. Il suffit de recommencer avec le point B à la place de C pour montrer que les segments $[AA']$ et $[CC']$ se coupent aussi en un point G' situé au tiers de la base A' de la médiane $[AA']$. Nécessairement $G = G'$ puisqu'il n'existe qu'un seul point du segment $[AA']$ tel que $GA'/AA' = 1/3$, donc les médianes (AA'), (BB') et (CC') se coupent en G.

Seconde solution — Soit G l'intersection des médianes (AA') et (BB'). Traçons le symétrique G' de G par rapport à A'. Le quadrilatère $BGCG'$ est un parallélogramme puisque ses diagonales se coupent en leur milieu. Comme B' est le milieu de $[AC]$ et comme $(B'B)//(CG')$, le théorème de la droite des milieux montre que G est le milieu de $[AG']$. Mais alors, comme $(CG)//(BG')$, et comme la droite (CG) passe par le milieu de $[AG']$, ce même théorème montre que (CG) coupe (AB) en C'' milieu de $[AB]$. Cela montre que G appartient à la troisième médiane issue de C du triangle ABC.

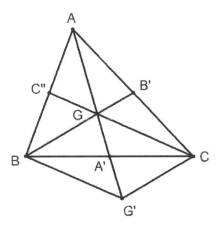

Réponse 5.13 Notons A' et B' les milieux des côtés $[BC]$ et $[CA]$ d'un triangle ABC. Si les médianes (AA') et (BB') étaient confondues, les points A, A', B, B' seraient alignés sur une droite Δ. Mais $C \in (BA') = \Delta$, donc les

sommets A, B, C du triangle ABC seraient alignés sur Δ, ce qui est à absurde puisque nous travaillons dans un triangle non aplati.

$\boxed{\textbf{Réponse 5.14}}$ Soient O le centre du cercle circonscrit à un triangle ABC, et H le point défini par la relation $\overrightarrow{OH} = \overrightarrow{OA} + \overrightarrow{OB} + \overrightarrow{OC}$. Alors :

$$\overrightarrow{AH} = \overrightarrow{OB} + \overrightarrow{OC} = 2\overrightarrow{OA'} \quad (*)$$

où A' désigne le milieu de $[BC]$. L'égalité $(*)$ montre que (AH) est parallèle à (OA'), et comme (OA') est la médiatrice du segment $[BC]$, on déduit que (AH) est perpendiculaire à (BC), donc que H appartient à la hauteur issue de A. En recommençant de même avec les sommets B et C, on obtient que H appartient aux hauteurs issues de B et C. Finalement, H appartient aux trois hauteurs du triangle ABC.

$\boxed{\textbf{Réponse 5.15}}$ On peut utiliser un triangle médian. Si ABC est un triangle donné, traçons les parallèles à ses côtés passant par les sommets opposés. Ces parallèles se coupent en trois points distincts L, M et N (en effet, si l'on avait $M = L$, on aurait $(NM) = (NL)$ et (AC) serait parallèle à (AB), ce qui est absurde).

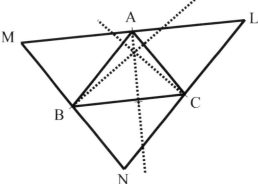

On vérifie alors que les hauteurs du triangle ABC sont les médiatrices du triangle LMN. Considérons par exemple la hauteur Δ_A du triangle ABC issue de A. On sait que $\Delta_A \perp (BC)$, et comme $(BC) \,/\!/\, (ML)$, on déduit que $\Delta_A \perp (ML)$. Par ailleurs, les quadrilatères $MACB$ et $ALCB$ sont des parallélogrammes par construction, donc $MA = BC = AL$, ce qui montre que A est le milieu de $[ML]$. Finalement Δ_A passe par le milieu de $[ML]$ en étant perpendiculaire à (ML), et il s'agit bien de la médiatrice de $[ML]$. On recommencerait avec les deux autres hauteurs.

Comme les trois médiatrices d'un triangle sont concourantes, les hauteurs du triangle ABC le seront aussi.

Réponse 5.16 Proposons deux méthodes.

Première méthode — Cette méthode, simple à retenir, convient pour le collège mais n'est pas rigoureuse car demande d'admettre que l'on ne travaille que dans l'intérieur du triangle. En effet, la propriété :

$\mathcal{P}$: « un point appartient à la bissectrice d'un couple de demi-droites si, et seulement si, il est équidistant de ces demi-droites »

n'est vraie que si l'on se place dans le secteur angulaire saillant formé par ces deux demi-droites. Un collégien n'y fera pas attention, et le jury évitera d'y revenir s'il n'a pas envie de compliquer les choses. On peut donc proposer cette preuve pour le collège, mais répondre qu'elle n'est pas très rigoureuse si une question est posée à son sujet.

On admet donc la propriété $\mathcal{P}$. Les bissectrices intérieures D_A et D_B issues de A et B dans le triangle ABC, se coupent en un point I, et $\mathcal{P}$ montre que I est à égale distance des droites (AB) et (AC) d'une part, (BA) et (BC) d'autre part. On en déduit que I est à égale distance des droites (CA) et (CB), donc appartient à la bissectrice intérieure D_C issue de C dans le triangle ABC.

Seconde méthode — Cette méthode, simple et rigoureuse, consiste à parachuter le point I de coordonnées barycentriques (a, b, c) dans le repère (A, B, C) (sans le dire pour éviter de parler de barycentres si on donne cette démonstration au lycée : il suffit de définir I par la relation (†)), puis à démontrer qu'il appartient aux trois bissectrices intérieures du triangle.

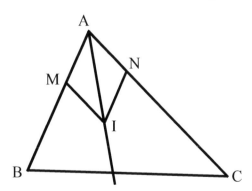

On a :

$$\overrightarrow{AI} = \frac{b}{a+b+c}\overrightarrow{AB} + \frac{c}{a+b+c}\overrightarrow{AC}. \quad (†)$$

Soient M et N définis par :

$$\overrightarrow{AM} = \frac{b}{a+b+c}\overrightarrow{AB} \quad \text{et} \quad \overrightarrow{AN} = \frac{c}{a+b+c}\overrightarrow{AC}.$$

Le quadrilatère $AMIN$ est un parallélogramme dont deux côtés consécutifs sont égaux puisque :

$$AM = \frac{bc}{a+b+c} = AN,$$

c'est donc un losange (pour retenir cette solution, il suffit de visualiser le losange $AMIN$ de la figure ci-dessous et l'utiliser), et la droite (AI) est l'axe de symétrie du couple de demi-droites $([AB), [AC))$, donc, par définition, la bissectrice intérieure D_A issue de A du triangle ABC. On montrerait de la même façon que I appartient aux bissectrices intérieures D_B et D_C issues de B et C, et donc :

$$\{I\} \subset D_A \cap D_B \cap D_C.$$

Les droites D_A, D_B et D_C concourent donc bien en I.

Remarques — α) L'inclusion $\{I\} \subset D_A \cap D_B \cap D_C$ que l'on vient de prouver est en fait une égalité :

$$D_A \cap D_B \cap D_C = \{I\}.$$

Pour s'en convaincre, il suffit de rappeler que deux bissectrices quelconques d'un triangle issues de deux sommets différents sont toujours sécantes. En effet, si D_A et D_B désignent deux bissectrices d'un triangle (intérieures ou extérieures) ABC issues des sommets A et B, et si de façon générale s_D désigne la réflexion par rapport à une droite D, on sait par définition que s_{D_A} échange les droites (AB) et (AC), et que s_{D_B} échange les droites (BA) et (BC). Par suite :

$$(AC) \overset{s_{D_A}}{\longmapsto} (AB) \overset{s_{D_B}}{\longmapsto} (BC).$$

Si l'on suppose par l'absurde que D_A et D_B ne sont pas sécantes, alors elles sont parallèles et la composée $f = s_{D_B} \circ s_{D_A}$ est une translation. Comme cette translation transforme la droite (AC) en (BC), on déduit que (AC) est parallèle à (BC), donc que $(AC) = (BC)$ puisque ces deux droites passent par le même point C. Cela montre que les points A, B, C sont alignés, ce qui est absurde puisque le triangle ABC est supposé non aplati.

β) La même méthode, utilisant d'autres losanges judicieux, permet de démontrer qu'une bissectrice intérieure du triangle coupe les deux autres bissectrices extérieures en un point. On obtient trois nouveaux points de concours qui ne sont autres que les centres des cercles exinscrits au triangle. Les coordonnées barycentriques de ces centres sont $(-a, b, c)$, $(a, -b, c)$ et $(a, b, -c)$ ([34], Th. 166).

> **Réponse 5.17** Il existe 4 cercles tangents aux supports des côtés d'un triangle : le cercle inscrit, et trois cercles exinscrits. Les coordonnées barycentriques des centres de ces cercles sont (a, b, c), $(-a, b, c)$, $(a, -b, c)$ et $(a, b, -c)$ lorsque a, b, c désignent les longueurs des côtés du triangle (Question 5.16).

Réponse 5.18 C'est l'un des trois cercles tangents aux côtés d'un triangle et extérieurs à celui-ci dont on a parlé aux Questions 5.16 et 5.17).

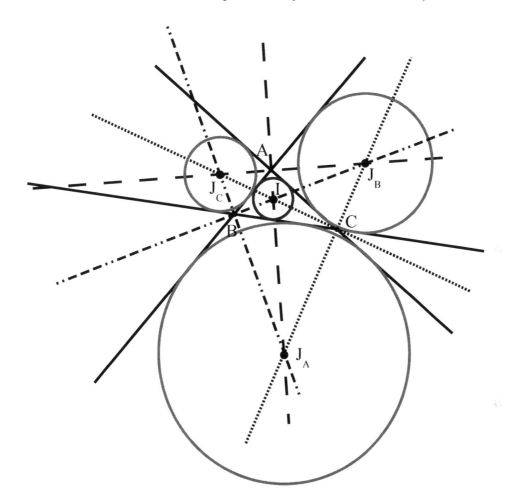

Réponse 5.19 Proposons deux méthodes. La première utilise des angles orientés tandis que la seconde peut être proposée en collège car convient aussi pour des angles géométriques (aussi appelés « angles non orientés ») :

Première solution (angles orientés) — On utilise la relation de Chasles et l'égalité $(\overrightarrow{CA}, \overrightarrow{CB}) = (\overrightarrow{AC}, \overrightarrow{BC})$ (2π) pour écrire :

$$
\begin{aligned}
(\overrightarrow{AB}, \overrightarrow{AC}) + (\overrightarrow{BC}, \overrightarrow{BA}) + (\overrightarrow{CA}, \overrightarrow{CB}) &= (\overrightarrow{AB}, \overrightarrow{AC}) + (\overrightarrow{BC}, \overrightarrow{BA}) + (\overrightarrow{AC}, \overrightarrow{BC}) \\
&= (\overrightarrow{AB}, \overrightarrow{AC}) + (\overrightarrow{AC}, \overrightarrow{BC}) + (\overrightarrow{BC}, \overrightarrow{BA}) \\
&= (\overrightarrow{AB}, \overrightarrow{BA}) = \pi \ (2\pi).
\end{aligned}
$$

Remarque — Un solution plus *Rock & Roll* et facile à retenir consiste à ré-écrire la somme $S = (\overrightarrow{AB}, \overrightarrow{AC}) + (\overrightarrow{CA}, \overrightarrow{CB}) + (\overrightarrow{BC}, \overrightarrow{BA})$ (modulo 2π) sous la forme :

$$
\begin{aligned}
S &= (\overrightarrow{AB}, \overrightarrow{AC}) + \pi + (\overrightarrow{CA}, \overrightarrow{CB}) + \pi + (\overrightarrow{BC}, \overrightarrow{BA}) \\
&= (\overrightarrow{AB}, \overrightarrow{AC}) + (\overrightarrow{AC}, \overrightarrow{CA}) + (\overrightarrow{CA}, \overrightarrow{CB}) + (\overrightarrow{CB}, \overrightarrow{BC}) + (\overrightarrow{BC}, \overrightarrow{BA}) \\
&= (\overrightarrow{AB}, \overrightarrow{BA}) \; = \pi \;\; (2\pi).
\end{aligned}
$$

Deuxième solution (angles orientés ou pas) — Etant donné un triangle non aplati ABC, traçons la parallèle à la droite (BC) issue de A, comme sur la figure jointe. Les angles alternes-internes signalés sur la figure permettent de déduire que la somme des trois angles du triangle est égale à l'angle $([Ax), [Ay))$ entre les demi-droites opposées $[Ax)$ et $[Ay)$. Cela prouve pourquoi on obtient un angle plat.

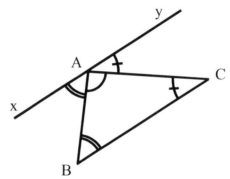

<u>**Réponse 5.20**</u> La classe de 5e est traditionnellement (depuis quelque temps) celle de la symétrie centrale étudiée en liaison avec les propriétés du parallélogramme, tout comme la classe de sixième est celle de la symétrie axiale étudiée en liaison avec les propriétés du rectangle (et ce qui va avec : les propriétés du carré, du losange, et les deux définitions équivalentes de la médiatrice d'un segment).

En cinquième, on peut démontrer que la somme des angles d'un triangle est égale à un angle plat en utilisant la conservation des angles par symétrie centrale. Je propose l'activité suivante :

> ACTIVITE (classe de 5e) – Dessinez un triangle quelconque ABC.
> Tracez le milieu I de $[AB]$, et le milieu J de $[AC]$. Tracez le symétrique U de C par rapport à I, puis le symétrique V de B par rapport à J.
> a) Que dire des points U, A et V ?
> b) Démontrez-le.

c) Que devient l'angle $\widehat{ABC}$ dans la symétrie par rapport à I ? Quelle égalité peut-on en déduire ? De la même façon, que devient l'angle $\widehat{BCA}$ dans la symétrie par rapport à J ? Qu'en déduire ?

e) Montrer que la somme des angles du triangle ABC vaut 180°.

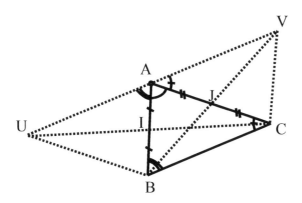

On obtient la figure ci-dessus. Le raisonnement demandé en b) est complexe pour un élève de cinquième, mais accessible. Il s'agit de démontrer que les quadrilatères $ACBU$ et $ABCV$ sont des parallélogrammes en notant que leurs diagonales se coupent en leurs milieux, puis d'en déduire que les droites (UA) et (AV) sont parallèles à (BC), pour enfin achever le raisonnement en utilisant le cinquième postulat d'Euclide : par un point il ne passe qu'une seule droite parallèle à une droite donnée, ici (UA) et (AV) sont parallèles à (BC) et passent toutes deux par A, donc sont confondues.

Si nécessaire, on peut proposer un énoncé avec plus d'indications : d'abord demander ce que sont les quadrilatères $ACBU$ et $ABCV$, puis demander de montrer le parallélisme entre les droites (UA), (AV) et (BC), pour pouvoir conclure.

On peut aussi proposer l'énoncé tel quel en en faisant une activité ouverte où toute la classe pourra s'investir, le professeur restant au tableau pour exploiter les idées proposées et orienter la réflexion commune.

Finalement, la conservation des angles par une symétrie centrale montre que :

$$\widehat{ABC} = \widehat{UAB} \quad \text{et} \quad \widehat{BCA} = \widehat{CAV},$$

de sorte que :

$$\widehat{ABC} + \widehat{BCA} + \widehat{CAB} = \widehat{UAB} + \widehat{CAV} + \widehat{CAB} = 180°$$

puisque les points U, A, V sont alignés.

Réponse 5.21 Voici le résultat :

Théorème — Soient a, b, c trois réels strictement positifs. On peut construire un triangle ABC de longueurs de côtés a, b, c si et seulement si ces nombres vérifient les trois inégalités triangulaires :

$$\begin{cases} a \leq b + c \\ b \leq c + a \qquad (S) \\ c \leq a + b. \end{cases}$$

Preuve — L'inégalité triangulaire montre que la condition (S) est nécessaire. La réciproque n'est pas évidente, et n'est jamais démontrée en collège où l'on se contente de constructions et d'observations.

Supposons que les trois inégalités de (S) soient vraies. S'il existait un triangle ABC de longueurs de côtés a, b, c, l'angle $\widehat{A}$ vérifierait :

$$\cos \widehat{A} = \frac{b^2 + c^2 - a^2}{2bc} \qquad (*)$$

d'après le théorème d'Al Kashi. Puisque :

$$-1 \leq \frac{b^2 + c^2 - a^2}{2bc} \leq 1 \quad \Leftrightarrow \quad (b - c)^2 \leq a^2 \leq (b + c)^2$$
$$\Leftrightarrow \quad |b - c| \leq a \leq b + c$$
$$\Leftrightarrow \quad (S),$$

nous pouvons affirmer qu'il existe au moins un angle $\widehat{A}$ vérifiant la condition $(*)$. Cela donne l'idée de la construction de ABC. On choisit un point A dans le plan, et on construit deux demi-droites d'origine A faisant un angle $\widehat{A}$ entre elles. On place les points B et C sur ces demi-droites, tels que $AB = c$ et $AC = b$. Les côtés du triangle ABC mesurent alors a, b et c puisque le théorème d'Al Kashi et la condition $(*)$ nous redonnent :

$$\begin{aligned} BC^2 &= b^2 + c^2 - 2bc \cos \widehat{A} \\ &= b^2 + c^2 - 2bc \left(\frac{b^2 + c^2 - a^2}{2bc} \right) \\ &= a^2 \end{aligned}$$

soit $BC = a$. ∎

Remarque — L'une des inégalités (S) est une égalité si et seulement si le triangle est aplati. En effet, le point C appartient au segment $[AB]$ si et seulement si $AB = AC + CB$, et cela permet d'affirmer que le triangle ABC

est aplati si et seulement si $A \in [BC]$ ou $B \in [CA]$ ou $C \in [AB]$, ce qui revient à dire que $a = b + c$, $b = c + a$ ou $c = a + b$.

Réponse 5.22 Il s'agit de résoudre l'équation $(n-1)^2 + n^2 = (n+1)^2$ dans $\mathbb{N}$. Cet équation s'écrit $n^2 - 4n = 0$, d'où $n = 0$ ou 4. En conclusion, il existe un unique triplet pythagoricien formé de nombres entiers consécutifs, c'est $(3, 4, 5)$.

Réponse 5.23 Les programmes du collège parus en 2016 regroupent les classes par niveaux. Ils sont écrits pour des cycles, le cycle 3 correspondant aux classes de CM1, CM2 et sixième, tandis que le cycle 4 correspond aux classes de cinquième, quatrième et troisième. On peut néanmoins donner rapidement quelques tendances niveau par niveau. Sans être exhaustif :

Sixième — Symétrie axiale en lien avec la médiatrice d'un segment et le rectangle. Figures géométriques usuelles, triangles et quadrilatères, cercles.

Cinquième — Symétrie centrale en lien avec le parallélogramme et les angles formés par deux parallèles et une sécante. Inégalité triangulaire, somme des angles d'un triangle.

Quatrième — On consolide l'apprentissage de la démonstration débutée en cinquième.

Troisième — Théorème de Thalès dans le triangle, théorème de Pythagore et leurs réciproques. Rapports trigonométriques dans le triangle rectangle.

Réponse 5.24 Cette distance minimale est atteinte au point H, projeté orthogonal de M sur la droite D. Traçons un point quelconque N de D distinct de H.

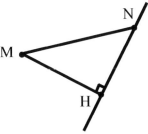

Le théorème de Pythagore permet d'écrire $MN^2 = MH^2 + HN^2 > MH^2$ d'où $MN > MH$. Cela montre que la plus petite distance de M à un point N de D est obtenue quand N est égal à H, et seulement dans ce cas. On dit que MH est la distance du point M à la droite D. Si l'on note $\mathrm{d}\,(M, D)$ cette distance, on peut écrire $\mathrm{d}\,(M, D) = \mathrm{Min}\,\{MN \,/\, N \in D\} = MH$.

Remarque — On peut démontrer l'inégalité $MN > MH$ sans utiliser le théorème de Pythagore. Cela a été demandé à l'oral du CAPES et fait l'objet de la Question 5.25.

Réponse 5.25 Traçons le symétrique M' du point M par rapport à D. Le triangle MNM' n'est pas aplati sinon N serait égal à H. L'inégalité triangulaire donne alors $MM' < MN + NM'$, c'est-à-dire $2MH < 2MN$, ou encore $MH < MN$. Nous avons démontré l'inégalité $MH < MN$ sans utiliser le théorème de Pythagore, comme nous l'avions fait dans la Question 5.24.

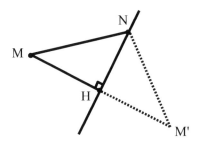

Réponse 5.26 On sait qu'un quadrilatère dont les 4 côtés possèdent la même longueur est un losange. La réponse est donc affirmative

Réponse 5.27 Soit I le milieu de $[AB]$. Le théorème de Pythagore utilisé deux fois permet d'écrire :

$$
\begin{aligned}
\overline{MA}.\overline{MB} &= \left(\overline{MI} + \overline{IA}\right)\left(\overline{MI} + \overline{IB}\right) \\
&= MI^2 - IA^2 \\
&= \left(MO^2 - OI^2\right) - \left(AO^2 - OI^2\right) \\
&= MO^2 - r^2
\end{aligned}
$$

de sorte que le produit $p = \overline{MA}.\overline{MB}$ ne dépend que de M et du cercle $\mathcal{C}$ de centre O et de rayon r.

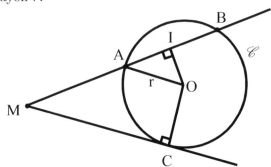

Remarques — α) Le produit p est appelé puissance de M par rapport à $\mathcal{C}$.

β) Le cas limite où D est tangente au cercle correspond au cas où $A = B$, et le théorème de Pythagore donne alors $\overline{MA}.\overline{MA} = MA^2 = MO^2 - r^2$. On retrouve la valeur de p.

γ) Une autre démonstration utilise le produit scalaire. On peut en effet écrire $p = \overline{MA}.\overline{MB} = \overrightarrow{MA}.\overrightarrow{MB} = \overrightarrow{MA}.\overrightarrow{MA'}$ où A' est le point diamétralement opposé à A sur le cercle $\mathcal{C}$ (car le triangle ABA' est rectangle en B), puis utiliser le théorème de la médiane pour obtenir $\overrightarrow{MA}.\overrightarrow{MA'} = MO^2 - r^2$.

$\boxed{\textbf{Réponse 5.28}}$ On répond facilement si l'on connaît la condition nécessaire et suffisante de constructibilité d'un triangle de longueurs imposées (Question 5.21) :

> Etant donnés trois nombres positifs a, b, c, il est possible de construire un triangle de côtés de longueurs a, b et c si et seulement si les « trois inégalités triangulaires » sont vérifiées, ce qui s'écrit rapidement : (C) $\quad |b - c| \le a \le b + c$.

Ici, sous réserve que $a^2 + b^2 = c^2$:

$$(C) \iff \begin{cases} a \le b + c \\ b \le c + a \\ c \le a + b \end{cases} \iff \begin{cases} a^2 \le (b+c)^2 \\ b^2 \le (c+a)^2 \\ c^2 \le (a+b)^2 \end{cases} \iff \begin{cases} 0 \le b^2 + bc \\ 0 \le a^2 + ac \\ 0 \le ab \end{cases}$$

donc la condition (C) est toujours vérifiée.

Mais il est plus simple de remarquer que $a^2 + b^2 = c^2$ est une relation de Pythagore, et qu'il suffit de tracer deux segments perpendiculaires $[CA]$ et $[CB]$ de longueurs b et a, pour obtenir $AB = \sqrt{a^2 + b^2} = c$ en utilisant le théorème de Pythagore. Le triangle ABC ainsi construit est rectangle et vérifie la condition imposée.

$\boxed{\textbf{Réponse 5.29}}$ Deux triangles sont **semblables** s'ils se déduisent l'un de l'autre par une similitude. On rappelle que, dans le plan, les similitudes sont les composées d'isométries et d'homothéties. Deux triangles sont donc semblables s'ils ont la même forme mais avec éventuellement des dimensions différentes.

On peut aussi dire de façon plus imagée que deux triangles sont semblables si, et seulement si, on passe de l'un à l'autre par un agrandissement ou une réduction (matérialisés par une similitude de rapport k supérieur ou inférieur à 1 suivant le cas).

Réponse 5.30 Un couple $([Ox), [Oy))$ de demi-droites de même origine définit deux secteurs angulaires : un grand et un petit. Le « petit secteur » est appelé **saillant**, tandis que le « grand secteur » est appelé **rentrant**. Le rapporteur permet de mesurer l'écart entre les demi-droites $[Ox)$ et $[Oy)$, mais en laissant le choix de parcourir le chemin le plus court (en restant dans le secteur saillant) ou le plus long (en restant dans le secteur rentrant).

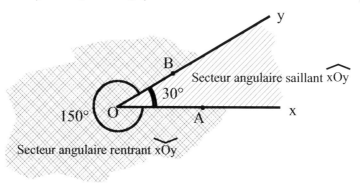

Dans le dessin ci-dessus, la mesure de l'angle formé par le couple $([Ox), [Oy))$ ne peut pas à la fois être 30° et 150°. Il faut choisir. Au collège, et tant qu'on parle d'angles géométriques (c'est-à-dire non orientés) dans le plan, il est important de distinguer deux sortes d'angles : les angles saillants et les angles rentrants.

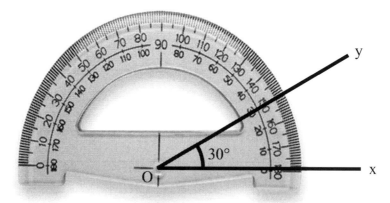

Un rapporteur de 180° mesure des angles saillants

Par définition :

   - Le mot « angle » désignera automatiquement un **angle saillant**, noté $\widehat{xOy}$, et mesuré en degrés par un nombre compris entre 0° et 180°. Un angle saillant est associé à un secteur angulaire saillant. On retrouve ici la mesure en degrés d'un angle géométrique.

- Un **angle rentrant** sera associé à un secteur angulaire rentrant dont la mesure est comprise entre 180° et 360°. Un angle rentrant sera noté avec un chapeau à l'envers, comme ici :

$$\overset{\smile}{xOy} \ .$$

Finalement, au collège, les angles que l'on mesure ne sont pas des classes d'équivalences de couples de demi-droites suivant une certaine relation d'équivalence, mais correspondent à des secteurs angulaires. Voilà pourquoi il est important de faire la différence entre les angles qui sortent (les saillants) et ceux qui rentrent (les rentrants) pour pouvoir leur associer une mesure unique. Voici un dessin qui rappelle, au passage, qu'un angle aigu est un angle saillant de mesure comprise entre 0° et 90°, et qu'un angle obtus est un angle saillant de mesure comprise entre 90° et 180° :

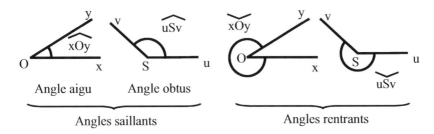

L'angle saillant est celui « qui sort ». Pour s'en rappeler, on peut imaginer deux parts de gâteau. L'angle rentrant correspond à la part la plus grande, celle qu'on ne nous servira pas.

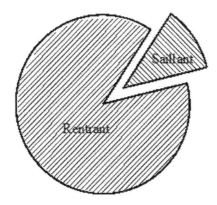

Jusque-là, nous somme restés dans le flou pour définir les secteurs angulaires saillants et rentrants. Nous avons utilisé des dessins, des angles formés par des demi-droites et des parts de gâteaux, ce qui est adapté au collège, mais trop approximatif. De façon plus rigoureuse, on peut dire que le **secteur angulaire**

saillant $[\widehat{AOB}]$ déterminé par les demi-droites $[OA)$ et $[OB)$ est l'ensemble des points M du plan $\mathcal{P}$ dont les coordonnées (α, β) dans le repère $(O, \overrightarrow{OA}, \overrightarrow{OB})$ sont positives, autrement dit :

$$[\widehat{AOB}] = \left\{ M \in \mathcal{P} \,/\, \exists\,(\alpha, \beta) \in \mathbb{R}_+^2 \quad \overrightarrow{OM} = \alpha\overrightarrow{OA} + \beta\overrightarrow{OB} \right\}.$$

On définit ainsi le secteur angulaire saillant fermé $[\widehat{AOB}]$, et on pourrait le définir ouvert en prenant α et β strictement positifs.

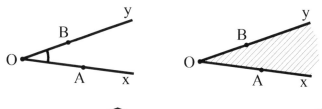

Angle saillant $\widehat{AOB}$ Secteur angulaire saillant $[\widehat{AOB}]$

Le **secteur angulaire rentrant** (que l'on suppose fermé) déterminé par les demi-droites $[OA)$ et $[OB)$ est :

$$[\overset{\smile}{\mathbf{AOB}}] = \left\{ M \in \mathcal{P} \,/\, \exists\,(\alpha, \beta) \in \mathbb{R}_-^2 \quad \overrightarrow{OM} = \alpha\overrightarrow{OA} + \beta\overrightarrow{OB} \right\}.$$

$\boxed{\textbf{Réponse 5.31}}$ On fera un dessin où l'on notera I le milieu de l'échelle, A et B les points de contact de l'échelle sur le mur et sur le sol, et O le projeté orthogonal de B sur le mur. Le point I n'est autre que le centre du cercle circonscrit au triangle AOB rectangle en O, donc $OI = IB = AB/2$ quelle que soit la position de l'échelle. On peut donc affirmer que l'ensemble $\mathcal{E}$ décrit par les points I est inclus dans le quart de cercle $\mathcal{C}$ de centre O et de rayon $AB/2$ inclus dans le plan (AOB) et dans le secteur angulaire saillant $[\widehat{AOB}]$ de ce plan.

La réciproque est triviale, puisque si $I \in \mathcal{C}$, et si H désigne le projeté orthogonal de I sur le sol, il suffit de noter B le symétrique de O par rapport à H pour que la droite (IB) coupe le mur en un point A tel que I soit le milieu de $[AB]$ (on suppose ici que I n'appartient pas au mur, sinon ce cas particulier ne pose pas de problème). Cela montre que $I \in \mathcal{E}$.

En conclusion $\mathcal{E} = \mathcal{C}$.

Cette question a été posée au CAPES interne 2019, mais intéresse aussi les autres candidats à l'externe. Le jury essaie de déteriner les connaissances que le candidat est susceptible de mettre en oeuvre. Ne pas penser au centre du cercle circonscrit au triangle rectangle AOB n'est pas éliminatoire, le jury se *contentant alors simplement d'en faire la remarque, mais conclure très rapidement en oubliant l'inclusion inverse qui doit être démontrée en dit long sur l'état de préparation du candidat. On prendra donc garde de ne pas se contenter de l'inclusion $\mathcal{E} \subset \mathcal{C}$ pour conclure à $\mathcal{E} = \mathcal{C}$.*

Chapitre 6

Périmètres, aires & volumes

6.1 Prérequis

Question 6.1 *Définition d'un cercle (2023[21])*
Définissez un cercle.

6.2 Aires

Question 6.2 *Trapèze (2021[18])*
Démontrez la formule donnant l'aire d'un trapèze.

Question 6.3 *Partie quarrable*
Qu'est-ce qu'une partie quarrable ?

Question 6.4 *Rectangle*
Justifiez que l'aire d'un rectangle est $\mathcal{A} = L \times l$.

Question 6.5 *Losange (2019[11])*
Quelle est la formule de l'aire d'un losange ?

Question 6.6 *Pavage d'un rectangle*
Peut-on toujours paver un rectangle avec des carrés identiques ?

Question 6.7 *Parties sans aire*
Connaissez-vous des parties du plan qui n'ont pas d'aire ?

Question 6.8 *Propriétés fondamentales des aires*
Citez deux propriétés essentielles de l'aire.

Question 6.9 *Polygone non croisé*
Comment calculer l'aire d'un polygone non croisé ?

Question 6.10 *Aire d'une surface de $\mathbb{R}^3$*
Comment calculer l'aire d'une surface dans $\mathbb{R}^3$?

Question 6.11 *Un disque est-il quarrable ?*
Pourquoi un disque possède-t-il une aire ?

Question 6.12 *Disque*
Comment calculer l'aire d'un disque ?

Question 6.13 *Aire d'un cercle*
Quelle est l'aire d'un cercle ?

Question 6.14 *Aire & intégrale*
Quel lien y a-t-il entre la définition d'une aire d'une partie quarrable et celle de l'intégrale d'une fonction positive ?

Question 6.15 *Cône de révolution*
Calculez l'aire de la surface d'un cône de révolution de hauteur h et de rayon de base r.

Question 6.16 *Aire d'un triangle donné analytiquement*
Dans un plan muni d'un repère orthonormal, on considère les points $A\,(3,8)$, $B\,(7,10)$ et $C\,(-5,2)$. Calculez l'aire du triangle ABC.

Question 6.17 *Aire maximale* *(2018 [4])*
Déterminez l'aire maximale d'un triangle isocèle de périmètre 1.

Question 6.18 *Distributivité au collège*
Justifiez la formule de distributivité de la multiplication sur l'addition au collège, puis le développement de $(a+b)^2$.

Question 6.19 *Triangle isocèle* *(2008)*
Trouvez une formule pour calculer l'aire d'un triangle isocèle d'angle au sommet α, dont les côtés égaux valent a.

Question 6.20 *Algorithme d'Euclide*
Pouvez-vous interpréter géométriquement l'algorithme d'Euclide du calcul d'un pgcd ?

Question 6.21 *Transformation*
Transformez géométriquement un quadrilatère convexe en un triangle de même aire.

6.3 Volumes

Question 6.22 *Conversions*
Convertissez $1\,cl$ en cm^3, puis $1\,ml$ en cm^3.

Question 6.23 *Volume de cylindres*
Peut-on dire que, si un cylindre a pour volume V, et si on multiplie par 2 son diamètre, on doit diviser par 2 sa hauteur pour obtenir un cylindre de même volume ?

Question 6.24 *Surface d'une sphère*
Quand on double le rayon d'une sphère, double-t-on la surface de celle-ci ?

Question 6.25 *Volume d'un solide*
Comment mesurer le volume d'un solide de façon expérimentale ?

Question 6.26 *Boule* (2018[4])
Comment démontrer la formule donnant le volume d'une boule au collège ?

Question 6.27 *Volume & algorithmique*
Comment mesurer le volume d'un solide en utilisant un algorithme ?

Question 6.28 *Cône de révolution*
Démontrez la formule donnant le volume d'un cône de révolution.

Question 6.29 *Sphère* (2017[3])
Démontrez la formule donnant le volume d'une sphère comme on pourrait le faire en terminale.

Question 6.30 *Pour quelques cerises* (2012)
Une cerise de diamètre $2\,cm$ possède en son centre un noyau de diamètre $1cm$. Quel est le pourcentage de noyau dans cette cerise ?

Question 6.31 *Problème du 3e degré* (2016[2])
Un cylindre contient une boule de rayon r. On ajoute de l'eau de sorte que la boule soit recouverte et que le niveau d'eau soit tangent à la boule. En enlevant la boule de rayon r, peut-il exister une autre boule de rayon $R \neq r$ qui, une fois plongée, soit encore tangente à la surface de l'eau ?
   a) Mettez ce problème en équation.
   b) Que proposer au lycée pour résoudre une équation du troisième degré ?
   c) Répondre à la question.

Question 6.32 *Dans un cube*
On considère un cube $ABCDEFGH$.
    a) Quelle est la nature du triangle EBG ?
    b) Calculez le volume du tétraèdre $ABDE$.
    b) Calculez le volume du polyèdre $BCGFEHD$.

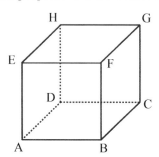

6.4   Questions surprenantes

Question 6.33 *Maximiser une aire* (2017 [39])
Quel outil permet de visualiser l'existence d'un point qui maximise une aire dans un exercice de géométrie ?

Question 6.34 *Devinette*
Un parallélépipède rectangle possède des faces d'aires 500, 700 et 200 cm^2. Quel est son volume ? En déduire ses dimensions.

Question 6.35 *Formule d'Archimède* (2021 [18])
Démontrez la formule d'Archimède qui énonce que l'aire d'un segment de parabole est égale aux 4/3 de l'aire du triangle qui le sous-tend.

Question 6.36 *Fonction sinus* (2006)
Montrez géométriquement que la fonction sinus est continue.

Question 6.37 *Limite de* $(\sin x)/x$ (2006; 2022, [19])
Montrez géométriquement que $\lim_{x \to 0} \frac{\sin x}{x} = 1$. En déduire la dérivabilité de la fonction cosinus en 0.

Question 6.38 *Volume d'un tétraèdre*
Montrer que le volume d'un tétraèdre $ABCD$ est :

$$\mathcal{V} = \frac{1}{6}|(\overrightarrow{AB} \wedge \overrightarrow{AC}).\overrightarrow{AD}|.$$

6.5 Réponses

$\boxed{\text{Réponse 6.1}}$ Soient A un point du plan, et r un réel positif. On appelle cercle de centre A et de rayon r, l'ensemble des points M du plan situés à la distance r de A. Autrement dit $\mathcal{C}(A,r) = \{M \in E \,/\, AM = r\}$ si l'on note $\mathcal{C}(A,r)$ ce cercle et E le plan dans lequel on se place.

$\boxed{\text{Réponse 6.2}}$ On peut toujours tracer la parallèle à l'un des côtés du trapèze, passant par un de ses sommets, pour obtenir un découpage du trapèze en un parallélogramme et un triangle. Voici un exemple de découpage :

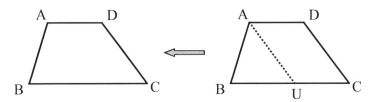

Sur ce dessin, posons $AD = \mathfrak{b}$, $BC = \mathfrak{B}$ et notons h la longueur de la hauteur issue de A du triangle ABU. Les formules donnant les aires d'un parallélogramme et d'un triangle permettent alors d'écrire l'aire $\mathcal{A}$ du trapèze $ABCD$ sous cette forme :
$$\mathcal{A} = \frac{BU \times h}{2} + \mathfrak{b} \times h = \frac{(\mathfrak{B} - \mathfrak{b})\,h}{2} + \mathfrak{b} \times h = \frac{(\mathfrak{B} + \mathfrak{b})\,h}{2}.$$

Remarques — On peut préférer découper le trapèze en un rectangle et deux triangles rectangles, et additionner toutes les aires. On peut aussi construire le symétrique du trapèze par rapport au milieu de l'un de ses côtés non parallèles, pour voir apparaître un parallélogramme dont l'aire est le double de celle du trapèze, ce qui donne une très jolie démonstration utilisant une transformation au programme du collège.

$\boxed{\text{Réponse 6.3}}$ Une partie Q du plan est **quarrable** (c'est-à-dire « possède une aire ») si la borne supérieure des aires des parties pavables du plan incluses dans Q est égale à la borne inférieure des aires des parties pavables du plan qui contiennent Q. Dans ce cas, l'**aire** de Q est la valeur commune de cette borne supérieure et de cette borne inférieure.

On rappelle qu'une partie **pavable** est une partie du plan qui s'écrit comme la réunion d'un nombre fini de pavés droits. On admet qu'une partie pavable P peut toujours s'écrire comme la réunion $P = \bigcup_{i=1}^{m} P_i$ « presque disjointe » de pavés droits, en ce sens que les P_i sont disjoints entre eux ou ne s'interceptent que suivant un segment. On dit alors que l'aire de P est la somme des aires des P_i :

$$\mathcal{A}(P) = \sum_{i=1}^{m} \mathcal{A}(P_i).$$

Pour que cette définition ait un sens, il reste seulement à démontrer que la somme $\sum_{i=1}^{m} \mathcal{A}(P_i)$ est indépendante du choix de la « presque partition » $\{P_i\}_{1 \le i \le m}$ de P. Il est raisonnable de l'admettre (une idée de la démonstration est proposée en [38] §. 6.1.1.4°). Pour aller plus loin sur les parties quarrables, on peut se référer à [35].

$\boxed{\textbf{Réponse 6.4}}$ Reprenons la réponse donnée au §.14.2.2 de [35]. Dans le premier degré, on définit l'aire d'un rectangle en comptant le nombre de carrés de côtés une unité qui le constitue. L'idée est juste, mais n'explique pas comment faire si les dimensions du rectangle dont on calcule l'aire ne sont pas entières. Tous les rectangles ne sont pas pavables par des carrés (Question 6.6).

La bonne solution est sans doute d'admettre (ou de définir) l'aire d'un rectangle de largeur l et de longueur L, où l et L sont des nombres réels, comme étant le produit $l \times L$.

Si l'on cherche à valider réellement la présentation de l'aire d'un rectangle que l'on donne aux élèves des écoles primaires, on se confronte à deux problèmes : celui du passage des entiers aux rationnels, et celui du passage des nombres rationnels aux nombres réels. Voyons cela de plus près.

Premier problème — Si l et L sont des rationnels, on peut les écrire, en utilisant un dénominateur commun d, sous la forme :

$$l = \frac{a}{d} \quad \text{et} \quad L = \frac{b}{d},$$

et utiliser des carrés de côtés $1/d$ pour « quadriller » le rectangle R. On utilisera $a \times b$ tels carrés, donc, par additivité, et en supposant que l'on sache que l'aire d'un carré de côté $1/d$ est $1/d^2$, l'aire du rectangle R sera :

$$\mathcal{A}_R = (a \times b) \times \frac{1}{d^2} = l \times L.$$

La formule reste valide dans ce cas !

Second problème — Il s'agit ensuite de passer de $\mathbb{Q}$ à $\mathbb{R}$, ce qui se fera par densité de $\mathbb{Q}$ dans $\mathbb{R}$, en sous-entendant que l'aire du rectangle R, dont les dimensions l et L sont supposées être maintenant des réels positifs quelconques, est définie comme une limite d'aires de rectangles à côtés rationnels contenus et contenant R. Si $(a_n)_{n \in \mathbb{N}}$ et $(a'_n)_{n \in \mathbb{N}}$ sont deux suites adjacentes de rationnels qui tendent vers l (par exemple les valeurs décimales de l par défaut et par excès), et si $(b_n)_{n \in \mathbb{N}}$ et $(b'_n)_{n \in \mathbb{N}}$ sont deux suites adjacentes de rationnels qui tendent vers L, l'aire de R sera comprise entre $a_n \times b_n$ et $a'_n \times b'_n$ quel que soit l'entier naturel n, et comme :

$$\lim_{n \to +\infty} (a_n \times b_n) = \mathcal{A}_R = \lim_{n \to +\infty} \left(a'_n \times b'_n \right),$$

on en déduit $\mathcal{A}_R = l \times L$.

Réponse 6.5 Pour calculer l'aire d'un losange, on l'inscrit dans un rectangle comme sur la figure ci-dessous, dont les côtés sont les longueurs D et d des diagonales. L'aire du losange est alors égale à la moitié de l'aire $D \times d$ de ce rectangle.

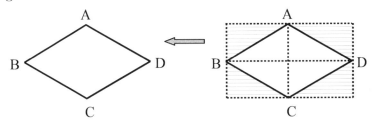

Réponse 6.6 On a envie de répondre affirmativement, car c'est ainsi que l'on explique la notion d'aire dans les petites classes. Pourtant c'est faux. Un rectangle dont les mesures des côtés sont L et l (avec une unité donnée) sera pavable avec des carrés identiques si, et seulement si, il existe un nombre réel u et des entiers naturels a et b tels que $L = au$ et $l = bu$, d'où :

$$\frac{L}{l} = \frac{au}{bu} = \frac{a}{b} \in \mathbb{Q}.$$

Réciproquement, si le rapport L/l est rationnel, il existe des entiers naturels non nuls a et b tels que :

$$\frac{L}{l} = \frac{a}{b},$$

et des carrés de côtés l/b permettront toujours de paver le rectangle, puisque $L = a \times (l/b)$ et $l = b \times (l/b)$. En conclusion : un rectangle peut être pavé avec des carrés identiques si et seulement si le rapport de ses dimensions est un nombre rationnel.

Réponse 6.7 Une partie non quarrable du plan est par exemple donnée par l'ensemble des points du carré $[0, 1] \times [0, 1]$ de $\mathbb{R}^2$ dont les coordonnées sont des nombres rationnels. Il est facile de démontrer que cette partie n'a pas d'aire en retournant à la définition d'une partie quarrable ([35], §.15.8.2 ex. 2).

Réponse 6.8 L'additivité et l'invariance par isométrie (ces propriétés sont justifiées dans [35], mais ce ne sera pas la peine d'aller jusque-là).

Réponse 6.9 Il suffit de le triangulariser pour écrire son aire sous la forme d'une somme finie d'aires de triangles. On sait par ailleurs calculer les aires d'un triangle (Question 6.16).

Réponse 6.10 On peut choisir beaucoup de points sur cette surface, dessiner des triangles à partir de ces points pour obtenir une représentation de la surface en fil de fer, puis calculer la somme des aires de tous ces triangles. On dit que l'on a triangularisé la figure, ou que l'on a effectué une triangulation. Plus il y a de points, plus l'approximation est meilleure.

Réponse 6.11 Un disque possède une aire car c'est une partie quarrable du plan (Question 6.3) comme le montre la méthode d'Archimède (Question 6.12).

Réponse 6.12 On peut penser à la méthode de Monte-Carlo qui consiste à calculer la probabilité pour qu'une flèche lancée au hasard sur une cible carrée tombe dans le grand cercle inscrit dans ce carré. C'est une méthode probabiliste.

Au collège ou au primaire, on peut aussi penser à des expériences de physique où l'on immergerait dans l'eau un certain nombre de disques de diamètres différents tous taillés dans une plaque de métal homogène d'épaisseur constante. En mesurant le volume d'eau déplacé, on pourrait montrer expérimentalement la proportionnalité entre l'aire et le carré du rayon.

En géométrie, on peut obtenir des valeurs approchées de l'aire d'un disque en utilisant la méthode d'Archimède. Elle consiste à construire deux familles de polygones, la première formée de polygones inclus dans le disque, la seconde formée de polygones contenant le disque, de sorte que les périmètres de ces polygones se rapprochent de celui du disque. C'est aussi une méthode calcul approché de π.

Remarque — Rappelons la méthode d'Archimède. Soit $\mathcal{C}$ un cercle de centre O et de rayon R. Pour trouver des encadrements de l'aire $\mathcal{A}_{\mathcal{D}}$ du disque $\mathcal{D}$ de frontière $\mathcal{C}$, on construit un polygone régulier convexe $A_0 A_1 ... A_{n-1}$ à n sommets inscrit dans $\mathcal{C}$, et un polygone régulier convexe $B_0 B_1 ... B_{n-1}$ à n sommets circonscrit à $\mathcal{C}$, comme indiqué sur la figure.

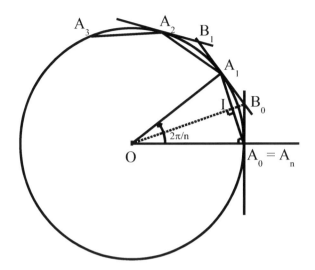

L'aire $\mathcal{A}_{OA_0A_1}$ du triangle OA_0A_1 est :

$$\mathcal{A}_{OA_0A_1} = \frac{A_oA_1 \times OI}{2} = A_oI \times OI = R\sin\frac{\pi}{n} \times R\cos\frac{\pi}{n} = \frac{R^2}{2}\sin\frac{2\pi}{n},$$

et l'aire du triangle OA_0B_0 vaut :

$$\mathcal{A}_{OA_0B_0} = \frac{A_oB_0 \times OA_0}{2} = \frac{1}{2}\left(R\tan\frac{\pi}{n}\right) \times R = \frac{R^2}{2}\tan\frac{\pi}{n}.$$

Les aires des polygones $A_0A_1...A_{n-1}$ et $B_0B_1...B_{n-1}$ sont donc :

$$\begin{cases} \mathcal{A}_{A_0A_1...A_{n-1}} = \dfrac{nR^2}{2}\sin\dfrac{2\pi}{n} \\[2mm] \mathcal{A}_{B_0B_1...B_{n-1}} = nR^2\tan\dfrac{\pi}{n}. \end{cases}$$

On en déduit que pour tout $n \geq 3$:

$$\frac{nR^2}{2}\sin\frac{2\pi}{n} \leq \mathcal{A}_\mathcal{D} \leq nR^2\tan\frac{\pi}{n}.$$

Posons $u_n = \dfrac{nR^2}{2}\sin\dfrac{2\pi}{n}$ et $v_n = nR^2\tan\dfrac{\pi}{n}$ pour tout $n \geq 3$.

Comme $\lim u_n = \pi R^2 = \lim v_n$, le théorème des gendarmes montre que $\lim \mathcal{A}_\mathcal{D} = \pi R^2$.

Remarque — On imagine bien, sur le dessin, que les suites $(u_n)_{n\geq3}$ et $(v_n)_{n\geq3}$ sont adjacentes. La croissance de $(u_n)_{n\geq3}$ et la décroissance de $(v_n)_{n\geq3}$ ne sont pas si faciles à prouver par le calcul, et pour contourner cette difficulté, on peut n'utiliser que des polygones à 2^n côtés, ce qui revient à travailler avec les suites $(a_n)_{n \geq 2}$ et $(b_n)_{n \geq 2}$ de termes généraux $a_n = u_{2^n}$ et $b_n = v_{2^n}$. Dans ce cas, on voit clairement sur la figure ci-dessous que les polygones inscrits sont inclus les uns dans les autres, et qu'il en est de même des polygones circonscrits. On dispose alors de deux suites adjacentes qui convergent vers πR^2. Si $R = 1$, on obtient :

$$\pi = \lim \left(2^{n-1} \sin \frac{2\pi}{2^n} \right) = \lim \left(2^n \tan \frac{\pi}{2^n} \right).$$

Un calcul sur machine donne $a_{15} \simeq 3,141\,592\,634$ et $b_{15} \simeq 3,141\,592\,663$, deux valeurs qui encadrent π.

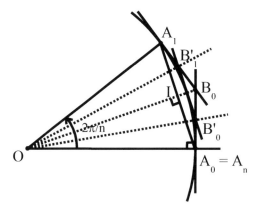

Réponse 6.13 L'aire d'un cercle est nulle, car on peut construire des parties pavables qui le contienne, dont les aires tendent vers 0. On peut aussi retourner à la définition d'une partie quarrable donnée à la Question 6.3.

Réponse 6.14 Le travail est identique puisqu'il revient dans les deux cas à pouvoir encadrer une certaine quantité de façon aussi précise qu'on le désire. Cela se voit de façon frappante si l'on prend la peine d'énoncer ces deux définitions côte à côte :

> **Définition d'une intégrale** – Une fonction f de $[a, b]$ dans $\mathbb{R}$ est intégrable au sens de Riemann (c'est-à-dire « possède une intégrale ») si la borne supérieure des intégrales des fonctions en escalier qui minorent f est égale à la borne inférieure des intégrales des fonctions en escalier qui majorent f. Dans ce cas, l'intégrale $\int_a^b f(x)\,dx$ de f sur $[a, b]$ est la valeur commune de cette borne supérieure et de cette borne inférieure.

> **Définition d'une aire** – Une partie Q du plan est quarrable (c'est-à-dire « possède une aire ») si la borne supérieure des aires

des parties pavables du plan incluses dans Q est égale à la borne
inférieure des aires des parties pavables du plan qui contiennent Q.
Dans ce cas, l'aire de Q est la valeur commune de cette borne
supérieure et de cette borne inférieure.

La démarche est identique, même si l'on a remplacé des sommes d'aires de
rectangles « bien placés » par rapport à la courbe représentative de f (les
intégrales des fonctions en escalier qui minorent ou majorent f) par des aires
de parties pavables définies comme des réunions finies de pavés.

⎜ **Réponse 6.15** ⎜ Il faut commencer par dessiner le patron d'un cône de
révolution de hauteur h et de rayon de base r, ce qui est fait à la Question 12.14.
En reprenant les notations de cette question, on a :

$$\alpha = \widehat{ASB} = \frac{2\pi r}{R}.$$

où $R = \sqrt{h^2 + r^2}$. L'aire $\mathcal{A}_1$ de la partie ASB vérifie donc :

$$\frac{\mathcal{A}_1}{\alpha} = \frac{\pi R^2}{2\pi} = \frac{R^2}{2} \quad \text{d'où} \quad \mathcal{A}_1 = \frac{2\pi r}{R} \times \frac{R^2}{2} = \pi r R.$$

L'aire du disque de base est $\mathcal{A}_2 = 2\pi r^2$, donc l'aire de la surface du cône sera :

$$\mathcal{A} = \mathcal{A}_1 + \mathcal{A}_2 = \pi r R + 2\pi r^2 = \pi r (2r + \sqrt{h^2 + r^2}).$$

⎜ **Réponse 6.16** ⎜ Notons $\mathcal{A}_{ABC}$ l'aire du triangle ABC.

Première solution — On sait que :

$$\mathcal{A}_{ABC} = \frac{1}{2} \|\overrightarrow{AB} \wedge \overrightarrow{AC}\|$$

où $\overrightarrow{AB} \wedge \overrightarrow{AC}$ désigne le produit vectoriel des vecteurs $\overrightarrow{AB}$ et $\overrightarrow{AC}$ lorsque le
plan a été plongé dans un espace de dimension 3. Ici :

$$\overrightarrow{AB} \wedge \overrightarrow{AC} = \begin{pmatrix} 4 \\ 2 \\ 0 \end{pmatrix} \wedge \begin{pmatrix} -8 \\ -6 \\ 0 \end{pmatrix} = \begin{pmatrix} a \\ b \\ c \end{pmatrix}$$

avec $a = \begin{vmatrix} 2 & -6 \\ 0 & 0 \end{vmatrix}$; $b = -\begin{vmatrix} 4 & -8 \\ 0 & 0 \end{vmatrix}$ et $c = \begin{vmatrix} 4 & -8 \\ 2 & -6 \end{vmatrix} = -8$. Donc $\mathcal{A}_{ABC} = 4$.

Deuxième solution – On a :

$$\mathcal{A}_{ABC} = \frac{1}{2}\,|\det(\overrightarrow{AB}, \overrightarrow{AC})| = \frac{1}{2}\left|\left|\begin{array}{cc} 4 & -8 \\ 2 & -6 \end{array}\right|\right| = \frac{1}{2} \times |-8| = 4.$$

Remarques — Justifions les formules utilisées dans ces deux réponses. Si H désigne le pied de la hauteur issue de C du triangle ABC, on sait que :

$$\mathcal{A}_{ABC} = \frac{1}{2}AB \times CH = \frac{1}{2}AB \times AC\,|\sin(\overrightarrow{AB}, \overrightarrow{AC})| = \frac{1}{2}\|\overrightarrow{AB} \wedge \overrightarrow{AC}\|,$$

en se rappelant de la formule donnant le produit vectoriel. Cela justifie la première solution. La seconde solution est légitimée en rappelant que :

$$\sin(\overrightarrow{AB}, \overrightarrow{AC})) = \frac{\det(\overrightarrow{AB}, \overrightarrow{AC})}{AB \times AC}.$$

$\boxed{\textbf{Réponse 6.17}}$ Faisons un dessin :

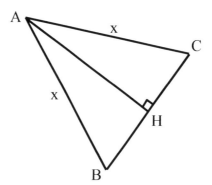

Par hypothèse $2x + BC = 1$. L'aire du triangle ABC est :

$$\mathcal{A} = \frac{BC \times AH}{2} = \frac{(1 - 2x) \times AH}{2}.$$

Le théorème de Pythagore donne :

$$AH^2 = x^2 - \left(\frac{BC}{2}\right)^2 = x^2 - \frac{(1 - 2x)^2}{4} = \frac{1}{4}\left(4x^2 - (1 - 2x)^2\right) = \frac{1}{4}(4x - 1)$$

d'où $\mathcal{A} = \dfrac{1}{4}(1 - 2x)\sqrt{4x - 1}$.

Ainsi $\mathcal{A} = f(x)$ où f est une fonction définie sur $[1/4, +\infty[$, dérivable sur $]1/4, +\infty[$, et de dérivée en $x \in]1/4, +\infty[$:

$$
\begin{aligned}
f'(x) &= \frac{1}{4}\left[-2\sqrt{4x - 1} + (1 - 2x)\frac{1}{2}(4x - 1)^{-1/2} \times 4\right] \\
&= \frac{1}{4\sqrt{4x - 1}}(-2(4x - 1) + 2(1 - 2x)) = \frac{4 - 12x}{4\sqrt{4x - 1}} = \frac{1 - 3x}{\sqrt{4x - 1}}.
\end{aligned}
$$

La fonction f' s'annule en $x = 1/3$ est positive à gauche de $1/3$ et négative à droite de cette valeur, donc admet un maximum en $x = 1/3$. L'aire maximale d'un tel triangle est donc obtenue pour $x = 1/3$, lorsque ce triangle est équilatéral.

Réponse 6.18 On peut dessiner un rectangle de longueurs k et $a + b$, et calculer son aire de deux façons différentes pour obtenir $k(a + b) = ka + kb$. En cinquième, lorsque $a \geq b$, on peut démontrer la formule $k(a - b) = ka - kb$ de la même façon, comme dans l'activité ci-dessous. L'identité remarquable $(a + b)^2 = a^2 + b^2 + 2ab$ peut se démontrer en utilisant des aires lorsque a et b sont positifs : il suffit de dessiner un carré de côté $a + b$, puis de le partager judicieusement en deux rectangles de côté a et b, et deux carrés. L'additivité des aires fera le reste.

2 Avec des aires

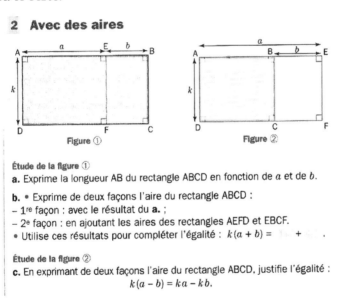

Figure ①   Figure ②

Étude de la figure ①
a. Exprime la longueur AB du rectangle ABCD en fonction de a et de b.

b. • Exprime de deux façons l'aire du rectangle ABCD :
– 1re façon : avec le résultat du **a.** ;
– 2e façon : en ajoutant les aires des rectangles AEFD et EBCF.
• Utilise ces résultats pour compléter l'égalité : $k(a + b) = \quad + \quad$.

Étude de la figure ②
c. En exprimant de deux façons l'aire du rectangle ABCD, justifie l'égalité :
$$k(a - b) = ka - kb.$$

Activité 4.2 p. 13 d'un manuel de 5e [30]

Réponse 6.19 Soit ABC un triangle isocèle en A, tels que $\widehat{BAC} = \alpha$ et $AB = AC = a$. Si H désigne le projeté orthogonal de A sur (BC), l'aire du triangle ABC s'écrit :
$$\mathcal{A} = \frac{BC \times AH}{2} = a^2 \sin \frac{\alpha}{2} \cos \frac{\alpha}{2} = \frac{a^2}{2} \sin \alpha$$

puisque $BC = 2HC = 2a \sin \alpha/2$ et $AH = a \cos \alpha/2$.

Remarque — Si l'on connaît la définition du produit vectoriel (hors programme du CAPES depuis la session 2013) et le lien entre produit vectoriel et aire d'un triangle, on peut rappeler la formule :

$$\mathcal{A} = \frac{1}{2}\|\overrightarrow{AB} \wedge \overrightarrow{AC}\| = \frac{1}{2}\|\overrightarrow{AB}\|\,\|\overrightarrow{AC}\|\,\sin(\overrightarrow{AB}, \overrightarrow{AC}) = \frac{a^2}{2}\sin\alpha.$$

Réponse 6.20 *Rappel* — Rappelons que l'algorithme d'Euclide permet de calculer le pgcd de deux entiers naturels non nuls a et b en effectuant des divisions euclidiennes (ou des soustractions si l'on préfère). Il est basé sur la remarque suivante :

> Si $a = bq + r$ avec $0 \leq r < b$ représente la division euclidienne de a par b, alors les diviseurs communs à a et b sont les mêmes que les diviseurs communs à b et r.

A chaque étape de l'algorithme, et tant que le reste n'est pas nul, on divise le diviseur par le reste :

$$(E) \quad \begin{cases} a = bq + r \\ b = rq_1 + r_1 \\ \dots \\ r_{n-2} = r_{n-1}q_n + r_n \\ r_{n-1} = r_n q_{n+1}. \end{cases}$$

Au bout d'un nombre fini de divisions, le reste est nul (ici $r_{n+1} = 0$). Si l'on note $\mathcal{D}_m = \{d \in \mathbb{N} \,/\, d|m\}$ l'ensemble des diviseurs de m dans $\mathbb{N}$, on obtient :

$$\mathcal{D}_a \cap \mathcal{D}_b = \mathcal{D}_b \cap \mathcal{D}_r = \dots = \mathcal{D}_{r_{n-1}} \cap \mathcal{D}_{r_n} = \mathcal{D}_{r_n}$$

de sorte que les diviseurs communs à a et b coïncident avec les diviseurs de r_n, et que plus grand diviseur de a et b soit r_n. Cela étant bien en mémoire, la figure ci-dessous montre deux interprétations géométriques de cet algorithme.

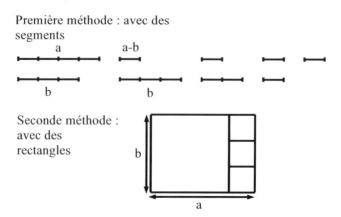

Première méthode — On dessine deux segments parallèles de longueurs a et b (entiers naturels non nuls tels que $a > b$), puis on remplace le segment de longueur a par un segment de longueur $a - b$. Puis on recommence : deux segments étant donnés, on remplace sans cesse le plus long par un segment de longueur la différence des longueurs de ces deux segments. Il arrive un moment où l'un des deux segments devient de longueur nulle, et le pgcd de a et b est la longueur du seul segment qui reste. La méthode est appliquée sur la figure pour déterminer le pgcd de $a = 4$ et $b = 3$.

Si l'on désire aller plus vite, on peut ne pas utiliser des soustractions $a - b$ et préférer enlever de a le plus grand multiple de b, ce qui revient à remplacer le segment de longueur a par un segment de longueur $a - bq = r$ où r est le reste de la division de a par b.

Ces algorithmes convergent, c'est-à-dire finissent par nous donner un segment de longueur nulle, autrement on pourrait exhiber une suite strictement décroissante de nombres entiers positifs (si au pas n, on note a_n et b_n les longueurs des segments obtenus, la suite strictement décroissante est par exemple la suite de terme général $\mathrm{Max}(a_n, b_n)$), ce qui est impossible.

Seconde méthode — On dessine un rectangle de dimensions a et b (toujours avec $a > b$), puis on essaie de paver ce rectangle en reportant un carré de côté b. Si c'est possible, on déduit que a est un multiple de b. Sinon, il nous reste un rectangle de dimensions b et r, où r est le reste de la division de a. On recommence avec ce rectangle.

Au bout d'un nombre fini de pas, on obtient un rectangle pavable par des carrés de côtés sa largeur. La longueur des côtés de ces carrés est égale au pgcd de a et b. La figure montre le calcul de $\mathrm{pgcd}\,(4, 11)$ en utilisant ces constructions.

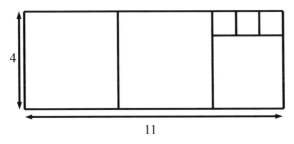

Calcul de $\mathrm{pgcd}\,(4, 11)$

Réponse 6.21 On se donne un quadrilatère convexe $ABCD$. On note W l'intersection de (CD) et de la parallèle à la droite (BD) issue de A. Dans le trapèze $ABDW$, les triangles ABD et BDW ont même aire, donc l'aire du triangle BCW sera égale à celle du quadrilatère $ABCD$.

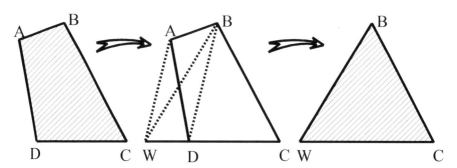

Réponse 6.22 Un litre vaut 1 dm^3, donc 1 cl vaut $0,01$ litres, c'est-à-dire 10 cm^3. Par ailleurs 1 ml vaut $0,001$ litres, soit 1 cm^3.

Réponse 6.23 C'est faux car le volume d'un cylindre est proportionnel à sa hauteur mais proportionnel au carré de son diamètre (ou de son rayon, ce qui revient au même). En effet, la formule donnant le volume d'un cylindre de rayon r et de hauteur h est $V = \pi r^2 \times h$. Si $d = 2r$ est son diamètre, on a :

$$V = \frac{\pi d^2}{4} \times h.$$

Pour un cylindre de diamètre $d' = 2d$ et de hauteur $h' = h/2$, on obtient le volume :

$$V' = \frac{\pi d'^2}{4} \times h' = \frac{\pi \times 4 \times d^2}{4} \times \frac{h}{2} = 2\frac{\pi d^2}{4} \times h = 2V$$

qui n'est pas égal à V.

Réponse 6.24 La réponse est NON. Une sphère de rayon r a pour surface $S = 4\pi r^2$. Une sphère de rayon $2r$ aura donc pour surface $S' = 4\pi(2r)^2 = 4S$, ce qui n'est pas le double de S. L'assertion est donc fausse.

Réponse 6.25 On peut mesurer le volume d'un solide en le plongeant dans un liquide placé dans un récipient gradué et en mesurant l'augmentation du niveau du liquide. C'est Archimède qui découvrit que « l'immersion d'un corps déplace une quantité d'eau équivalente à son volume ».

Remarques — La loi d'Archimède donne une description plus précise de la poussée qui agit sur un corps immergé. Elle s'énonce : « Tout corps plongé dans un fluide au repos, entièrement mouillé par celui-ci ou traversant sa surface libre, subit une force verticale, dirigée de bas en haut et opposée au poids du volume de fluide déplacé » [41]. Cette force verticale est appelée **poussée d'Archimède**.

Le problème de Hiéron, décrit ci-dessous, permet de calculer la densité d'un corps en mesurant son poids P, puis son poids $P - P_e$ quand il est immergé dans de l'eau, où P_e désigne le poids de l'eau déplacée. La densité du corps est alors $d = P/P_e$:

« Hiéron, roi de Syracuse (-265 à -215), soupçonna un jour son orfèvre de l'avoir volé. L'artisan avait-il remplacé par de l'argent une partie de l'or fourni pour fabriquer la couronne du roi ? Hiéron demanda à son ami Archimède de vérifier quelle proportion d'argent contenait l'ornement royal. Le grand géomètre chercha à évaluer le volume de la couronne et sa densité. Toutefois, la forme compliquée de la couronne interdisait tout calcul simple. La légende veut qu'Archimède prit un bain pour réfléchir, et qu'il remarqua que la baignoire débordait quand il y entrait. Il comprit alors que l'immersion d'un corps déplace une quantité d'eau équivalente à son volume. Il se serait alors élancé nu dans la rue en criant Euréka !

Archimède formula ainsi ce qu'il avait observé : tout corps plongé dans un liquide subit une poussée verticale dirigée vers le haut et égale au poids du volume de liquide déplacé. Hiéron serait satisfait ! Pour déterminer la densité de la couronne par rapport à celle de l'eau, il lui suffisait de mesurer la diminution de son poids apparent dans l'eau. Imaginons les mesures qu'Archimède réalisa pour satisfaire le roi. Sans doute commença-t-il par peser la couronne en la suspendant sous le plateau d'une balance. Puis, il répéta l'opération en immergeant la couronne dans l'eau. Pour rétablir l'équilibre, Archimède dut retirer des poids du plateau opposé à celui qui soutenait la couronne. Il calcula ensuite la densité du métal en faisant le rapport entre le poids de la couronne du roi et le poids retiré du plateau. Archimède répéta ensuite cette opération avec un lingot d'or, afin de comparer la densité de la couronne à celle de l'or pur. » [29]

Réponse 6.26 Cela ne se démontre pas au collège, car il faudrait disposer de techniques d'intégration (Question 6.29). On peut imaginer une réponse expérimentale consistant à plonger des sphères de diamètres différents dans des récipients gradués contenant du liquide, et mesurer chaque fois le volume du liquide déplacé. Cela permettrait au moins de vérifier que la formule parachutée au collège peut être validée expérimentalement.

Réponse 6.27 On peut modéliser le volume en le triangularisant, c'est-à-dire en y plaçant de nombreux points reliées entre eux par des segments pour obtenir un maillage en fil de fer, et remplacer ce solide par une réunion de tétraèdres. Il suffit d'additionner les volumes de tous ces tétraèdres pour obtenir une approximation du volume cherché.

On sait en effet calculer facilement le volume d'un tétraèdre en utilisant un programme et une formule simple qui met en jeu un produit vectoriel et un produit scalaire de vecteurs que l'on sait bien calculer en utilisant des coordonnées (Question 6.38).

Réponse 6.28 Cette question a été posée à l'oral du CAPES 2016 à l'occasion de la leçon sur les volumes. Un compte rendu détaillé se trouve en [2].

Rappels — On peut calculer le volume d'un solide de révolution en utilisant la méthode des disques. La figure ci-dessous à gauche montre un solide obtenu par la révolution d'une courbe autour d'un axe Oz pour z variant de a à b. Pour tout z, $S(z)$ désigne l'aire du disque de rayon $r(z)$ dessiné sur la figure. Le volume V de ce solide de révolution est donné par la formule :

$$V = \int_a^b S(z)\, dz = \int_a^b \pi(r(z))^2\, dz.$$

On applique cette formule au cône de révolution de hauteur h et de base un disque de rayon R représenté ci-dessus. Le volume de ce cône sera :

$$V = \int_0^h S(x)\, dx$$

où $S(x) = \pi r^2$, et où r, qui dépend de x, est donné par le théorème de Thalès :

$$\frac{r}{R} = \frac{h-x}{h} \quad \text{soit} \quad r = \left(1 - \frac{x}{h}\right) R.$$

Finalement :

$$V = \int_0^h \pi R^2 \left(1 - \frac{x}{h}\right)^2 dx = \pi R^2 \left[\frac{1}{3}\left(1 - \frac{x}{h}\right)^3 \times (-h)\right]_0^h = \frac{\pi R^2 h}{3}.$$

Réponse 6.29 On utilise la méthode des disques. Dessinons une boule de centre O et de rayon R, donc d'équation $x^2 + y^2 + z^2 = R^2$ dans un repère orthonormal. Pour z variant de 0 à R, le rayon du disque « à intégrer » est $r(z) = y$ où y est positif et tel que $R^2 = y^2 + z^2$ (calculé dans le plan $x = 0$), donc $r(z) = y = \sqrt{R^2 - z^2}$. Le volume $V_{1/2}$ de la demi-boule est alors :

$$
\begin{aligned}
V_{1/2} &= \int_0^R S(z)\, dz = \int_0^R \pi r(z)^2\, dz = \int_0^R \pi\left(R^2 - z^2\right) dz \\
&= \pi R^3 - \pi \left[\frac{z^3}{3}\right]_0^R = \frac{2\pi R^3}{3}
\end{aligned}
$$

et le volume de la boule sera $V = 2V_{1/2} = \dfrac{4}{3}\pi R^3$. On retrouve la formule connue.

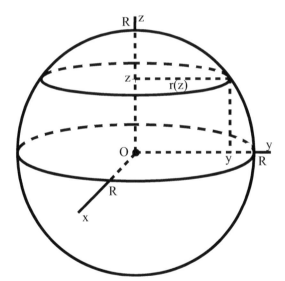

Réponse 6.30 Le volume d'une sphère de diamètre d est $V = \pi d^3/6$. La proportion de noyau dans cette cerise est donc :

$$
\frac{\pi/6}{\pi 2^3/6} = \frac{1}{2^3} = \frac{100}{8} \times \frac{1}{100} = \frac{12,5}{100}.
$$

Le pourcentage cherché est donc $12,5\%$.

Réponse 6.31 a) Je dessine un croquis à main levée pour comprendre la situation. Dans le cylindre la hauteur d'eau est $h = 2r$ et la boule est de rayon r. Notons a le rayon du cylindre. Le volume V de liquide est :

$$V = \pi a^2 \times 2r - \frac{4\pi r^3}{3}.$$

On cherche si l'on peut plonger une autre boule de rayon $R \neq r$ de façon à ce que l'eau affleure encore en son sommet. On cherche donc $R \neq r$ tel que :

$$V = \pi a^2 \times 2R - \frac{4\pi R^3}{3}. \quad (*)$$

Il s'agit donc de découvrir si l'équation :

$$f(x) = \frac{4\pi x^3}{3} - 2\pi a^2 x + V = 0 \quad (E)$$

qui admet la solution positive r, admet une autre solution positive R (inférieure à a pour que la boule de rayon R puisse entrer dans le bac cylindrique). Si on connaît les valeurs numériques de a et r, on peut répondre à cette question en résolvant l'équation du troisième degré (E).

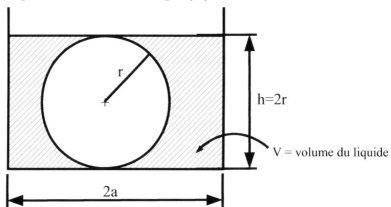

b) Au lycée, si l'on connaît a, on peut résoudre approximativement cette équation du troisième degré en utilisant une calculatrice (et le logiciel de calcul formel qui y est implanté) ou le logiciel GeoGebra pour tracer la courbe représentative de f et déterminer ses intersections avec l'axe des abscisses.

c) On peut remplacer $(*)$ dans (E) pour obtenir :

$$\begin{aligned}
f(x) &= \frac{4\pi x^3}{3} - 2\pi a^2 x + 2\pi a^2 r - \frac{4\pi r^3}{3} \\
&= \frac{4\pi}{3}(x^3 - r^3) - 2\pi a^2(x - r) = (x - r)g(x)
\end{aligned}$$

en posant $g(x) = \frac{4\pi}{3}\left(x^2 + xr + r^2\right) - 2\pi a^2$. On sait que r est une racine de f, et que les deux autres racines de f sont celles de g. On a :

$$\begin{aligned}
g(x) = 0 \quad &\Leftrightarrow \quad 2\left(x^2 + xr + r^2\right) - 3a^2 = 0 \\
&\Leftrightarrow \quad 2x^2 + 2rx + 2r^2 - 3a^2 = 0
\end{aligned}$$

Le discriminant réduit de ce trinôme est $\Delta' = r^2 - 2(2r^2 - 3a^2) = 6a^2 - 3r^2$. Comme $r \leq a$, on a $\Delta' > 0$ et g admet les racines :

$$\alpha = \frac{-r - \sqrt{\Delta'}}{2} \quad \text{et} \quad \beta = \frac{-r + \sqrt{\Delta'}}{2}.$$

Comme $r > 0$, on a $\alpha < 0$, et la racine α ne nous intéresse pas. On a :

$$\begin{aligned} \beta > 0 \quad &\Leftrightarrow \quad \sqrt{\Delta'} > r \\ &\Leftrightarrow \quad \Delta' = 6a^2 - 3r^2 > r^2 \\ &\Leftrightarrow \quad 3a^2 > 2r^2 \end{aligned}$$

et la dernière inégalité $3a^2 > 2r^2$ est vraie car $r \leq a$. Ainsi $\beta > 0$, et β est une seconde solution pour notre problème.

Remarque — Dans la réponse à la question c), on vérifie que $\beta > 0$ et l'on conclut. Le jury acceptera cette réponse car l'essentiel a été dit et l'on s'est bien ramené à la résolution d'une équation du second degré. Pourtant il faudrait aussi vérifier que la nouvelle boule de rayon β puisse entrer dans le cylindre, et pour cela vérifier si $\beta \leq a$. On a :

$$\begin{aligned} \beta \leq a \quad &\Leftrightarrow \quad \sqrt{\Delta'} \leq 2a + r \\ &\Leftrightarrow \quad \Delta' = 6a^2 - 3r^2 \leq (2a + r)^2 \\ &\Leftrightarrow \quad 2r^2 + 2ar - a^2 \geq 0. \end{aligned}$$

Le discriminant réduit de $2r^2 + 2ar - a^2$ est $\delta' = a^2 - 2\left(-a^2\right) = 3a^2 > 0$, donc les racines de ce trinôme sont :

$$\frac{-a \pm \sqrt{\delta'}}{2} = \frac{(-1 \pm \sqrt{3})}{2}a.$$

On déduit que :

$$\beta \leq a \Leftrightarrow \left(r \leq \frac{-1 - \sqrt{3}}{2}a \ \text{ou} \ \frac{-1 + \sqrt{3}}{2}a \leq r \right) \Leftrightarrow \frac{\sqrt{3} - 1}{2}a \leq r.$$

Finalement il existe une autre boule de rayon β distinct de r solution du problème si et seulement si $\frac{\sqrt{3}-1}{2}a \leq r$. Le fait de ne pas avoir trouvé cette condition ne fera pas perdre de points, et d'ailleurs la candidate qui a vécu ce questionnement [2] sous-entend que, pour le jury, il existait toujours une seconde solution. Ces détails seront secondaires à l'oral.

Réponse 6.32 a) Le triangle EBG est équilatéral car ses côtés $[EG]$, $[BG]$ et $[EB]$ ont même longueur : celle de la diagonale d'un carré de côté AB.

b) Notons a la longueur d'une arête du cube C donné dans l'énoncé. Le volume du tétraèdre $ABDE$ se calcule comme le volume d'une pyramide de base le triangle ABD et de hauteur $AE = a$. On obtient donc :

$$\mathcal{V}_{ABDE} = \frac{1}{3}a \times \mathcal{A}_{ABD} = \frac{1}{3}a \times \frac{a^2}{2} = \frac{a^3}{6}.$$

c) Le cube est la réunion disjointe, aux frontières près, des solides $ABDE$ et $BCGFEHD$, donc le volume cherché est :

$$\mathcal{V}_{BCGFEHD} = \mathcal{V}_C - \mathcal{V}_{ABDE} = a^3 - \frac{a^3}{6} = \frac{5a^3}{6}.$$

Réponse 6.33 On peut utiliser Geogebra qui permet de faire varier le point en question. Ce logiciel de géométrie dynamique permet de représenter toutes les figures possibles et d'afficher à chaque fois la valeur de l'aire qui nous intéresse.

Réponse 6.34 On doit résoudre un système formé des trois équations à trois inconnues l, L et h suivantes : $l \times L = a$, $l \times h = b$ et $L \times h = c$, où a, b, c sont les aires données dans l'énoncé. On obtient $V^2 = abc$ d'où la valeur de V. En remplaçant ensuite, on trouve $V = lLh = ah$ d'où h, etc.

Remarques — Il s'agit d'un exercice proposé en classe de seconde.

Réponse 6.35 Il est tout à fait normal de ne pas comprendre cette question qui utilise des définitions qui n'ont plus court actuellement, et datent des recherches sur la quadrature de la parabole débutées par Archimède. Le candidat ne devra pas s'inquiéter s'il doit demander au jury d'expliciter de telles définitions.

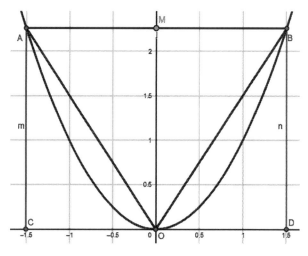

Sur la figure jointe, on a tracé la représentation graphique d'une parabole $\mathcal{P}$ d'équation $y = ax^2$ dans un repère orthonormal (O, x, y), puis on a choisi un point M sur l'axe des ordonnées, de coordonnées $(0, ax^2)$ où $a, x \in \mathbb{R}_+^*$. La parallèle à l'axe des abscisses issue de M coupe $\mathcal{P}$ en $A\left(-x, ax^2\right)$ et $B\left(x, ax^2\right)$. On note C et D les projetés orthogonaux de A et B sur l'axe des abscisses.

Par définition, l'aire $\mathcal{A}_P$ du segment de parabole AOB est l'aire de la partie délimitée par la parabole et le segment $[AB]$. Par définition encore, l'aire $\mathcal{A}_T$ du triangle qui le sous-tend est celle du triangle AOP, soit :

$$\mathcal{A}_T = \frac{1}{2}(2x) \times ax^2 = ax^3.$$

L'aire sous la parabole entre les points d'abscisses $-x$ et x est :

$$\mathcal{A}' = \int_{-x}^{x} at^2 \, dt = 2a\frac{x^3}{3}, \text{ d'où } \mathcal{A}_P = \mathcal{A}_{ABCD} - \mathcal{A}' = 2ax^3 - \frac{2ax^3}{3} = \frac{4}{3}ax^3 = \frac{4}{3}\mathcal{A}_T$$

puisque l'aire $\mathcal{A}_{ABCD}$ du rectangle $ABCD$ vaut $2x \times ax^2 = 2ax^3$.

$\boxed{\textbf{Réponse 6.36}}$ On exploite la figure ci-dessous comme on pourrait le faire en terminale :

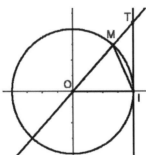

Soit $x \in \left]0, \pi/2\right[$. Un repère orthonormal est fixé, et l'on a tracé le point M de coordonnées $(\cos x, \sin x)$ sur le cercle trigonométrique. L'aire $\mathcal{S}$ du secteur angulaire saillant OMI dans le disque trigonométrique est proportionnel à l'angle au centre du secteur angulaire. Un angle de 2π radians correspond à un secteur d'aire π, donc par proportionnalité, un angle de x radians correspond à un secteur d'aire :

$$\frac{\pi \times x}{2\pi} = \frac{x}{2}.$$

Ainsi $\mathcal{S} = x/2$. Sur la figure, on voit bien que l'aire du secteur angulaire saillant OMI est comprise entre l'aire $\mathcal{A}_{OMI}$ du triangle OMI et celle $\mathcal{A}_{OIT}$ du triangle OIT. On a donc $\mathcal{A}_{OMI} \leq \mathcal{S} \leq \mathcal{A}_{OIT}$ soit :

$$\frac{1 \times \sin x}{2} \leq x \leq \frac{1 \times \tan x}{2}$$

et finalement :
$$\forall x \in \left]0, \frac{\pi}{2}\right[\quad \sin x \leq x \leq \tan x.$$

La limite de la fonction sinus quand x tend vers 0 se déduit de la majoration $\sin x \leq x$ que l'on vient d'obtenir. En effet, comme M est dans le premier quart de plan, $0 \leq \sin x$, donc :
$$\forall x \in \left]0, \frac{\pi}{2}\right[\quad 0 \leq \sin x \leq x,$$

ce qui permet d'affirmer que $\lim_{x\to 0_+} \sin x = 0$ en utilisant le théorème des gendarmes. L'imparité de la fonction sinus permet d'obtenir la même limite quand x tend vers 0 par valeurs négatives, d'où $\lim_{x\to 0} \sin x = 0 = \sin 0$ et cela prouve la continuité du sinus en 0.

Remarque — On peut aussi déduire la limite du cosinus en 0, en notant que $\cos x = \sqrt{1 - \sin^2 x}$ pour tout $x \in [-\pi/2, \pi/2]$. Par composition de limites, on obtient $\lim_{x\to 0} \cos x = 1 = \cos 0$. Nous avons montré la continuité du sinus et du cosinus en 0, et l'on peut ensuite déduire la continuité de ces deux fonctions. Si $x_0 \in \mathbb{R}$, on écrit :
$$\begin{cases} \sin x - \sin x_0 = 2 \sin \dfrac{x - x_0}{2} \cos \dfrac{x + x_0}{2} \\ \cos x - \cos x_0 = -2 \sin \dfrac{x - x_0}{2} \sin \dfrac{x + x_0}{2} \end{cases}$$

et on fait tendre x vers x_0. Comme $\lim_{x\to x_0} \sin \frac{x-x_0}{2} = 0$ et comme les fonctions $\cos \frac{x+x_0}{2}$ et $\sin \frac{x+x_0}{2}$ sont bornées, on déduit que $\lim_{x\to x_0}(\sin x - \sin x_0) = 0$ et $\lim_{x\to x_0}(\cos x - \cos x_0) = 0$, c'est-à-dire $\lim_{x\to x_0} \sin x = \sin x_0$ et $\lim_{x\to x_0} \cos x = \cos x_0$.

$\boxed{\text{Réponse 6.37}}$ • La figure est celle de la Question 6.36, et en procédant de la même façon, on retrouve les encadrements :
$$\forall x \in \left]0, \frac{\pi}{2}\right[\quad \cos x \leq \frac{\sin x}{x} \leq 1.$$

On a travaillé en supposant x positif, et il faut maintenant regarder ce que l'on obtient lorsque $x \in]-\pi/2, 0[$. Avec un tel choix, l'encadrement précédent donne :
$$\cos(-x) \leq \frac{\sin(-x)}{-x} \leq 1$$

donc encore le même encadrement puisque la fonction sinus est impaire tandis que la fonction cosinus est paire. On a donc :
$$\forall x \in \left]-\frac{\pi}{2}, \frac{\pi}{2}\right[\setminus \{0\} \quad \cos x \leq \frac{\sin x}{x} \leq 1.$$

Il suffit de faire tendre x vers 0 dans ces inégalités, et utiliser le théorème des gendarmes et la continuité de la fonction cosinus en 0, pour obtenir :

$$\lim_{x \to 0} \frac{\sin x}{x} = 1.$$

• On peut déduire la dérivabilité du cosinus en 0, en écrivant :

$$\frac{\cos x - 1}{x} = \frac{(\cos x - 1)(\cos x + 1)}{x(\cos x + 1)} = \frac{\cos^2 x - 1}{x(\cos x + 1)}$$

$$= \frac{-\sin^2 x}{x(\cos x + 1)} = -\sin x \times \frac{\sin x}{x} \times \frac{1}{\cos x + 1}$$

puis en passant à la limite pour obtenir $\lim\limits_{x \to 0} \dfrac{\cos x - 1}{x} = 0$.

Remarque — La dérivabilité des fonctions sinus et cosinus en 0 suffit pour montrer que ces deux fonctions sont dérivables sur $\mathbb{R}$ et trouver leurs dérivées. Si $x \in \mathbb{R}$, la dérivabilité de la fonction sinus en x est liée à la limite de l'expression :

$$\Delta_h = \frac{\sin(x + h) - \sin x}{h}$$

quand h tend vers 0. Comme :

$$\Delta_h = \frac{\sin x \cos h + \sin h \cos x - \sin x}{h} = \sin x \frac{\cos h - 1}{h} + \frac{\sin h}{h} \cos x$$

les limites obtenues précédemment montrent que $\lim_{h \to 0} \Delta_h = \cos x$. La fonction sinus est donc dérivable en x et $\sin' x = \cos x$. On peut recommencer avec la fonction cosinus en considérant le taux d'accroissement :

$$\Delta'_h = \frac{\cos(x + h) - \cos x}{h}.$$

Cette fois-ci :

$$\Delta'_h = \frac{\cos x \cos h - \sin x \sin h - \cos x}{h} = \cos x \frac{\cos h - 1}{h} - \sin x \frac{\sin h}{h}$$

d'où $\lim_{h \to 0} \Delta'_h = -\sin x$.

$\boxed{\textbf{Réponse 6.38}}$ Soit H le projeté orthogonal de D sur le plan (ABC). Le volume du tétraèdre est $\mathcal{V} = \frac{1}{3}\mathcal{A}_{ABC} \times h$ où $\mathcal{A}_{ABC}$ représente l'aire du triangle ABC et $h = DH$ la hauteur du tétraèdre relative au sommet D. On a $\mathcal{A}_{ABC} = \frac{1}{2}\|\overrightarrow{AB} \wedge \overrightarrow{AC}\|$. En posant $\overrightarrow{n} = \overrightarrow{AB} \wedge \overrightarrow{AC}$, on a aussi :

$$\overrightarrow{HD} = \frac{\overrightarrow{AD}.\overrightarrow{n}}{||\overrightarrow{n}||^2}\,\overrightarrow{n}.$$

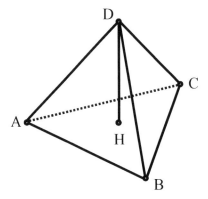

Par suite :

$$\mathcal{V} \;=\; \frac{1}{3}\,\mathcal{A}_{ABC} \times h \;\;=\;\; \frac{1}{3}\left(\frac{1}{2}||\overrightarrow{AB} \wedge \overrightarrow{AC}||\right) \times \frac{|\overrightarrow{AD}.\overrightarrow{n}|}{||\overrightarrow{n}||^2}||\overrightarrow{n}||$$

$$\;=\;\; \frac{1}{6}\,|\overrightarrow{AD}.\overrightarrow{n}| \;\;=\;\; \frac{1}{6}\,|(\overrightarrow{AB} \wedge \overrightarrow{AC}).\overrightarrow{AD}|.$$

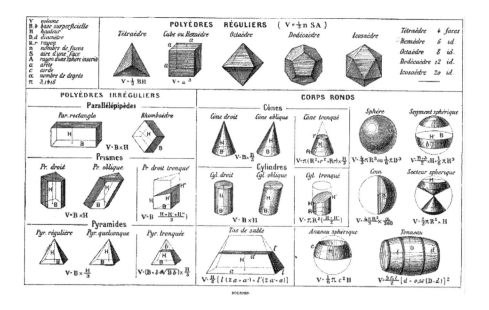

Chapitre 7

Produit scalaire

7.1   Généralités

Question 7.1 *Niveau d'enseignement (2018 [7])*
A quel niveau enseigne-t-on le produit scalaire ?

Question 7.2 *Définitions du produit scalaire (2012, 2014, 2018 [7])*
   a) Comment définir le produit scalaire au lycée ?
   b) Connaissez-vous deux autres définitions du produit scalaire ?
   c) Montrez l'équivalence entre ces trois définitions.

Question 7.3 *Importance du repère (2017 [39])*
La formule donnant le produit scalaire, dans le plan ou l'espace, est-elle valable pour tout repère ?

Question 7.4 *Norme d'un vecteur (2018 [7])*
Vous définissez la norme d'un vecteur $\vec{u} = \overrightarrow{AB}$ comme étant la distance AB. Cette définition a-t-elle un sens ?

Question 7.5 *Niveau universitaire*
   a) Définissez le produit scalaire comme on le fait à l'université.
   b) Explicitez les termes de cette définition.
   c) Qu'appelle-t-on norme associée à un produit scalaire ?
   d) Un espace vectoriel est-il un espace métrique ?

Question 7.6 *Angle droit (2018 [7])*
Des vecteurs peuvent-ils former un angle droit ?

Question 7.7 *Interprétation géométrique (2018 [7])*
Donnez une interprétation géométrique du produit scalaire.

Question 7.8 *Formule en cosinus* (2018 [7])
D'où vient la formule $\vec{u} \cdot \vec{v} = \|\vec{u}\| \|\vec{v}\| \cos(\vec{u}, \vec{v})$?

Question 7.9 *Carré scalaire*
    a) A quoi est égal le carré scalaire d'un vecteur $\vec{u}$ du plan ?
    b) Démontrez que $\vec{u}^2 = \|\vec{u}\|^2$.
    c) Comment montrer que $\vec{u}^2 = \|\vec{u}\|^2$ au niveau lycée ?

Question 7.10 *Unicité du produit scalaire*
Soit E un espace vectoriel de dimension finie sur $\mathbb{R}$.
    a) Existe-t-il un unique produit scalaire sur E ?
    b) Une base orthonormale d'un plan reste-t-elle orthonormale quel que soit le produit scalaire défini sur ce plan ?

Question 7.11 *En utilisant des normes*
Ecrire le produit scalaire de deux vecteurs de deux façons différentes en utilisant des normes.

Question 7.12 *Inégalités triangulaires* (2013)
On connaît l'inégalité triangulaire $\|\vec{u} + \vec{v}\| \leq \|\vec{u}\| + \|\vec{v}\|$ où $\vec{u}$ et $\vec{v}$ sont des vecteurs d'un espace vectoriel euclidien $\vec{E}$. Montrer que :
$$\forall \vec{u}, \vec{v} \in \vec{E} \quad |\|\vec{u}\| - \|\vec{v}\|| \leq \|\vec{u} + \vec{v}\|.$$

Question 7.13 *Applications orthogonales*
Soit E un espace vectoriel euclidien de dimension n.
  a) Définissez ce qu'est une application orthogonale de E.
  b) Soit $u : E \to E$. Montrez l'équivalence entre :
    (1) u conserve le produit scalaire,
    (2) u est linéaire et conserve la norme,
    (3) u est linéaire et transforme une b.o. de E en une b.o. de E.

Question 7.14 *Inégalité de Cauchy-Schwarz*
Ecrivez l'inégalité de Cauchy-Schwarz. Démontrez-la.

Question 7.15 *Définition d'un angle droit*
Qu'est-ce qu'un angle droit ? Comment le définir ?

Question 7.16 *Définition de l'orthogonalité* (2018 [7])
Comment définir géométriquement l'orthogonalité ?

Question 7.17 *Relation d'orthogonalité*
Dans un espace vectoriel euclidien, la relation d'orthogonalité est-elle une relation d'équivalence ? Et celle de perpendicularité ?

Question 7.18 *Représentations perspectives*
Comment aider des élèves à se représenter deux plans perpendiculaires ? Deux plans en position générale ?

7.2   Applications

Question 7.19 *Théorème de Pythagore (2013 [26], 2015 [1])*
Démontrez le théorème de Pythagore et sa réciproque en utilisant le produit scalaire.

Question 7.20 *Théorème de la médiane (2023 [22])*
Si ABC est un triangle non aplati, et si I est le milieu de [BC], exprimer la somme $AB^2 + AC^2$ en fonction de AI et BC.

Question 7.21 *Identité du parallélogramme*
Qu'appelle-t-on identité du parallélogramme ? Démontrez-la.

Question 7.22 *Projeté orthogonal*
Soit $\overrightarrow{n}$ un vecteur non nul d'un espace vectoriel euclidien E. Quelle est l'expression du projeté orthogonal d'un vecteur $\overrightarrow{u}$ sur la droite de vecteur directeur $\overrightarrow{n}$? Démontrez-la.

Question 7.23 *Relation métrique*
Démontrez la relation métrique $BA^2 = \overline{BH} \times \overline{BC}$ dans un triangle rectangle en utilisant le produit scalaire.

Question 7.24 *Distance d'un point à une droite*
Quelle est la formule donnant la distance d'un point $M(x_0, y_0)$ à une droite d'équation $ax + by + c = 0$? Démontrez-la.

Question 7.25 *Tétraèdre régulier*
Soit ABCD un tétraèdre régulier. Soit Ω le centre de gravité du triangle BCD. Montrer que (ΩA) est perpendiculaire au plan (BCD).

7.3   Questions étonnantes

Question 7.26 *Vecteur normal (2018 [6])*
Qu'est-ce qu'un vecteur normal à un plan ?

Question 7.27 *Espace vectoriel euclidien*
Définissez un espace vectoriel euclidien.

Question 7.28 *Concours des trois hauteurs*
En utilisant le produit scalaire, démontrez que les trois hauteurs d'un triangle sont toujours concourantes.

Question 7.29 *Affixes & orthogonalité*
Donnez une CNS en termes d'affixes pour que deux droites (AM) et (BM) soient orthogonales.

Question 7.30 *Mesure d'un angle de l'espace*
Soit un cube $ABCDEFGH$. Calculer la mesure de l'angle formé par les demi-droites $[AB)$ et $[AG)$.

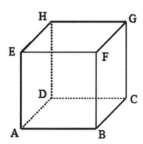

Question 7.31 *Lieu de points*
Soient O un point du plan, $\vec{u}$ un vecteur et k un réel. Déterminez le lieu des points M du plan tels que $\overrightarrow{OM}.\vec{u} = k$.

Question 7.32 *Vecteur normal à un plan*
On demande de démontrer que le vecteur $\vec{n}(a,b,c)$ est orthogonal au plan d'équation $ax + by + cz + d = 0$.

Question 7.33 *Points M tels que $MA/MB = k$*
Soit $k \in \mathbb{R}$. Déterminez l'ensemble $\mathcal{E}$ formé par les points M du plan tels que $MA/MB = k$.

Question 7.34 *Carré scalaire I*
Résoudre $\vec{u}^2 = 5$.

Question 7.35 *Carré scalaire II*
Résoudre l'équation $\vec{u}^2 = \vec{v}^2$ d'inconnue $\vec{u}$.

Question 7.36 *Base quelconque*
Que devient l'expression analytique d'un produit scalaire dans une base quelconque ?

Question 7.37 *Recherche d'une base*
Trouvez une base orthonormale du plan P de l'espace de dimension 3 d'équation $5x - 8y + z = 0$.

Question 7.38 *Produit scalaire adapté*
Soient $\overrightarrow{u}(1,0)$ et $\overrightarrow{v}(3,1)$. Existe-t-il un produit scalaire tel que $(\overrightarrow{u}, \overrightarrow{v})$ soit une base orthonormale ?

Question 7.39 *Structures euclidiennes*
Combien de structures euclidiennes peut-on définir sur un plan vectoriel donné ?

Question 7.40 *Et les angles géométriques ?*
La formule $\overrightarrow{u}.\overrightarrow{v} = \|\overrightarrow{u}\| \|\overrightarrow{v}\| \cos(\overrightarrow{u}, \overrightarrow{v})$ utilise des angles orientés dans le plan. Reste-t-elle vraie avec des angles géométriques ?

Question 7.41 *Angle non orienté*
Quel est l'intérêt de la formule $\overrightarrow{u}.\overrightarrow{v} = \|\overrightarrow{u}\| \|\overrightarrow{v}\| \cos(\overrightarrow{u}, \overrightarrow{v})$ quand l'angle $(\overrightarrow{u}, \overrightarrow{v})$ n'est pas orienté ?

Question 7.42 *Des plans peuvent-ils être orthogonaux ?*
Montrer que deux plans de l'espace ne peuvent pas être orthogonaux.

Question 7.43 *Geogebra calcule un angle*
Comment GeoGebra calcule-t-il une mesure d'angle géométrique $\widehat{ABC}$?

7.4   Réponses

Réponse 7.1 Dans les programmes en vigueur en 2018-19, on introduit le produit scalaire dans le plan en classe de première, puis on généralise à l'espace en terminale.

Réponse 7.2 a) On suppose déjà que l'on connaît toute la géométrie du collège. Travaillons dans un plan. Au lycée, on définit la notion de vecteur, puis la norme d'un vecteur $\overrightarrow{AB}$ comme étant la distance de A à B. Le théorème de Pythagore permet alors de montrer la formule classique :

$$AB = \sqrt{(x_B - x_A)^2 + (y_B - y_A)^2}, \quad (\dagger)$$

avec des notations évidentes et en utilisant des coordonnées dans un repère orthonormal $\mathcal{R} = (O, \overrightarrow{i}, \overrightarrow{j})$. Si $\overrightarrow{u} = x\overrightarrow{i} + y\overrightarrow{j}$, on déduit alors que :

$$\|\overrightarrow{u}\| = \sqrt{x^2 + y^2}. \quad (\ddagger)$$

Par définition, le produit scalaire de $\overrightarrow{u} = x\overrightarrow{i} + y\overrightarrow{j}$ et $\overrightarrow{v} = x'\overrightarrow{i} + y'\overrightarrow{j}$ est :

$$\overrightarrow{u}.\overrightarrow{v} = \frac{1}{2}\left(\|\overrightarrow{u} + \overrightarrow{v}\|^2 - \|\overrightarrow{u}\|^2 - \|\overrightarrow{v}\|^2\right). \quad (1)$$

Un calcul facile montre que $\overrightarrow{u}.\overrightarrow{v} = xx' + yy'$, ce qui permet de vérifier que ce produit scalaire est bien une forme bilinéaire symétrique définie positive sur l'espace vectoriel formé par les vecteurs du plan, comme on l'apprend à l'université.

b) Deux autres définitions sont possibles. On peut par exemple écrire :

$$\overrightarrow{AB}.\overrightarrow{AC} = \overrightarrow{AB}.\overrightarrow{AH} \quad (2)$$

dès que H est le projeté orthogonal de C sur la droite (AB). La formule (2) permet de définir le produit scalaire $\overrightarrow{AB}.\overrightarrow{AC}$ seulement lorsque $A \neq B$, mais si l'un des vecteurs est nul, on posera que le produit scalaire est nul.

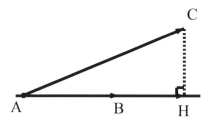

On connaît aussi la formule :

$$\overrightarrow{u}.\overrightarrow{v} = \|\overrightarrow{u}\|\,\|\overrightarrow{v}\| \cos(\overrightarrow{u}, \overrightarrow{v}) \quad (3)$$

que l'on peut écrire dès que $\overrightarrow{u}$ et $\overrightarrow{v}$ ne sont pas nuls. Encore une fois, si l'un des vecteurs est nul, son produit scalaire sera égal à 0.

c) • A partir de la définition (1), on peut démontrer que deux vecteurs non nuls $\overrightarrow{AB}$ et $\overrightarrow{AC}$ vérifient $\overrightarrow{AB}.\overrightarrow{AC} = 0$ si et seulement si le triangle ABC est rectangle en A. C'est un point important qui relie notre première définition d'un produit scalaire à l'orthogonalité des directions des vecteurs, donc à la géométrie apprise au collège. Pour prouver l'assertion (2), il suffit ensuite d'écrire $\overrightarrow{AB}.\overrightarrow{AC} = \overrightarrow{AB}.(\overrightarrow{AH} + \overrightarrow{HC}) = \overrightarrow{AB}.\overrightarrow{AH} + \overrightarrow{AB}.\overrightarrow{HC} = \overrightarrow{AB}.\overrightarrow{AH}$ puisque $\overrightarrow{AB}.\overrightarrow{HC} = 0$.

• Si $\overrightarrow{u} = \overrightarrow{AB}$ et $\overrightarrow{v} = \overrightarrow{AC}$ ne sont pas nuls, et si θ est une mesure de l'angle orienté $(\overrightarrow{AB}, \overrightarrow{AC})$, plaçons-nous dans le repère orthonormal direct $(A, \overrightarrow{i}, \overrightarrow{j})$ du plan tel que les vecteurs $\overrightarrow{AB}$ et $\overrightarrow{i}$ soient colinéaires et de même sens. Dans ce cas $(\overrightarrow{i}, \overrightarrow{AC}) = (\overrightarrow{AB}, \overrightarrow{AC}) = \theta$ (2π) et $\overrightarrow{AC} = (AC \cos\theta)\,\overrightarrow{i} + (AC \sin\theta)\,\overrightarrow{j}$.

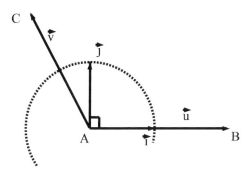

L'expression du produit scalaire dans une base orthonormale donne :

$$\vec{u}.\vec{v} = \overrightarrow{AB}.\overrightarrow{AC} = \begin{pmatrix} AB \\ 0 \end{pmatrix} . \begin{pmatrix} AC\cos\theta \\ AC\sin\theta \end{pmatrix}$$

$$= AB \times AC\cos\theta$$

$$= \|\vec{u}\|\,\|\vec{v}\|\cos(\vec{u}, \vec{v}).$$

Réponse 7.3 Non. La belle formule que l'on connaît n'est valable que dans un repère orthonormal.

Réponse 7.4 Cette définition a un sens car ne dépend pas du représentant (A, B) que l'on choisit pour définir le vecteur $\vec{u}$. En effet, si les bipoints (A, B) et (C, D) sont des représentants de la même classe d'équivalence $\vec{u}$, cela signifie que $\vec{u} = \overrightarrow{AB} = \overrightarrow{CD}$, donc que $ABDC$ est un parallélogramme. Dans ce cas $AB = CD$ et on obtient le même résultat pour la norme de $\vec{u}$.

Réponse 7.5 a) Si E est un espace vectoriel sur $\mathbb{R}$, on appelle produit scalaire sur E toute forme bilinéaire symétrique définie positive.

b) Pour comprendre cette définition, il faut savoir que :
- une forme bilinéaire définie sur E est une application $f : E \times E \to \mathbb{R}$ linéaire en chacune des variables x et y.
- f est symétrique si $f(x, y) = f(y, x)$ pour tout $(x, y) \in E \times E$.
- f est définie si pour tout $x \in E$, on a : $\varphi(x, x) = 0 \ \Rightarrow \ x = 0$.
- f est positive si $\varphi(x, x) \geq 0$ pour tout $x \in E$.

c) La norme associée au produit scalaire f est définie par :

$$\forall x \in E \quad \|x\| = \sqrt{f(x, x)}.$$

Cette norme permet de définir une structure canonique d'espace vectoriel normé associée au produit scalaire f.

d) Un espace vectoriel n'est pas canoniquement structuré en espace métrique, mais si l'on choisi un produit scalaire f sur cet espace, alors on peut y définir une norme comme on vient de le voir, et obtenir un espace vectoriel normé, donc *a fortiori* un espace métrique pour la distance $d(x, y) = \|x - y\|$.

$\boxed{\textbf{Réponse 7.6}}$ Non, deux vecteurs ne peuvent pas former d'angle droit, sauf si l'on commet un abus de langage. Ils peuvent être orthogonaux lorsque leurs directions sont orthogonales, ce qui revient à dire que leur produit scalaire est nul. Ce sont des droites, ou des demi-droites de même origine, qui peuvent former des angles droits !

Mais on peut par exemple dire que les vecteurs non nuls $\overrightarrow{AB}$ et $\overrightarrow{CD}$ sont orthogonaux si et seulement si les droites (AB) et (CD) forment un angle droit.

Remarque — La direction d'un vecteur $\overrightarrow{u} = \overrightarrow{AB}$ est celle de la droite (AB). Pour comprendre cette définition, il faut savoir que, par définition, la direction d'une droite D est la classe d'équivalence de D pour la relation de parallélisme entre les droites de l'espace.

$\boxed{\textbf{Réponse 7.7}}$ Soient $\overrightarrow{u} = \overrightarrow{AB}$ et $\overrightarrow{v} = \overrightarrow{AC}$. Le produit scalaire des vecteurs $\overrightarrow{u}$ et $\overrightarrow{v}$ est $\overrightarrow{u}.\overrightarrow{v} = \overrightarrow{AB}.\overrightarrow{AC} = \overrightarrow{AB}.\overrightarrow{AH} = \overline{AB}.\overline{AH}$ où H désigne le projeté orthogonal de C sur la droite (AB) (Question 7.2). Les mesures algébriques $\overline{AB}$ et $\overline{AH}$ sont prises sur la droite (AB) en utilisant n'importe quel vecteur directeur normé de cette droite.

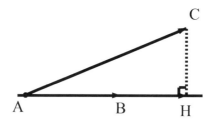

$\boxed{\textbf{Réponse 7.8}}$ La formule $\overrightarrow{u}.\overrightarrow{v} = \|\overrightarrow{u}\| \|\overrightarrow{v}\| \cos(\overrightarrow{u}, \overrightarrow{v})$ est l'une des trois définitions possibles du produit scalaire dans le plan (Question 7.2). En notant $\overrightarrow{u} = \overrightarrow{AB}$ et $\overrightarrow{v} = \overrightarrow{AC}$, son interprétation géométrique utilise le projeté orthogonal H de C sur la droite (AB) (Question 7.7).

$\boxed{\textbf{Réponse 7.9}}$ a) Par définition, le carré scalaire d'un vecteur $\overrightarrow{u}$, noté $\overrightarrow{u}^2$, est le produit scalaire de $\overrightarrow{u}$ par lui-même, autrement dit $\overrightarrow{u}^2 = \overrightarrow{u}.\overrightarrow{u}$.

b) L'espace $\vec{E}$ dans lequel on travaille est muni d'un produit scalaire, c'est-à-dire d'une forme bilinéaire symétrique définie positive :

$$\varphi : \begin{array}{ccc} \vec{E} \times \vec{E} & \to & \mathbb{R} \\ (\vec{u}, \vec{v}) & \mapsto & \vec{u}.\vec{v}. \end{array}$$

On sait alors que $\vec{E}$ est naturellement structuré en un espace normé par une norme qui provient de ce produit scalaire. On sait aussi que cette norme est définie par $||\vec{u}|| = \sqrt{\vec{u}.\vec{u}}$. Il suffit d'élever au carré les deux membres de cette égalité pour obtenir $||\vec{u}||^2 = \vec{u}.\vec{u} = \vec{u}^2$.

c) Au lycée, on définit la norme d'un vecteur $\vec{u}$ en choisissant des points A et B tels que $\vec{u} = \vec{AB}$, puis en posant $||\vec{u}|| = AB$ où AB désigne la distance de A à B. On définit ensuite le produit scalaire en posant :

$$\vec{u}.\vec{v} = \frac{1}{2}\left(||\vec{u} + \vec{v}||^2 - ||\vec{u}||^2 - ||\vec{v}||^2\right),$$

et l'on vérifie les trois propriétés classiques d'une norme. Avec ces définitions, on peut écrire :

$$\begin{aligned} \vec{u}^2 &= \vec{u}.\vec{u} = \frac{1}{2}\left(||\vec{u} + \vec{u}||^2 - ||\vec{u}||^2 - ||\vec{u}||^2\right) \\ &= \frac{1}{2}\left(||2\vec{u}||^2 - 2||\vec{u}||^2\right) = \frac{1}{2}\left(2^2||\vec{u}||^2 - 2||\vec{u}||^2\right) = ||\vec{u}||^2 \end{aligned}$$

ce qui démontre la formule demandée.

Commentaires — α) La première question teste le candidat pour savoir s'il connaît bien ses définitions. La seconde question lui demande de démontrer une formule qu'il a l'habitude d'employer, ce qui peut le déstabiliser s'il a appris son cours sans l'approfondir.

β) A la question b), le candidat répond comme on le ferait à l'université, et il en a parfaitement le droit. Il montre au jury qu'il connaît la définition générale d'un produit scalaire sur un espace vectoriel $\vec{E}$ sur $\mathbb{R}$ quelconque, ce qui est positif, puis rappelle qu'un espace muni d'un produit scalaire est automatiquement muni d'une norme qui dérive du produit scalaire, donnée par la formule $||\vec{u}|| = \sqrt{\vec{u}.\vec{u}}$. Il faut savoir démontrer qu'il s'agit bien d'une norme : deux des axiomes d'une norme sont facilement vérifiés, tandis que l'inégalité triangulaire, qui n'est autre que l'inégalité de Minkowski, se démontre en utilisant l'inégalité de Cauchy-Schwarz valable pour toute forme bilinéaire symétrique positive sur $\vec{E}$.

γ) Rappelons qu'un espace vectoriel euclidien est un espace vectoriel $\vec{E}$ de dimension finie sur $\mathbb{R}$ muni d'un produit scalaire. Lorsque la dimension de $\overrightarrow{E}$ est quelconque (donc pas forcément finie), on dit que $\overrightarrow{E}$ est un espace préhilbertien réel. C'est le cadre dans lequel a répondu le candidat. Rappelons au passage qu'un espace préhilbertien complet est appelé espace de Hilbert.

δ) Le jury pose la question c) si le candidat à répondu à la question b) en se plaçant au niveau universitaire. Si le candidat répond à la question b) en restant au niveau du lycée, le jury peut ne pas poser de question c) ou demander s'il existe une autre justification possible. Un oral est vivant : le jury s'adapte comme il l'entend aux réponses des candidats. Il est donc conseillé de connaître ces deux réponses.

ε) La réponse à la question c) montre que le candidat a préparé sa leçon d'oral 1 sur le produit scalaire. Les élèves du lycée viennent du collège où ils ont fait de la géométrie en suivant une axiomatique d'Euclide (adaptée), donc travaillent dans un plan euclidien. Ils savent ce qu'est la distance entre deux points, et la norme d'un vecteur est définie à partir de là. Le jury pourrait demander si la définition $||\overrightarrow{u}|| = AB$ est bien correcte, et l'on répondra affirmativement puisqu'on vérifie facilement qu'elle ne dépend pas du choix des points A et B tels que $\overrightarrow{u} = \overrightarrow{AB}$. Le candidat ne risque rien s'il sait dans quel cadre il travaille et connaît une introduction du produit scalaire pour le lycée.

$\boxed{\textbf{Réponse 7.10}}$ a) On sait qu'il existe une infinité de produits scalaires. En effet, si $e = (e_1, ..., e_n)$ est une base de E, on peut définir le produit scalaire canonique φ (associé à cette base) en posant $\varphi(x,y) = \sum_{i=1}^{n} x_i y_i$ dès que $x = \sum_{i=1}^{n} x_i e_i$ et $y = \sum_{i=1}^{n} y_i e_i$. Ce produit scalaire est le seul pour lequel la base e est orthonormale. Mais rien n'empêche de définir les produits scalaires :

$$(x,y) \mapsto \sum_{i=1}^{n} a_i x_i y_i$$

en choisissant des nombres réels a_i strictement positifs. Il existe donc une infinité de produits scalaires sur E.

b) La réponse est négative. Si $\mathcal{B} = (\overrightarrow{i}, \overrightarrow{j})$ est une base d'un plan vectoriel sur $\mathbb{R}$, et si (x,y) et (x',y') sont les coordonnées de deux vecteurs $\overrightarrow{u}$ et $\overrightarrow{v}$ dans $\mathcal{B}$, l'application φ définie par $\varphi(\overrightarrow{u}, \overrightarrow{v}) = xx' + yy'$ est un produit scalaire pour lequel la base $\mathcal{B}$ est orthonormale. Mais $\psi(\overrightarrow{u}, \overrightarrow{v}) = 3xx' + 2yy'$ définit un autre produit scalaire du plan, tel que $\psi(\overrightarrow{i}, \overrightarrow{i}) = 3$, donc pour lequel le vecteur $\overrightarrow{i}$ n'est plus de norme 1. La base $\mathcal{B}$ n'est plus orthonormale pour ce produit scalaire.

Réponse 7.11 Si x et y sont deux vecteurs d'un espace vectoriel euclidien :

$$x.y = \frac{1}{2}(\|x+y\|^2 - \|x\|^2 - \|y\|^2) \quad \text{et} \quad x.y = \frac{1}{4}(\|x+y\|^2 - \|x-y\|^2).$$

Ces expressions donnent la forme polaire de la forme quadratique $q(x) = \|x\|^2$.

Réponse 7.12 Il s'agit en quelque sorte d'une version « hard » de l'inégalité triangulaire. On peut écrire :

$$\begin{cases} \|(\overrightarrow{u}+\overrightarrow{v})-\overrightarrow{v}\| \leq \|\overrightarrow{u}+\overrightarrow{v}\| + \|\overrightarrow{v}\| \\ \|(\overrightarrow{u}+\overrightarrow{v})-\overrightarrow{u}\| \leq \|\overrightarrow{u}+\overrightarrow{v}\| + \|\overrightarrow{u}\| \end{cases}$$

pour obtenir :

$$\begin{cases} \|\overrightarrow{u}\| - \|\overrightarrow{v}\| \leq \|\overrightarrow{u}+\overrightarrow{v}\| \\ \|\overrightarrow{v}\| - \|\overrightarrow{u}\| \leq \|\overrightarrow{u}+\overrightarrow{v}\| \end{cases}$$

d'où $|\|\overrightarrow{u}\| - \|\overrightarrow{v}\|| = \text{Max}(\|\overrightarrow{u}\| - \|\overrightarrow{v}\|, \|\overrightarrow{v}\| - \|\overrightarrow{u}\|) \leq \|\overrightarrow{u}+\overrightarrow{v}\|.$

Réponse 7.13 a) Une application est orthogonale si elle conserve le produit scalaire, c'est-à-dire vérifie :

$$\forall x, y \in E \quad u(x).u(y) = x.y.$$

b) On considère les propriétés :

    (1) u conserve le produit scalaire,
    (2) u est linéaire et conserve la norme,
    (3) u est linéaire et transforme une b.o. de E en une b.o. de E.

[(1) $\Rightarrow$ (2)] Si u conserve le produit scalaire, alors u conserve évidemment la norme puisque $\|x\| = \sqrt{x.x}$. Pour montrer que u est linéaire, on développe :

$$\|u(x+\lambda y) - u(x) - \lambda u(y)\|^2 = u(x+\lambda y).u(x+\lambda y) - u(x+\lambda y).u(x) - \ldots$$
$$= (x+\lambda y).(x+\lambda y) - (x+\lambda y).x - \ldots$$
$$= \|(x+\lambda y) - x - \lambda y\|^2 = 0$$

de sorte que $u(x+\lambda y) = u(x) - \lambda u(y)$ pour tous $x, y \in E$ et $\lambda \in \mathbb{R}$.

[(2) $\Rightarrow$ (1)] est évidente en utilisant la forme polaire :

$$x.y = \frac{1}{2}(\|x+y\|^2 - \|x\|^2 - \|y\|^2).$$

[(3) $\Rightarrow$ (2)] Si u transforme une base orthonormale $e = (e_1, ..., e_n)$ en une base orthonormale $e' = (e'_1, ..., e'_n)$, comme tout vecteur x de E s'exprime dans la base e sous la forme $x = \sum_{i=1}^{n} x_i e_i$, on obtient par linéarité :

$$u(x) = \sum_{i=1}^{n} x_i u(e_i) = \sum_{i=1}^{n} x_i e'_i,$$

et puisque les bases qui interviennent sont orthonormales :

$$||x||^2 = \sum_{i=1}^{n} x_i^2 = ||u(x)||^2.$$

[$(1) \Rightarrow (3)$] Si u conserve le produit scalaire, alors u conserve les normes et l'orthogonalité, donc transforme une base orthonormale $e = (e_1, ..., e_n)$ en une base orthonormale.

$\boxed{\text{Réponse 7.14}}$ On se place dans un espace vectoriel E sur $\mathbb{R}$. Le théorème de Cauchy-Schwarz énonce que si φ est une forme bilinéaire symétrique positive sur E, alors :

$$\forall x, y \in E \quad \varphi(x, y)^2 \leq \varphi(x, x)\, \varphi(y, y). \quad (CS)$$

Pour le montrer, on note que $\varphi(x + \lambda y, x + \lambda y) \geq 0$ pour tout réel λ, soit :

$$\varphi(y, y)\lambda^2 + 2\varphi(x, y)\lambda + \varphi(x, x) \geq 0. \quad (*)$$

On envisage alors deux cas :

- Si $\varphi(y, y) = 0$, alors $2\varphi(x, y)\lambda + \varphi(x, x)$ doit rester positif quel que soit le réel λ. Cela impose d'avoir $\varphi(x, y) = 0$, et l'inégalité (CS) est triviale.

- Si $\varphi(y, y) \neq 0$, le trinôme en λ figurant dans le premier membre de l'inégalité $(*)$ doit conserver un signe constant quel que soit le réel λ, donc son discriminant réduit :

$$\Delta' = \varphi(x, y)^2 - \varphi(x, x)\, \varphi(y, y)$$

doit rester négatif ou nul. On déduit l'inégalité (CS).

$\boxed{\text{Réponse 7.15}}$ Pour définir un angle droit au collège, on peut évoquer une droite qui partage un angle plat en deux parties égales et faire un dessin au tableau, ou parler d'un angle qui mesure $90°$ au rapporteur. Mais que répondre si l'on doit être plus précis ? Voici trois pistes :

Lycée — On peut utiliser le théorème de Pythagore, et affirmer que deux droites (AB) et (AC) sécantes en A sont orthogonales si et seulement si le triangle ABC est rectangle en A. Que répondre si le jury demande de lui montrer que cette définition est valide ? Tout simplement que l'on doit vérifier que cette définition ne dépend pas des choix des points B et C sur les deux droites données, ce qui est évident.

Lycée (bis) — On peut aussi répondre que, dans le plan, la notion d'angle droit est « vendue » avec celle de droites orthogonales (encore appelées droites perpendiculaires puisqu'on est dans un plan), et que cette notion est considérée comme acquise à partir du moment où l'on travaille en géométrie euclidienne plane en utilisant une axiomatique de type Euclide-Hilbert (ce que l'on fait sans le dire depuis la classe de sixième).

Dans la pratique, et dans l'enseignement des mathématiques, la notion de perpendicularité de deux droites du plan est supposée acquise depuis la plus tendre enfance grâce à de nombreuses activités qui ne posent pas de problèmes particuliers.

Université — On travaille dans un espace vectoriel euclidien (ou affine euclidien), donc dans un espace muni d'un produit scalaire φ. Dans ce cas deux droites (affines ou vectorielles) de vecteurs directeurs $\overrightarrow{u}$ et $\overrightarrow{v}$ sont dites orthogonales si et seulement si $\varphi(\overrightarrow{u}, \overrightarrow{v}) = 0$.

En répondant ainsi on doit encore savoir expliquer pourquoi cette définition a un sens. C'est évident puisque si $\overrightarrow{u}$ et $\overrightarrow{v}$ sont respectivement colinéaires à $\overrightarrow{u}'$ et $\overrightarrow{v}'$, alors $\varphi(\overrightarrow{u}, \overrightarrow{v}) = 0$ équivaut à $\varphi(\overrightarrow{u}', \overrightarrow{v}') = 0$. Une autre réponse, très proche, consiste à dire que deux droites vectorielles $\overrightarrow{D}$ et $\overrightarrow{\Delta}$ sont orthogonales si et seulement si $\overrightarrow{D} \subset \overrightarrow{\Delta}^{\perp}$, en sachant bien sûr définir ce que représente l'orthogonal $\overrightarrow{\Delta}^{\perp}$ de $\overrightarrow{\Delta}$.

Réponse 7.16 Voir Question 7.15.

Réponse 7.17 La relation d'orthogonalité n'est pas symétrique dans l'ensemble des sous-espaces d'un espace vectoriel euclidien E, puisque l'inclusion $F \subset F^{\perp}$ n'est vraie que si l'on prend $F = \{0\}$. En effet :

$$x \in F \subset F^{\perp} \implies x.x = 0 \implies x = 0.$$

C'est aussi le cas de la relation de perpendicularité : si F est perpendiculaire à lui-même, alors $F^{\perp} \subset F$ donc $F^{\perp} = \{0\}$, et l'on obtient $F = E$. Ces relations ne sont donc pas des relations d'équivalence.

Réponse 7.18 Le plus simple est de leur montrer le sol, le plafond et les murs de la salle qui forment un beau parallélépipède rectangle. Il ne manque alors pas de plans perpendiculaires à signaler !

On peut aussi faire pivoter la porte sur son axe, celle-ci prenant diverses positions qui donnent à chaque fois l'idée d'un plan qui passe par une droite donnée (l'axe de la porte). On s'approche alors de la notion de faisceau de plans. Ouvrir un livre en le montrant à la classe, ou rapprocher deux feuilles (ou deux dossiers) tenus à bouts de bras permettra aussi de prendre conscience que l'on est entouré de plans qui se coupent suivant des droites.

L'un des objectifs de l'étude de la géométrie spatiale est de permettre une meilleure représentation spatiale et, par voie de conséquence, une meilleure perception du monde qui nous entoure.

$\boxed{\textbf{Réponse 7.19}}$ Le produit scalaire permet de démontrer très rapidement le fameux théorème de Pythagore et sa réciproque. Si ABC est un triangle, il suffit d'écrire :

$$
\begin{aligned}
BC^2 = BA^2 + AC^2 \quad &\Leftrightarrow \quad (\overrightarrow{BA} + \overrightarrow{AC})^2 = BA^2 + AC^2 \\
&\Leftrightarrow \quad \overrightarrow{AB}.\overrightarrow{AC} = 0 \\
&\Leftrightarrow \quad ABC \text{ rectangle en } A.
\end{aligned}
$$

$\boxed{\textbf{Réponse 7.20}}$ En utilisant le produit scalaire :

$$
\begin{aligned}
AB^2 + AC^2 &= (\overrightarrow{AI} + \overrightarrow{IB})^2 + (\overrightarrow{AI} + \overrightarrow{IC})^2 \\
&= 2AI^2 + 2\overrightarrow{AI}.(\overrightarrow{IB} + \overrightarrow{IC}) + IB^2 + IC^2.
\end{aligned}
$$

Comme I est le milieu de $[BC]$, on a $\overrightarrow{IB} + \overrightarrow{IC} = \overrightarrow{0}$ et $IB = IC = BC/2$. Ainsi :

$$
AB^2 + AC^2 = 2AI^2 + \frac{BC^2}{4} + \frac{BC^2}{4} = 2AI^2 + \frac{BC^2}{2}.
$$

$\boxed{\textbf{Réponse 7.21}}$ L'identité du parallélogramme s'écrit :

$$
\forall x, y \in E \quad \|x + y\|^2 + \|x - y\|^2 = 2(\|x\|^2 + \|y\|^2).
$$

Elle traduit le fait que, dans un parallélogramme, la somme des carrés des diagonales est égale à la somme des carrés des quatre côtés. La preuve est facile puisqu'il suffit de développer des produits scalaires :

$$
\begin{aligned}
\|x + y\|^2 + \|x - y\|^2 &= (\|x\|^2 + \|y\|^2 + 2\,x.y) + (\|x\|^2 + \|y\|^2 - 2\,x.y) \\
&= 2(\|x\|^2 + \|y\|^2).
\end{aligned}
$$

$\boxed{\textbf{Réponse 7.22}}$ Le projeté orthogonal $p_D(\overrightarrow{u})$ du vecteur $\overrightarrow{u}$ sur la droite D de vecteur directeur $\overrightarrow{n}$ est :

$$
p_D(\overrightarrow{u}) = \frac{\overrightarrow{u}.\overrightarrow{n}}{\|\overrightarrow{n}\|^2}\,\overrightarrow{n}.
$$

Montrons-le. Par définition de p_D, on a $p_D(\overrightarrow{u}) \in D$ et $p_D(\overrightarrow{u}) - \overrightarrow{u} \in D^\perp$, donc il existe un réel λ tel que $p_D(\overrightarrow{u}) = \lambda\overrightarrow{n}$ et $(\lambda\overrightarrow{n} - \overrightarrow{u}).\overrightarrow{n} = 0$. Cela donne :

$$
\lambda = \frac{\overrightarrow{u}.\overrightarrow{n}}{\|\overrightarrow{n}\|^2}
$$

et permet d'obtenir la formule demandée.

Réponse 7.23 La relation $BA^2 = \overline{BH} \times \overline{BC}$ est l'une des trois relations métriques à connaître concernant le triangle rectangle. Elle correspond à la figure suivante où ABC est un triangle rectangle en A et où H est le pied de la hauteur issue de A.

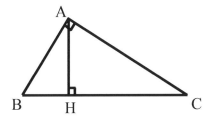

La preuve utilise une propriété du produit scalaire et des projections orthogonales sur les supports des vecteurs utilisés. On écrit :

$$BA^2 = \overrightarrow{BA}.\overrightarrow{BA} = \overrightarrow{BA}.\overrightarrow{BC} = \overrightarrow{BH}.\overrightarrow{BC} = \overline{BH} \times \overline{BC}.$$

Remarques — Dans ces égalités, le carré BA^2 qui n'est autre que le carré scalaire $\overrightarrow{BA}^2$. L'égalité $\overrightarrow{BA}.\overrightarrow{BA} = \overrightarrow{BA}.\overrightarrow{BC}$ utilise la projection orthogonale sur la droite (AB), tandis que l'égalité $\overrightarrow{BA}.\overrightarrow{BC} = \overrightarrow{BH}.\overrightarrow{BC}$ utilise la projection orthogonale sur (BC). Enfin l'égalité $\overrightarrow{BH}.\overrightarrow{BC} = \overline{BH} \times \overline{BC}$ se vérifie en choisissant un vecteur directeur unitaire de la droite (BC), en écrivant $\overrightarrow{BH} = \overline{BH}\,\vec{i}$ et $\overrightarrow{BC} = \overline{BC}\,\vec{i}$, puis $\overrightarrow{BH}.\overrightarrow{BC} = (\overline{BH}\,\vec{i}).(\overline{BC}\,\vec{i}) = \overline{BH} \times \overline{BC}\,\vec{i}^{\,2} = \overline{BH} \times \overline{BC}.$

Réponse 7.24 Le plan est rapporté à un repère orthonormal. On sait alors que la distance $\mathrm{d}\,(M, D)$ de $M\,(x_0, y_0)$ à la droite D d'équation $ax + by + c = 0$ est :

$$\mathrm{d}\,(M, D) = \frac{|ax_0 + by_0 + c|}{\sqrt{a^2 + b^2}}.$$

Pour démontrer cette formule, on remarque que $\mathrm{d}\,(M, D) = MH$ où H désigne le projeté orthogonal de M sur la droite D, puis on calcule la distance MH.

Première solution (définition du projeté orthogonal) — On détermine les coordonnées (x_H, y_H) de H en caractérisant H par le système :

$$(S) \quad \begin{cases} H \in D \\ \overrightarrow{HM} \in \vec{D}^{\perp}. \end{cases}$$

Comme le vecteur $\overrightarrow{n}\,(a,b)$ est orthogonal à $\overrightarrow{D}$:

$$(S) \;\Leftrightarrow\; \begin{cases} ax_H + by_H + c = 0 \\ \exists \lambda \in \mathbb{R} \quad \overrightarrow{MH} = \lambda \overrightarrow{n} \end{cases} \;\Leftrightarrow\; \begin{cases} ax_H + by_H + c = 0 \\ \exists \lambda \in \mathbb{R} \quad \begin{pmatrix} x_H - x_0 \\ y_H - y_0 \end{pmatrix} = \lambda \begin{pmatrix} a \\ b \end{pmatrix} \end{cases}$$

$$\Leftrightarrow\; \exists \lambda \in \mathbb{R} \begin{cases} ax_H + by_H + c = 0 \\ x_H = x_0 + \lambda a \\ y_H = y_0 + \lambda b. \end{cases}$$

Par suite $a(x_0 + \lambda a) + b(y_0 + \lambda b) + c = 0$, puis $\lambda = -\dfrac{ax_0 + by_0 + c}{a^2 + b^2}$, et :

$$\begin{aligned} d\,(M, D) \;&=\; \|\overrightarrow{MH}\| \;=\; |\lambda|\,\|\overrightarrow{n}\| \\ &=\; \frac{|ax_0 + by_0 + c|}{a^2 + b^2} \times \sqrt{a^2 + b^2} \;=\; \frac{|ax_0 + by_0 + c|}{\sqrt{a^2 + b^2}}. \end{aligned}$$

Seconde solution (formule du projeté orthogonal) — Si $A(x_A, y_A)$ est un point quelconque de la droite D, le projeté orthogonal $p(\overrightarrow{MA})$ sur la direction $\overrightarrow{D}^{\perp}$ orthogonale à D est égal à $\overrightarrow{MH}$, par définition d'un tel projeté et en se référant à la figure :

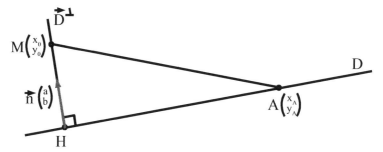

En utilisant une formule du cours, on obtient :

$$\overrightarrow{MH} = p(\overrightarrow{MA}) = \frac{\overrightarrow{MA}.\overrightarrow{n}}{\|\overrightarrow{n}\|^2}\,\overrightarrow{n}$$

où $\overrightarrow{n}\,(a,b)$ dirige $\overrightarrow{D}^{\perp}$, d'où :

$$MH = \|\overrightarrow{MH}\| = \frac{|\overrightarrow{MA}.\overrightarrow{n}|}{\|\overrightarrow{n}\|}. \quad (*)$$

Comme $\|\overrightarrow{n}\| = \sqrt{a^2 + b^2}$, on trouve :

$$\overrightarrow{MA}.\overrightarrow{n} = \begin{pmatrix} x_A - x_0 \\ y_A - y_0 \end{pmatrix} . \begin{pmatrix} a \\ b \end{pmatrix} = ax_A + by_A - ax_0 - by_0 = -ax_0 - by_0 - c.$$

En remplaçant dans $(*)$ on obtient $MH = \dfrac{|ax_0 + by_0 + c|}{\sqrt{a^2 + b^2}}$.

Réponse 7.25 *Première méthode* — Soit H le projeté orthogonal de A sur le plan (BCD). Soit c la longueur d'une arête du tétraèdre. Le Théorème de Pythagore appliqué dans le triangle rectangle AHB donne :

$$HB^2 = AB^2 - AH^2 = c^2 - AH^2.$$

De même $HC^2 = c^2 - AH^2$ et $HD^2 = c^2 - AH^2$, donc $HB = HC = HD$ et H est le centre du cercle circonscrit au triangle BCD. Comme BCD est équilatéral, H est aussi le centre de gravité et l'orthocentre de BCD, donc $H = \Omega$. Cela prouve que (ΩA) est perpendiculaire au plan (BCD).

Seconde méthode — On utilise le produit scalaire. On a :

$$\begin{aligned}
\overrightarrow{A\Omega}.\overrightarrow{BC} &= \frac{1}{3}(\overrightarrow{AB} + \overrightarrow{AC} + \overrightarrow{AD}).(\overrightarrow{AC} - \overrightarrow{AB}) \\
&= \frac{1}{3}(\overrightarrow{AB}.\overrightarrow{AC} + \overrightarrow{AC}^2 + \overrightarrow{AD}.\overrightarrow{AC} - \overrightarrow{AB}^2 - \overrightarrow{AC}.\overrightarrow{AB} - \overrightarrow{AD}.\overrightarrow{AB}).
\end{aligned}$$

Mais $\overrightarrow{AB}.\overrightarrow{AC} = \|\overrightarrow{AB}\| \, \|\overrightarrow{AC}\| \, \cos(\overrightarrow{AB}, \overrightarrow{AC}) = c^2 \cos \pi/3 = c^2/2$, etc. Donc

$$\overrightarrow{A\Omega}.\overrightarrow{BC} = \frac{1}{3}\left(\frac{c^2}{2} + c^2 + \frac{c^2}{2} - c^2 - \frac{c^2}{2} - \frac{c^2}{2} \right) = 0.$$

Réponse 7.26 Un vecteur normal à un plan affine P est un vecteur normal à tous les vecteurs du plan vectoriel associé à P. Cela revient à dire qu'il s'agit d'un vecteur de l'orthogonal $\overrightarrow{P}^\perp$ de $\overrightarrow{P}$, en notant $\overrightarrow{P}$ le plan vectoriel associé à P (que l'on appelle aussi la direction de P).

Si l'on veut rester dans la cadre du programme de terminale, on dira qu'un vecteur $\overrightarrow{n}$ de l'espace est normal au plan P si, pour tous $A, B \in P$ on a $\overrightarrow{n}.\overrightarrow{AB} = 0$.

Réponse 7.27 On appelle espace vectoriel euclidien tout espace vectoriel de dimension finie sur $\mathbb{R}$, muni d'un produit scalaire.

Réponse 7.28 On utilise l'identité de Stewart :

$$\overrightarrow{MA}.\overrightarrow{BC} + \overrightarrow{MB}.\overrightarrow{CA} + \overrightarrow{MC}.\overrightarrow{AB} = 0 \quad (*)$$

satisfaite pour n'importe quels points M, A, B, C du plan. Comme deux hauteurs d'un triangle sont toujours concourantes (autrement elles seraient parallèles et les côtés sur lesquels elles tombent seraient parallèles, ce qui donnerait un triangle ABC aplati), rien ne nous empêche de considérer l'intersection M des hauteurs issues de A et B. L'identité $(*)$ donne alors $\overrightarrow{MC}.\overrightarrow{AB} = 0$, ce qui prouve que M appartient à la dernière hauteur issue de C.

Remarque — L'identité de Stewart est une conséquence des propriétés du produit scalaire. Pour la démontrer, on utilise la relation de Chasles pour écrire :

$$
\begin{aligned}
S &= \overrightarrow{MA}.\overrightarrow{BC} + \overrightarrow{MB}.\overrightarrow{CA} + \overrightarrow{MC}.\overrightarrow{AB} \\
&= \overrightarrow{MA}.\overrightarrow{BC} + (\overrightarrow{MA} + \overrightarrow{AB}).\overrightarrow{CA} + (\overrightarrow{MA} + \overrightarrow{AC}).\overrightarrow{AB} \\
&= \overrightarrow{MA}.(\overrightarrow{AB} + \overrightarrow{BC} + \overrightarrow{CA}) + \overrightarrow{AB}.\overrightarrow{CA} + \overrightarrow{AC}.\overrightarrow{AB} \\
&= \overrightarrow{MA}.\overrightarrow{0} - \overrightarrow{AB}.\overrightarrow{AC} + \overrightarrow{AB}.\overrightarrow{AC} = 0.
\end{aligned}
$$

$\boxed{\textbf{Réponse 7.29}}$ On considère trois points A, B, M d'affixes a, b et z. Supposons que les droites (AM) et (BM) soient bien définies, c'est-à-dire que $a \neq z$ et $b \neq z$. On a :

$$
\begin{aligned}
(z - a)\overline{(z - b)} \in i\mathbb{R} &\Leftrightarrow \arg(z - a)\overline{(z - b)} = \pi/2 \ (\pi) \\
&\Leftrightarrow (\overrightarrow{BM}, \overrightarrow{AM}) = \pi/2 \ (\pi) \\
&\Leftrightarrow (AM) \perp (BM).
\end{aligned}
$$

$\boxed{\textbf{Réponse 7.30}}$ On peut supposer que le côté du cube mesure une unité quitte à utiliser un agrandissement ou une réduction. Dans un repère orthonormal adapté à la situation, on a :

$$
\overrightarrow{AB}\begin{pmatrix} 1 \\ 0 \\ 0 \end{pmatrix} \text{ et } \overrightarrow{AG}\begin{pmatrix} 1 \\ 1 \\ 1 \end{pmatrix} \text{ donc } \cos(\overrightarrow{AB}, \overrightarrow{AG}) = \frac{\overrightarrow{AB}.\overrightarrow{AG}}{||\overrightarrow{AB}||.||\overrightarrow{AG}||} = \frac{1}{\sqrt{3}}.
$$

Par suite $(\overrightarrow{AB}, \overrightarrow{AG}) = \arccos(1/\sqrt{3}) = 0,955$ radians, ce qui correspond à un peu moins de $55°$. Le produit scalaire permet d'avoir rapidement accès aux angles géométriques formés par deux demi-droites de même origine dans l'espace.

$\boxed{\textbf{Réponse 7.31}}$ Connaître une solution particulière M_0 de $\overrightarrow{OM}.\overrightarrow{u} = k$ permet de résoudre l'équation, puisqu'on peut alors utiliser la linéarité pour écrire :

$$
\overrightarrow{OM}.\overrightarrow{u} = k \Leftrightarrow \overrightarrow{OM}.\overrightarrow{u} = \overrightarrow{OM_0}.\overrightarrow{u} \Leftrightarrow \overrightarrow{M_0M}.\overrightarrow{u} = \overrightarrow{0}
$$

et constater que l'ensemble cherché est la droite passant par M_0 et orthogonale à la droite vectorielle $\mathbb{R}\overrightarrow{u}$. Cherchons donc un point M_0 solution. On peut chercher un tel point sur la droite D passant par O et de vecteur directeur $\overrightarrow{u}$. Dans ce cas, il existe $\lambda \in \mathbb{R}$ tel que $\overrightarrow{OM_0} = \lambda \overrightarrow{u}$, et :

$$\overrightarrow{OM_0}.\overrightarrow{u} = k \Leftrightarrow \lambda ||\overrightarrow{u}||^2 = k \Leftrightarrow \lambda = \frac{k}{||\overrightarrow{u}||^2}.$$

Cela montre qu'il existe un unique point-solution appartenant à la droite D, et qu'il s'agit du point M_0 défini par $\overrightarrow{OM_0} = \frac{k}{||\overrightarrow{u}||^2}\overrightarrow{u}$, ce qui permet de conclure.

Réponse 7.32 Soit P le plan d'équation $ax + by + cz + d = 0$ dans un repère orthonormal. Rappelons que $\overrightarrow{n}$ est orthogonal à P si, et seulement si, $\overrightarrow{n}$ est orthogonal à toute droite incluse dans P, ce qui revient à dire que $\overrightarrow{n}$ est orthogonal à deux droites sécantes incluses dans P.

Intéressons-nous à des vecteurs. Il est toujours possible de choisir un point $M_0 (x_0, y_0, z_0)$ appartenant à P. Dans ce cas $ax_0 + by_0 + cz_0 + d = 0$, et :

$$\begin{aligned} M \in P \quad &\Leftrightarrow \quad ax + by + cz + d = 0 \\ &\Leftrightarrow \quad ax + by + cz + d = ax_0 + by_0 + cz_0 + d \\ &\Leftrightarrow \quad a(x - x_0) + b(y - y_0) + c(z - z_0) = 0 \\ &\Leftrightarrow \quad \overrightarrow{n}.\overrightarrow{M_0M} = 0. \end{aligned}$$

Si A et B sont deux points de P tel que M_0AB soit un triangle non aplati, les équivalences précédentes montrent que $\overrightarrow{n}.\overrightarrow{M_0A} = \overrightarrow{n}.\overrightarrow{M_0B} = 0$, ce qui prouve que $\overrightarrow{n}$ est orthogonal à deux vecteurs non colinéaires $\overrightarrow{M_0A}$ et $\overrightarrow{M_0B}$ appartenant à $\overrightarrow{P}$, et l'on peut affirmer que $\overrightarrow{n}$ est orthogonal à P.

Réponse 7.33 Si $k < 0$, $\mathcal{E} = \varnothing$. Si $k = 0$, $\mathcal{E} = \{A\}$. Si $k = 1$, $\mathcal{E}$ est la médiatrice de $[AB]$. Dans tous les autres cas on trouve un cercle puisque si $k \in \mathbb{R}_+^* \backslash \{1\}$,

$$\begin{aligned} \frac{MA}{MB} = k \quad &\Leftrightarrow \quad MA^2 - k^2 MB^2 = 0 \\ &\Leftrightarrow \quad (\overrightarrow{MA} + k\overrightarrow{MB}).(\overrightarrow{MA} - k\overrightarrow{MB}) = 0 \\ &\Leftrightarrow \quad \overrightarrow{MM_1}.\overrightarrow{MM_2} = 0, \end{aligned}$$

donc $\mathcal{E}$ est le cercle de diamètre $[M_1 M_2]$ où M_1 est barycentre de $A(1)$, $B(k)$, et M_2 est barycentre de $A(1)$, $B(-k)$ (M_1 et M_2 sont les points de la droite (AB) qui divisent le segment $[AB]$ dans le rapport k).

Remarque — Lorsque $k \in \mathbb{R}_+^* \backslash \{1\}$, le centre du cercle $\mathcal{E}$ est le milieu de $[M_1 M_2]$. On obtient rapidement les coordonnées barycentriques de ce centre dans le repère (A, B, C) en écrivant :

$$\frac{MA}{MB} = k \iff MA^2 - k^2 MB^2 = 0 \iff \left(1 - k^2\right) MG^2 = k^2 GB^2 - GA^2$$

où G est le barycentre de $A\left(1\right)$, $B\left(-k^2\right)$, pour constater que le centre de $\mathcal{E}$ est G.

Réponse 7.34 Comme $\overrightarrow{u}^2 = 5$ équivaut à $||\overrightarrow{u}||^2 = 5$, l'ensemble des vecteurs $\overrightarrow{u}$ vérifiant $\overrightarrow{u}^2 = 5$ est l'ensemble des vecteurs $\overrightarrow{u}$ de norme $\sqrt{5}$.

Remarque — On fera attention à ne pas répondre que $\overrightarrow{u}^2 = 5$ équivaut à $\overrightarrow{u} = \pm\sqrt{5}$ comme on peut encore l'entendre de la bouche de certains candidats qui confondent un carré scalaire et le carré d'un nombre réel.

Réponse 7.35 On a :

$$\overrightarrow{u}^2 = \overrightarrow{v}^2 \iff ||\overrightarrow{u}||^2 = ||\overrightarrow{v}||^2 \iff ||\overrightarrow{u}|| = ||\overrightarrow{v}|| \iff \overrightarrow{u} \in S$$

où S est l'ensemble des vecteurs de norme égale à $||\overrightarrow{v}||$, autrement dit la boule de centre $\overrightarrow{0}$ et de rayon $||\overrightarrow{v}||$.

Réponse 7.36 Avec des notations évidentes, si $(\overrightarrow{i}, \overrightarrow{j})$ est une base quelconque du plan :

$$\begin{aligned}
\overrightarrow{u}.\overrightarrow{v} &= (x\overrightarrow{i} + y\overrightarrow{j}).(x'\overrightarrow{i} + y'\overrightarrow{j}) \\
&= xx'||\overrightarrow{i}||^2 + yy'||\overrightarrow{j}||^2 + (xy' + yx')\overrightarrow{i}.\overrightarrow{j} \\
&= xx'||\overrightarrow{i}||^2 + yy'||\overrightarrow{j}||^2 + (xy' + yx')||\overrightarrow{i}||.||\overrightarrow{j}||\cos(\overrightarrow{i}, \overrightarrow{j}).
\end{aligned}$$

Réponse 7.37 Notons $e = (e_1, e_2, e_3)$ la base orthonormale de l'espace vectoriel euclidien E dans lequel on se place. Choisissons au hasard un vecteur non nul de P. Par exemple le vecteur $u_1 = e_1 - 5e_3$. Cherchons ensuite un vecteur $u_2 = xe_1 + ye_2 + ze_3$ orthogonal à u_1 et appartenant à P. Cela revient à résoudre :

$$(S) \quad \begin{cases} x - 5z = 0 \\ 5x - 8y + z = 0. \end{cases}$$

On a :

$$(S) \iff \begin{cases} x = 5z \\ 26z = 8y \end{cases} \iff \begin{cases} x = 5z \\ y = \dfrac{26}{8}z. \end{cases}$$

En prenant par exemple $z = 8$, on obtient $x = 40$ et $y = 26$. Le vecteur $u_2 = 40e_1 + 26e_2 + 8e_3$ fait l'affaire, et (u_1, u_2) est une base orthogonale de P.

Il suffit de normaliser u_1 et u_2 pour obtenir une base orthonormale (v_1, v_2) de P :

$$v_1 = \frac{u_1}{||u_1||} = \frac{1}{\sqrt{26}} u_1 \quad \text{et} \quad v_2 = \frac{u_2}{||u_2||} = \frac{1}{\sqrt{2340}} u_2 = \frac{1}{6\sqrt{65}} u_2.$$

Réponse 7.38 Oui. On sait d'après le cours [34] que la forme générale d'un produit scalaire sur le plan vectoriel E rapporté à une base quelconque $(\overrightarrow{i}, \overrightarrow{j})$ est :

$$\varphi(\overrightarrow{U}, \overrightarrow{V}) = \begin{pmatrix} x & y \end{pmatrix} \begin{pmatrix} a & c \\ c & b \end{pmatrix} \begin{pmatrix} x' \\ y' \end{pmatrix} = axx' + byy' + c\left(xy' + yx'\right)$$

où $a > 0$ et $ab - c^2 > 0$ (mais on n'a pas besoin de ces deux dernières informations pour continuer). Ici $\overrightarrow{u}(1, 0)$ et $\overrightarrow{v}(3, 1)$. Trouver φ pour que $(\overrightarrow{u}, \overrightarrow{v})$ soit une base orthonormale revient donc à trouver les réels a, b, c tels que :

$$\begin{cases} \varphi(\overrightarrow{u}, \overrightarrow{v}) = 3a + c = 0 \\ \varphi(\overrightarrow{u}, \overrightarrow{u}) = a = 1 \\ \varphi(\overrightarrow{v}, \overrightarrow{v}) = 9a + b + 6c = 1. \end{cases}$$

On obtient $(a, b, c) = (1, 10, -3)$, de sorte que :

$$\varphi(\overrightarrow{U}, \overrightarrow{V}) = xx' + 10yy' - 3\left(xy' + yx'\right). \quad (\dagger)$$

Il existe donc une unique structure euclidienne sur E qui rende la base $(\overrightarrow{u}, \overrightarrow{v})$ orthonormale, c'est celle donnée par le produit scalaire φ défini par $(\dagger)$.

Réponse 7.39 Une infinité, puisqu'il existe une infinité de produits scalaires sur un plan vectoriel donné (Question 7.10).

Réponse 7.40 Bien sûr. Le cosinus étant une fonction paire, on peut affirmer que $\cos(\overrightarrow{u}, \overrightarrow{v}) = \cos(\overrightarrow{v}, \overrightarrow{u})$, ce qui montre bien que l'ordre des vecteurs $\overrightarrow{u}$ et $\overrightarrow{v}$ n'est pas important dans la formule. L'angle $(\overrightarrow{u}, \overrightarrow{v})$ peut donc être orienté ou non comme on le désire.

Réponse 7.41 La formule $\overrightarrow{u} . \overrightarrow{v} = ||\overrightarrow{u}|| \, ||\overrightarrow{v}|| \cos(\overrightarrow{u}, \overrightarrow{v})$ permet de calculer l'écart angulaire entre deux vecteurs non nuls quand on travaille dans un espace affine euclidien de dimension finie n quelconque. C'est ce que l'on fait à la Question 7.30. Dans l'espace de dimension 3 ou supérieure, la notion d'angle orienté n'a pas beaucoup de sens et on se contente de la notion d'angle géométrique pour évoquer des écarts angulaires entre vecteurs.

Réponse 7.42 On sait que deux plans P et Q non parallèles s'interceptent suivant une droite D. Si l'on suppose par l'absurde que P et Q sont orthogonaux, il suffit de choisir deux points distincts A et B sur D pour déduire que $\overrightarrow{AB}.\overrightarrow{AB} = 0$, soit $||\overrightarrow{AB}|| = 0$, ce qui implique $A = B$. C'est absurde!

Réponse 7.43 Il utilise la formule $\overrightarrow{u}.\overrightarrow{v} = ||\overrightarrow{u}|| \, ||\overrightarrow{v}|| \cos(\overrightarrow{u}, \overrightarrow{v})$ permettant d'exprimer le cosinus de l'angle $(\overrightarrow{u}, \overrightarrow{v})$ en fonction du produit scalaire et des normes des vecteurs $\overrightarrow{u}$ et $\overrightarrow{v}$.

Chapitre 8

Trigonométrie

8.1 Fonctions trigonométriques

Question 8.1 *Définition du cosinus*
Comment définir le cosinus d'un angle au collège ?

Question 8.2 *Quel niveau d'enseignement ? (2023 [21])*
A quel niveau d'enseignement introduit-on le cosinus, le sinus et la tangente ?

Question 8.3 *Variations de sinus & cosinus (2021 [16])*
Que pouvez-vous dire des courbes représentatives des fonctions sinus et cosinus ? Pouvez-vous donner les variations de ces fonctions sans passer par la dérivée ?

Question 8.4 *Définition valide ? (2012, 2021 [15], 2023 [22])*
Pourquoi la définition du cosinus donnée en collège a-t-elle du sens ?

Question 8.5 *Configuration du cosinus*
Tracez deux droites D et D' sécantes en O. Soient $M \in D$ et $N \in D'$. On note M' et N' les projetés orthogonaux de M et N sur D et D'. Montrez que :

$$\frac{OM'}{OM} = \frac{ON'}{ON}. \quad (\dagger)$$

A quoi sert cette démonstration en collège ?

Question 8.6 *Utilité au collège*
A quoi sert le cosinus au collège ?

Question 8.7 *Une propriété du cosinus (2013 [26])*
En se plaçant au niveau du collège, donnez une propriété de la fonction cosinus d'un angle aigu, puis démontrez-la.

Question 8.8 *Est-ce un décimal ?* (2013 [26])
Le cosinus d'un angle aigu est un rapport. Est-ce un nombre décimal ?

Question 8.9 *Abscisse curviligne*
Vous enroulez une droite autour d'un cercle trigonométrique pour évoquer une abscisse curviligne sur ce cercle. Une abscisse curviligne représente-t-elle toujours une distance sur la courbe ? Un point du cercle va-t-il posséder une ou plusieurs abscisses curvilignes ?

Question 8.10 *Définition du radian*
Définissez un angle de 1 radian.

Question 8.11 *Formule trigonométrique* (2021 [15])
Montrez que $\cos(\pi - x) = -\cos x$ de deux façons différentes.

Question 8.12 *Valeurs classiques*
Au lycée, comment démontrer les formules trigonométriques concernant les angles $-x$, $\pi - x$, $\pi/2 - x$, $\pi + x$, $\pi/2 + x$?

Question 8.13 *Relation fondamentale* (2023 [22])
Démontrer que $\cos^2 x + \sin^2 x = 1$.

Question 8.14 *Valeurs classiques de* cos *et* sin
(2013 [26], 2021 [16], 2023 [22])
Déterminez les valeurs des cosinus et sinus de $\pi/3$, $\pi/4$ et $\pi/6$.

Question 8.15 *Calcul de* $\cos(\pi/12)$ (2023 [22])
Trouver la valeur de $\cos(\pi/12)$ grâce aux valeurs connues.

Question 8.16 *Equation avec un cosinus* (2021 [15])
Résoudre l'équation $\cos(\pi/3 - x) = \sqrt{3}/2$ dans $\mathbb{R}$.

Question 8.17 *Angles orientés ou pas ?* (2021 [15])
Dans vos exemples avec les cosinus, vous avez parfois pris en compte des angles orientés et parfois non. Qu'en pensez-vous ?

Question 8.18 *Formules d'addition* (2012, 2021 [15] [16], 2023 [23])
Démontrez la formule d'addition $\cos(a + b)$ comme au lycée.

8.2 Applications

Question 8.19 *Théorème d'Al Kashi*
(1993, 2012, 2021 [15], 2022 [20], 2023 [21], 2023 [22])
Enoncez et démontrez la formule d'Al Kashi.

Question 8.20 *Comment trouver l'angle d'un triangle ? (2023 [21])*
Comment trouver l'angle d'un triangle quelconque ?

Question 8.21 *Formule des sinus (2023 [22])*
Démontrez la formule des sinus dans un triangle.

Question 8.22 *Formule de Héron (2021 [15])*
Connaissez-vous la formule de Héron ?

Question 8.23 *Expression de* $\cos 2\theta$ *(2021 [16])*
Donnez une expression de $\cos 2\theta$ *en fonction de* $\sin \theta$ *et* $\cos \theta$*. Comment obtenir une expression de* $\cos 3\theta$ *?*

Question 8.24 *Equation du troisième degré (2021 [16])*
Résoudre l'équation $8x^3 + 6x + 1 = 0$ *en posant* $x = \cos \theta$*.*

Question 8.25 *Equation (2021 [17])*
Résoudre l'équation $\cos 2x + \cos x + 1 = 0$*.*

Question 8.26 *Antilinéarisation*
Si n *est un entier naturel supérieur ou égal à 2, cherchez une expression de* $\cos n\theta$ *polynomiale en* $\sin \theta$ *et* $\cos \theta$*.*

8.3 Questions surprenantes

Question 8.27 *Relation de Chasles (2012)*
Quelle est la relation de Chasles pour les angles orientés de vecteurs ?

Question 8.28 *Ordre d'introduction (2008)*
Au collège, pourquoi introduire le cosinus avant le sinus ?

Question 8.29 *Dans l'espace (2015 [24])*
La définition du produit scalaire utilisant le cosinus est-elle valable dans l'espace ? Dans ce cas l'angle utilisé doit-il être orienté ?

Question 8.30 *Rapports de Thalès (2008)*
Quel est le rapport de proportionnalité reliant les différentes longueurs proportionnelles dans une situation de Thalès ?

Question 8.31 *Côté adjacent (2008)*
Qu'appelez-vous côté adjacent dans votre définition d'un cosinus ? Comment définissez-vous l'hypoténuse ?

Question 8.32 *Formule de duplication (2021 [15])*
En utilisant des outils utilisable au collège, démontrez la formule de duplication $\cos 2\theta = 2\cos^2 \theta - 1$.

Question 8.33 *Développement en série de* cos *(2021 [16])*
Connaissez-vous une série pour développer $\cos x$ *?*

8.4   Réponses

Réponse 8.1 Au collège, on définit le cosinus d'un angle aigu d'un triangle rectangle comme le rapport du côté adjacent sur l'hypoténuse.

Réponse 8.2 Ces notions sont toutes au programme du cycle 4. Le théorème de Thalès dans le triangle (sans la réciproque) et la définition du cosinus d'un angle aigu sont en général abordés en 4ᵉ, et il faut attendre la 3ᵉ pour disposer de la réciproque du théorème de Thalès dans le triangle et des définitions du sinus et de la tangente d'un angle aigu.

Réponse 8.3 La candidate à qui on a posé cette question a répondu que ces fonctions étaient périodiques de période 2π, que la fonction sinus était impaire, donc symétrique par rapport à l'origine du repère, tandis que la fonction cosinus était paire, donc symétrique par rapport à l'axe de ordonnées. Un des membres du jury enchaîne : « vous ne nous avez pas donné les dérivées des fonctions sinus et cosinus... ». La candidate s'exécute.

Le jury reprend : « Pouvez-vous donner les variations de ces fonctions sans passer par la dérivée ? » Dans le compte rendu [16], la candidate répond que oui et explique en quelques mots. On peut penser que la candidate a évoqué le cercle trigonométrique et la possibilité de faire varier l'angle de mesure x de 0 à $\pi/2$ pour visualiser les variations. Par exemple, on voit très bien que la fonction sinus croît de 0 à $\pi/2$ (sans que cela constitue une preuve formelle), puis décroît de $\pi/2$ à π, etc. Ce genre d'argumentation est toujours utile pour prendre conscience des moyens dont on dispose pour visualiser ces variations et les accepter.

Réponse 8.4 Pour pouvoir attacher un nombre, un cosinus, à un angle aigu, il est nécessaire que ce nombre ne dépende que de cet angle et non du triangle rectangle que l'on a construit pour le définir. Dire que cos $\widehat{A}$ est le rapport entre un certain côté adjacent sur une certaine hypoténuse impose donc de vérifier que l'on obtient le même rapport quand on change de configuration. En d'autres termes, pour définir le cosinus d'un angle, il faut l'attacher à un angle et non à un triangle rectangle particulier.

La première configuration à étudier est la suivante où l'on a choisi deux points M et N sur une droite D, que l'on projette orthogonalement en M' et N' sur une autre droite D' de direction différente.

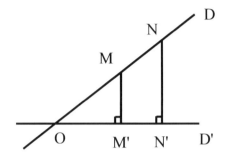

Le théorème de Thalès donne :

$$\frac{OM'}{OM} = \frac{ON'}{ON}$$

et montre que le cosinus de l'angle $\widehat{MOM'}$, défini par le rapport OM'/OM, ne dépend pas du choix de M sur D, donc ne dépend pas du triangle OMM' utilisé pour le définir. On est donc en droit de poser :

$$\cos \widehat{MOM'} = \frac{ON'}{ON}$$

où N est un point quelconque de la demi-droite $[OM)$ et où N' désigne le projeté orthogonal de N sur la droite (OM').

En collège, les activités liées à la définition du cosinus se bornent à envisager le cas que l'on vient de traiter. Mais il existe un autre cas plus difficile passé sous silence : celui où l'on choisit un point M sur D, projeté orthogonalement en M' sur D', et un autre point N sur D' projeté orthogonalement en N' sur D, donnant naissance à deux triangles rectangles bien différents qui seront pourtant utilisés pour définir le même cosinus. On démontre alors que $OM'/OM = ON'/ON$ en procédant comme à la Question 8.5.

Enfin, si les deux couples de demi-droites qui définissent le même angle ne sont pas superposés, on se ramène aux cas précédents en utilisant des isométries qui ont l'heur de conserver les distances.

Complément — Voici un extrait d'un compte rendu d'oral 1 où le jury pose la question du sens dans cette définition du cosinus dans un triangle rectangle : « J'ai répondu qu'*a priori* on définit le cosinus d'un angle donc il semble plus sensé de regarder une figure où deux demi-droites délimitent un angle. Mais en traçant une hauteur pour former un triangle rectangle, puis une autre hauteur pour avoir un triangle rectangle, on s'aperçoit que l'on obtient les mêmes définitions quelle que soit la hauteur utilisée, quitte à s'aider du théorème de Thalès. La définition classique vue au collège est donc bien pertinente.

Dans cette configuration le jury est d'accord mais pose la question dans le cadre de deux paires de demi-droites qui forment le même angle et ne sont pas superposées. Je réponds qu'on peut se ramener au cas précédent par rotation et translation. Pourquoi cela ne change-t-il pas le résultat ? Car la rotation et la translation sont des isométries qui ainsi conservent les angles et les longueurs. Comment appelle-t-on la composée d'une translation et d'une rotation ? (Question 9.39). Je ne savais pas et je ne sais toujours pas. » [15]

Réponse 8.5 Soit Δ la bissectrice du couple $([OM), [OM'))$. Soient N_0 et N_0' les symétriques de N et N' par rapport à Δ.

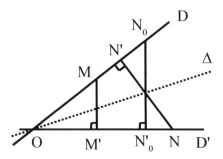

Soit s la symétrie orthogonale par rapport à Δ. Comme Δ est la bissectrice de $([OM), [OM'))$, on sait que $s(D) = D'$ et l'on déduit que :

$$\begin{cases} N \in D' \;\Rightarrow\; N_0 \in D \\ N' \in D \;\Rightarrow\; N_0' \in D'. \end{cases}$$

Comme une symétrie axiale transforme un segment en un segment, l'image du segment $[NN']$ sera le segment $[N_0N_0']$. Comme une symétrie axiale conserve les distances et l'orthogonalité on aura $N_0N_0' = NN'$ et :

$$(NN') \perp D \;\Rightarrow\; (N_0N_0') \perp D'.$$

Le segment $[N_0N_0']$ est donc perpendiculaire à D' et ses extrémités appartiennent à D' et D. Les droites (MM') et (N_0N_0') sont toutes deux orthogonales à D', donc sont parallèles. Le théorème de Thalès donne alors :

$$\frac{OM'}{OM} = \frac{ON_0'}{ON_0} = \frac{ON'}{ON}.$$

Cette démonstration montre que la définition du cosinus d'un angle aigu donné au collège a du sens.

Compléments — α) On pourra trouver deux autres démonstrations de l'égalité $OM'/OM = ON'/ON$ en [35].

β) Le rapport $r(D, D') = OM'/OM$ est appelé rapport de projection de D sur D'. On vient de montrer que ce rapport est égal au rapport de projection de D' sur D. Ainsi l'ordre des droites importe peu dans la définition de $r(D, D')$ et l'on peut écrire $r(D, D') = r(D', D)$. C'est important car, en collège, le cosinus d'un angle aigu est défini en posant $\cos([OM), [OM')) = r(D, D')$. La symétrie d'un rapport de projection montre que cette définition a un sens.

$\boxed{\textbf{Réponse 8.6}}$ Le cosinus d'un angle, la trigonométrie et le théorème de Thalès servent à calculer des longueurs inaccessibles. Les exercices de calculs de distances sont nombreux dans les manuels de collège.

$\boxed{\textbf{Réponse 8.7}}$ On peut affirmer que le cosinus de tout angle aigu est compris entre 0 et 1. Pour le prouver, on utilise le théorème de Pythagore. Dans un triangle ABC rectangle en A, si α désigne l'angle aigu $\widehat{ABC}$:

$$\cos\alpha = \frac{AB}{BC} \quad \text{et} \quad \sin\alpha = \frac{AC}{BC}.$$

Le théorème de Pythagore donne $AB^2 + AC^2 = BC^2$, et en utilisant les relations précédentes, on obtient $BC^2\cos^2\alpha + BC^2\sin^2\alpha = BC^2$, ce qui entraîne $\cos^2\alpha + \sin^2\alpha = 1$. Cette dernière égalité, alliée au fait que des carrés sont toujours positifs, entraîne $0 \leq \cos\alpha \leq 1$.

$\boxed{\textbf{Réponse 8.8}}$ Bien sûr que non. Le cosinus d'un angle aigu est un rapport de distances, mais ces distances sont des nombres réels, pas des entiers naturels ni des nombres rationnels. Un cosinus n'est donc pas toujours un nombre rationnel, ce qui démontre *a fortiori* que ce ne sera pas toujours un nombre décimal !

$\boxed{\textbf{Réponse 8.9}}$ L'abscisse curviligne sur une courbe remplace la notion d'abscisse sur une droite. Elle est définie à partir d'une paramétrisation de la courbe, et donne accès à une distance parcourue à partir d'un point de la courbe pris comme origine. Dans le cas qui nous intéresse, un même point M du cercle peut avoir plusieurs abscisses curvilignes qui seront congrues entre elles modulo 2π, ce qui correspond à notre intuition.

$\boxed{\textbf{Réponse 8.10}}$ Dans un cercle, un angle au centre d'un radian intercepte un arc de longueur égale au rayon de ce cercle.

$\boxed{\textbf{Réponse 8.11}}$ Voici deux preuves possibles :

Première preuve (symétrie) — On peut représenter les angles de mesures x et $\pi - x$ sur le cercle trigonométrique par des points M et N, et constater que M et N sont symétriques par rapport à l'axe des ordonnées. Les abscisses de M et N sont donc opposées, ce qui s'écrit $\cos\left(\pi - x\right) = -\cos x$.

Seconde preuve (formules trigonométriques) — On sait que :
$$\cos\left(a - b\right) = \cos a \cos b + \sin a \sin b$$
donc $\cos \pi - x = \cos \pi \cos x + \sin \pi \sin x = -\cos x + 0 \times \sin x = -\cos x$.

$\boxed{\textbf{Réponse 8.12}}$ Les cosinus et sinus de ces angles sont obtenus en les visualisant sur un cercle trigonométrique. C'est en imaginant des symétries ou des rotations, et en voyant leurs effets sur la figure, que l'on obtient les expressions des cosinus et sinus de $-x$, $\pi - x$, $\pi/2 - x$, $\pi + x$, $\pi/2 + x$ en fonction des cosinus et sinus de x.

$\boxed{\textbf{Réponse 8.13}}$ La formule $\sin^2 x + \cos^2 x = 1$ se démontre dès le collège pour les angles aigus, en faisant intervenir un triangle ABH rectangle en H tel que $\widehat{ABH} = x$. Le théorème de Pythagore permet en effet d'"écrire :
$$\sin^2 x + \cos^2 x = \left(\frac{AH}{AB}\right)^2 + \left(\frac{BH}{AB}\right)^2 = \frac{AH^2 + BH^2}{AB^2} = 1.$$

$\boxed{\textbf{Réponse 8.14}}$ Cette question peut être posée à n'importe quel moment à l'oral du CAPES et fait partie des connaissances à posséder dès le collège. Pour obtenir le sinus de l'angle $\pi/3$, on peut considérer un triangle équilatéral ABC, puis tracer le projeté orthogonal H de A sur (BC). Les formules trigonométriques liées aux triangles rectangles permettent d'écrire :
$$\sin \frac{\pi}{3} = \sin \widehat{ABH} = \frac{AH}{AB}.$$
Comme $AH = \sqrt{AB^2 - BH^2} = \sqrt{AB^2 - AB^2/4} = AB\sqrt{3}/2$, on trouve $\sin \pi/3 = \sqrt{3}/2$. On obtient aussi :
$$\cos \frac{\pi}{3} = \cos \widehat{ABH} = \frac{BH}{AB} = \frac{1}{2}.$$

La figure permet aussi d'écrire :

$$\sin \frac{\pi}{6} = \sin \widehat{BAH} = \frac{BH}{AB} = \frac{1}{2}$$

puis d'obtenir $\cos \pi/6 = \sqrt{3}/2$ en procédant toujours de la même façon. Un carré $RSTU$ permet d'obtenir :

$$\sin \frac{\pi}{4} = \sin \widehat{SRT} = \frac{ST}{RT} = \frac{ST}{\sqrt{RS^2 + ST^2}} = \frac{ST}{\sqrt{2ST^2}} = \frac{\sqrt{2}}{2}$$

puis $\cos \pi/4 = \sqrt{2}/2$ en recommençant de la même façon.

Commentaire — On peut se limiter à calculer le sinus d'un angle x puis déduire la valeur exacte de $\cos x$ en utilisant la relation $\sin^2 x + \cos^2 x = 1$ démontrée à la Question **8.13**.

Réponse 8.15 On remarque que $\frac{\pi}{4} = \frac{3\pi}{12}$ et $\frac{\pi}{3} = \frac{4\pi}{12}$ donc $\frac{\pi}{12} = \frac{\pi}{3} - \frac{\pi}{4}$ et :

$$\begin{aligned}
\cos \frac{\pi}{12} &= \cos \left(\frac{\pi}{3} - \frac{\pi}{4} \right) = \cos \frac{\pi}{3} \cos \frac{\pi}{4} + \sin \frac{\pi}{3} \sin \frac{\pi}{4} \\
&= \frac{1}{2} \times \frac{\sqrt{2}}{2} + \frac{\sqrt{3}}{2} \times \frac{\sqrt{2}}{2} = \frac{\sqrt{2} + \sqrt{6}}{4}.
\end{aligned}$$

Réponse 8.16 On a :

$$\cos \left(\frac{\pi}{3} - x \right) = \frac{\sqrt{3}}{2} \Leftrightarrow \cos \left(\frac{\pi}{3} - x \right) = \cos \frac{\pi}{6} \Leftrightarrow \frac{\pi}{3} - x \equiv \pm \frac{\pi}{6} \; (2\pi)$$

$$\Leftrightarrow \exists k \in \mathbb{Z} \begin{cases} x = \frac{\pi}{3} - \frac{\pi}{6} + k2\pi = \frac{\pi}{6} + k2\pi \\ \text{ou} \\ x = \frac{\pi}{3} + \frac{\pi}{6} + k2\pi = \frac{\pi}{2} + k2\pi. \end{cases}$$

Réponse 8.17 Que l'on prenne des angles orientés ou non, les résultats sont identiques en vertu de la parité de la fonction cosinus.

Réponse 8.18 On choisit un repère orthonormal direct du plan $(O, \overrightarrow{i}, \overrightarrow{j})$. On trace les points A et B de coordonnées $(\cos a, \sin a)$ et $(\cos b, \sin b)$. Par définition :

$$\begin{cases} \overrightarrow{OA} = (\cos a) \overrightarrow{i} + (\sin a) \overrightarrow{j} \\ \overrightarrow{OB} = (\cos b) \overrightarrow{i} + (\sin b) \overrightarrow{j} \end{cases}$$

donc $\overrightarrow{OA}.\overrightarrow{OB} = \cos a \cos b + \sin a \sin b$. Comme :

$$\overrightarrow{OA}.\overrightarrow{OB} = \|\overrightarrow{OA}\| \, \|\overrightarrow{OB}\| \cos(\overrightarrow{OA}, \overrightarrow{OB}) = \cos (b - a) = \cos (a - b)$$

on obtient $\cos(a-b) = \cos a \cos b + \sin a \sin b$. Le développement de $\cos(a+b)$ s'obtient en remplaçant b par $-b$ dans la formule précédente, pour obtenir $\cos(a+b) = \cos a \cos b - \sin a \sin b$.

Remarque — Les développements de $\sin(a \pm b)$ sont obtenus en retournant au cosinus. Par exemple :

$$\begin{aligned}
\sin(a+b) &= \cos\left(\left(\frac{\pi}{2}-a\right)-b\right) \\
&= \cos\left(\frac{\pi}{2}-a\right)\cos b + \sin\left(\frac{\pi}{2}-a\right)\sin b \\
&= \sin a \cos b + \sin b \cos a.
\end{aligned}$$

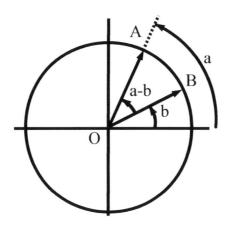

Réponse 8.19 Cette question a été posée dans la seconde composition du CAPES interne 1993, et peut être demandée à n'importe quel moment à l'oral d'un concours. Si ABC est un triangle dont les longueurs des côtés sont $a = BC$, $b = CA$ et $c = AB$, et si $\widehat{A}$ désigne son angle géométrique en A (ou si l'on préfère la mesure dans $[0,\pi]$ de cet angle géométrique), les propriétés du produit scalaire permettent d'écrire :

$$\begin{aligned}
a^2 = BC^2 &= (\overrightarrow{BA} + \overrightarrow{AC})^2 \\
&= BA^2 + AC^2 + 2\overrightarrow{BA}.\overrightarrow{AC} \\
&= b^2 + c^2 - 2bc \cos \widehat{A}.
\end{aligned}$$

Réponse 8.20 Si l'on connaît les trois longueurs des côtés du triangle, la formule d'Al Kashi (Question 8.19) permet de calculer les cosinus des angles de ce triangle, et d'en déduire des mesures.

Réponse 8.21 Dans un triangle ABC de côtés a, b, c, d'angles $\widehat{A}$, $\widehat{B}$ et $\widehat{C}$, et d'aire S, si R désigne le rayon de son cercle circonscrit, on peut démontrer la formule suivante :

$$\frac{a}{\sin\widehat{A}} = \frac{b}{\sin\widehat{B}} = \frac{c}{\sin\widehat{C}} = 2R = \frac{abc}{2S}.$$

Si ABC est rectangle en A, $a = BC = 2R$ et $\sin\widehat{A} = 1$, donc les égalités proposées sont triviales. Ecartons ce cas pour la suite.

Première solution — Soit B' le point diamétralement opposé à B sur le cercle circonscrit à ABC. On a $\widehat{A} = (\overrightarrow{AB}, \overrightarrow{AC}) = (\overrightarrow{B'B}, \overrightarrow{B'C})$ (π) d'après le théorème de l'angle inscrit, et les relations trigonométriques dans le triangle rectangle $BB'C$ donnent :

$$\sin\widehat{A} = |\sin(\overrightarrow{B'B}, \overrightarrow{B'C})| = \frac{BC}{BB'} = \frac{a}{2R},$$

d'où les trois premières égalités. Par ailleurs, si H est le projeté orthogonal de A sur $[BC]$,

$$S = \frac{1}{2}a \times AH = \frac{1}{2}ac\sin\widehat{B} \quad \Rightarrow \quad \frac{b}{\sin\widehat{B}} = \frac{abc}{2S}.$$

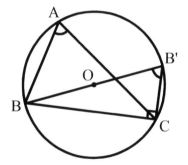

Deuxième solution — Soit I le milieu de $[BC]$. D'après le théorème de l'angle inscrit, l'angle au centre est le double de l'angle inscrit qu'il intercepte, soit $(\overrightarrow{OB}, \overrightarrow{OC}) = 2(\overrightarrow{AB}, \overrightarrow{AC})$ (2π). La droite (OI) étant la bissectrice intérieure de OBC issue de O (en effet, (OI) est la médiatrice de $[BC]$, donc la réflexion par rapport à (OI) transforme la demi-droite $[OB)$ en la demi-droite $[OC)$), on peut écrire :

$$(\overrightarrow{OB}, \overrightarrow{OI}) = \frac{1}{2}(\overrightarrow{OB}, \overrightarrow{OC}) = (\overrightarrow{AB}, \overrightarrow{AC}) \quad (\pi).$$

Les relations trigonométriques dans le triangle rectangle OBI donnent :

$$\frac{BI}{BO} = |\sin(\overrightarrow{OB}, \overrightarrow{OI})| = |\sin(\overrightarrow{AB}, \overrightarrow{AC})| = \sin\widehat{A},$$

d'où $\sin \widehat{A} = \dfrac{BI}{BO} = \dfrac{a}{2R}$ et $\dfrac{a}{\sin \widehat{A}} = 2R$. Le reste à l'identique.

Troisième solution (avec des angles géométriques) — On envisage trois cas :

Cas n°1 – Si $\widehat{A} < \pi/2$, $\widehat{BOC} = 2\widehat{A}$. Si H désigne le projeté orthogonal de O sur (BC), (OH) est la médiatrice de $[BC]$ mais c'est aussi la bissectrice issue de O du triangle BOC, donc $\widehat{BOC} = 2\widehat{BOH} = 2\widehat{A}$ donc $\widehat{BOH} = \widehat{A}$. En utilisant le triangle rectangle BOH, on obtient :

$$\sin \widehat{A} = \sin \widehat{BOH} = \frac{BH}{BO} = \frac{a}{2R} \quad \text{soit} \quad \frac{a}{\sin \widehat{A}} = 2R.$$

Cas n°2 – Si $\widehat{A} = \pi/2$, le triangle ABC est rectangle en A donc le cercle circonscrit à ce triangle est le cercle de diamètre $[BC]$. Alors $a = BC = 2R$ et $\sin \widehat{A} = 1$. La formule $a/\sin \widehat{A} = 2R$ est triviale !

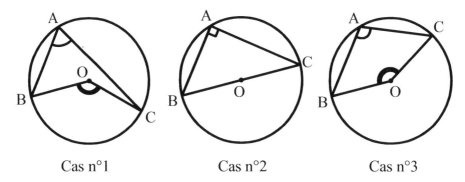

Cas n°1   Cas n°2   Cas n°3

Cas n°3 – Si $\widehat{A} > \pi/2$, $\widehat{BOC} = 2\pi - 2\widehat{A} = 2\widehat{BOH}$ où H est le projeté orthogonal de O sur (BC). Ainsi $\widehat{BOH} = \pi - \widehat{A}$. On conclut comme dans le cas n°1 :

$$\sin(\pi - \widehat{A}) = \sin \widehat{BOH} = \frac{BH}{BO} = \frac{a}{2R}$$

d'où $\sin \widehat{A} = a/2R$ et le résultat attendu. Le reste de la preuve est sans changement.

Remarque — L'utilisation d'angles géométriques a le défaut de nous obliger à envisager plusieurs cas de figure, puisque la mesure d'un angle géométrique est toujours comprise entre 0 et π radians, et correspond à la mesure du secteur angulaire saillant que l'on a dessiné !

L'angle $\widehat{BOC}$ dans le triangle BOC dans le cas n°3 n'est pas un angle géométrique de mesure $2\widehat{A}$ comme on pourrait trop vite l'affirmer, mais plutôt de mesure $2\pi - 2\widehat{A}$. Le théorème de l'angle inscrit n'est pas en défaut : l'angle au centre vaut toujours deux fois l'angle inscrit, mais dans ce cas, l'angle au centre est l'angle rentrant BOC, et c'est lui qu'on devrait mesurer...

Réponse 8.22 Le candidat de la session 2021 à qui cette question a été posée, répondit : « J'ai déjà entendu ce nom, mais je ne connais pas la formule ». Le jury a alors dit : « Tant pis, on passe », et cela n'a pas eu d'impact sur la note finale [15].

Si ABC désigne un triangle de côtés a, b et c, d'aire S, et de demi-périmètre p, la formule de Héron s'écrit $S = \sqrt{p\,(p-a)\,(p-b)\,(p-c)}$. Pour la démontrer, on rappelle que $S = \frac{1}{2}bc\sin\widehat{A}$, puis on utilise le théorème d'Al Kashi pour obtenir :

$$S^2 = \frac{1}{4}b^2c^2\left(1 - \cos^2\widehat{A}\right) = \frac{1}{4}b^2c^2\left(1 - \left(\frac{b^2 + c^2 - a^2}{2bc}\right)^2\right).$$

D'où :

$$\begin{aligned}
S^2 &= \frac{1}{16}\left(4b^2c^2 - \left(b^2 + c^2 - a^2\right)^2\right) \\
&= \frac{1}{16}\left(2bc - b^2 - c^2 + a^2\right)\left(2bc + b^2 + c^2 - a^2\right) \\
&= \frac{1}{16}\left(a^2 - (b-c)^2\right)\left((b+c)^2 - a^2\right) \\
&= \frac{a - b + c}{2} \times \frac{a + b - c}{2} \times \frac{-a + b + c}{2} \times \frac{a + b + c}{2}
\end{aligned}$$

et finalement $S^2 = p\,(p-a)\,(p-b)\,(p-c)$.

Réponse 8.23 En utilisant la formule d'addition de $\cos(a+b)$ (Question 8.18 on obtient $\cos 2\theta = \cos\theta.\cos\theta - \sin\theta.\sin\theta = \cos^2\theta - \sin^2\theta$. On peut recommencer pour calculer $\cos 3\theta$, et écrire :

$$\begin{aligned}
\cos 3\theta &= \cos(2\theta + \theta) = \cos 2\theta.\cos\theta - \sin 2\theta.\sin\theta \\
&= \left(\cos^2\theta - \sin^2\theta\right)\cos\theta - (2\sin\theta\cos\theta)\sin\theta \\
&= \cos^3\theta - 3\sin^2\theta\cos\theta = \cos^3\theta - 3(1 - \cos^2\theta)\cos\theta \\
&= 4\cos^3\theta - 3\cos\theta.
\end{aligned}$$

Remarque — Pour obtenir $\cos 3\theta$ on peut aussi utiliser la formule de Moivre et celle du binôme comme à la Question 8.26.

Réponse 8.24 Cette question a été posée par le jury après avoir demandé de calculer $\cos 3\theta$ en fonction de $\cos\theta$ à la Question 8.23. Posée à brûle-pourpoint, cette question devient difficile dès que l'on ne connaît pas la formule $\cos 3\theta = 4\cos^3\theta - 3\cos\theta$ pour avoir l'idée de l'utiliser. L'indication donnée par le jury, et rapportée dans le compte rendu [16], pourrait quand même inciter le candidat à linéariser $\cos^3 \theta$ en dehors de tout contexte. On constate que :

$$8x^3 + 6x + 1 = 0 \iff 8\cos^3 \theta - 6\cos \theta + 1 = 0$$
$$\iff \cos 3\theta = -\frac{1}{2} \iff \cos 3\theta = \cos \frac{2\pi}{3}$$
$$\iff 3\theta \equiv \pm \frac{2\pi}{3} \ (2\pi) \iff \theta \equiv \pm \frac{2\pi}{9} \left(\frac{2\pi}{3}\right)$$

Les solutions de l'équation $(E) : 8x^3 + 6x + 1 = 0$ sont donc les réels x qui s'écrivent :

$$x = \cos \theta = \cos \left(\pm \frac{2\pi}{9} + k \frac{2\pi}{3}\right) \text{ où } k \in \mathbb{Z}. \quad (*)$$

Comme l'équation (E) possède au plus 3 solutions, cela signifie que beaucoup d'expressions de x obtenues à la ligne $(*)$ doivent être identiques, ce qui n'est pas surprenant puisque la fonction cosinus est périodique de période 2π. Les solutions de (E) seront donc obtenues seulement pour $k \in \{0, 1, 2\}$, et compte tenu du $\pm$, on doit puiser parmi les 6 expressions suivantes pour les réduire à au plus 3 solutions :

$$\cos \frac{2\pi}{9}; \quad \cos \frac{8\pi}{9}; \quad \cos \frac{14\pi}{9}; \quad \cos \left(-\frac{2\pi}{9}\right); \quad \cos \frac{4\pi}{9}; \quad \cos \frac{10\pi}{9}.$$

Compte tenu de la périodicité de la fonction cosinus, on retiendra seulement les trois valeurs $x = \cos \frac{2\pi}{9}$, $\cos \frac{8\pi}{9}$ ou $\cos \frac{14\pi}{9}$.

Réponse 8.25 Si (E) désigne l'équation $\cos 2x + \cos x + 1 = 0$, alors :

$$(E) \iff (2\cos^2 x - 1) + \cos x + 1 = 0$$
$$\iff (2\cos x + 1)\cos x = 0$$
$$\iff \begin{cases} \cos x = -1/2 \\ \cos x = 0 \end{cases} \iff \begin{cases} x = \pm 2\pi/3 + k2\pi \\ x = \pi/2 + k\pi \end{cases} \text{ où } k \in \mathbb{Z}.$$

Réponse 8.26 La formule de Moivre et celle du binôme de Newton permettent d'écrire :

$$e^{ni\theta} = (\cos \theta + i \sin \theta)^n = \sum_{k=0}^{n} \binom{n}{k} i^k \sin^k \theta \cos^{n-k} \theta = A + iB \text{ avec :}$$

$$\begin{cases} A = \sum_{s=0}^{[n/2]} (-1)^s \binom{n}{2s} \sin^{2s} \theta \cos^{n-2s} \theta \\ B = \sum_{s=0}^{[(n-1)/2]} (-1)^s \binom{n}{2s+1} \sin^{2s+1} \theta \cos^{n-2s-1} \theta \end{cases}$$

d'où $\cos n\theta = \mathrm{Re}\left(e^{ni\theta}\right) = A$ et $\sin n\theta = \mathrm{Im}\left(e^{ni\theta}\right) = B$.

$\boxed{\textbf{Réponse 8.27}}$ Elle s'écrit $(\overrightarrow{u}, \overrightarrow{v}) + (\overrightarrow{v}, \overrightarrow{w}) = (\overrightarrow{u}, \overrightarrow{w})$ et elle est vérifiée quels que soient les angles orientés, ou les mesures d'angles orientés, considérés. S'il s'agit de mesures, on prendra garde car l'égalité est alors vraie modulo 2π.

$\boxed{\textbf{Réponse 8.28}}$ Parce que le cosinus d'un angle aigu $\alpha = \widehat{AOB}$ est le rapport de projection des droites (OA) et (OB), et que parler de projections d'une droite sur une autre a très tôt intéressé les hommes. Le cosinus peut donc être vu comme un vestige des projections qui étaient historiquement étudiées dès le plus jeune âge.

Cela dit, commencer par le cosinus peut être considéré comme arbitraire : rien n'empêche de commencer par le sinus si on le désire.

On rappelle que le rapport de projection de la droite (OA) sur la droite (OB) est le nombre $r((OA), (OB)) = M'N'/MN$ où $M, N \in (OA)$ et où M' et N' désignent les projetés orthogonaux de M et N sur (OB). Le rapport de projection est symétrique, c'est-à-dire vérifie $r((OA), (OB)) = r((OB), (OA))$ (Question 8.5).

$\boxed{\textbf{Réponse 8.29}}$ La définition du produit scalaire de l'espace par la formule $\overrightarrow{u}.\overrightarrow{v} = \|\overrightarrow{u}\| \|\overrightarrow{v}\| \cos(\overrightarrow{u}, \overrightarrow{v})$ est tout à fait possible, mais $(\overrightarrow{u}, \overrightarrow{v})$ ne doit plus représenter un angle orienté de vecteurs : il s'agit maintenant d'un angle géométrique (c'est-à-dire non orienté) de l'espace. Cela ne pose aucun problème car la fonction cosinus est paire.

$\boxed{\textbf{Réponse 8.30}}$ Dans une situation de Thalès, le rapport qui intervient est le rapport de projection des deux droites sécantes. C'est donc le cosinus de l'angle aigu formé par ces deux droites (Question 8.28).

$\boxed{\textbf{Réponse 8.31}}$ Si α est un angle aigu d'un triangle rectangle, le côté adjacent à α est le côté de l'angle droit du triangle rectangle qui « touche » α. L'hypoténuse est le côté opposé à l'angle droit.

Remarque — Attention au piège classique : si l'on répond que l'hypoténuse est le côté le plus long du triangle, le jury pourra dire qu'alors un triangle quelconque possède une hypoténuse !

$\boxed{\textbf{Réponse 8.32}}$ Dans la configuration décrite sur la figure ci-dessous faisant intervenir un cercle trigonométrique, le théorème de l'angle inscrit montre que l'angle MAH vaut le double de l'angle MOH.

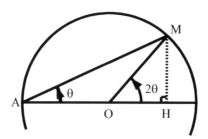

Lorsque $0 < \theta < \pi$, le dessin montre que $\cos\theta = \frac{AH}{AM}$ et $\cos 2\theta = \overline{OH}$ d'où :

$$2\cos^2\theta - 1 = 2\frac{AH^2}{AM^2} - 1 = \frac{2AH^2 - AM^2}{AM^2}.$$

Comme $\overline{AH} = 1 + \cos 2\theta$ et $AM^2 = AH^2 + MH^2 = (1 + \cos 2\theta)^2 + \sin^2 2\theta$,

$$
\begin{aligned}
2\cos^2\theta - 1 &= \frac{2\left(1 + \cos 2\theta\right)^2 - (1 + \cos 2\theta)^2 - \sin^2 2\theta}{(1 + \cos 2\theta)^2 + \sin^2 2\theta} \\
&= \frac{(1 + \cos 2\theta)^2 - \sin^2 2\theta}{2 + 2\cos 2\theta} \;=\; \frac{2\cos 2\theta + 2\cos^2 2\theta}{2 + 2\cos 2\theta} \;=\; \cos 2\theta.
\end{aligned}
$$

Commentaires — α) Si l'on se place vraiment au niveau collège où l'on ne définit que le cosinus d'un angle aigu, on devra supposer que $0 < \theta < \pi/2$ pour utiliser la bonne formule donnant le cosinus de l'angle MOH dans le triangle rectangle MOH. Ici, on a utilisé les définitions des cosinus et sinus d'un angle données au lycée en utilisant un cercle trigonométrique, et employé la mesure algébrique $\overline{OH}$ pour éviter d'envisager 2 cas.

β) Le théorème de l'angle inscrit ne figure plus au programme du collège depuis la réforme 2019, ni dans celui du lycée depuis la réforme 2020. Le jury ne devrait donc pas parler d'outils du collège actuel, mais de savoirs en général connus au collège dès la classe de troisième. De toute façon, le jury a toujours le droit de déborder du strict programme du secondaire pour tester un futur professeur de mathématiques.

γ) Voici une solution élégante qui utilise le point B diamétralement opposé à A. Comme $\cos\theta = \frac{AH}{AM} = \frac{AM}{AB}$, on obtient :

$$\cos\theta = \frac{AH}{AM} \times \frac{AM}{AB} = \frac{AH}{AB} = \frac{1 + \cos 2\theta}{2}.$$

Réponse 8.33 On sait que $\cos x = 1 - \frac{x^2}{2!} + ... + (-1)^n \frac{x^{2n}}{(2n)!} + o(x^{2n+2})$ donc $\cos x$ admet le développement $\sum_{n\in\mathbb{N}} (-1)^n \frac{x^{2n}}{(2n)!}$ en série entière.

Chapitre 9

Transformations du plan

9.1 Homothéties & translations

Question 9.1 *Définition d'une translation* *(2018 [7])*
Définissez une translation.

Question 9.2 *Image d'une droite par une translation*
Montrez qu'une translation transforme toute droite en une droite parallèle.

Question 9.3 *Recherche*
Soit O un point du plan. Soient (D, D') et (Δ, Δ') deux couples de droites parallèles telles que D et Δ soient sécantes. Trouvez les droites L passant par O et coupant les droites D, D', Δ, Δ' en M, M', N, N' tels que $\overrightarrow{MM'} = \overrightarrow{NN'}$.

9.2 Homothéties

Question 9.4 *Définition d'une homothétie*
Définissez une homothétie plane.

Question 9.5 *Image d'une droite par une homothétie*
Montrez qu'une homothétie transforme toute droite en une droite parallèle.

Question 9.6 *Caractérisation d'une homothétie-translation*
Que dire d'une application qui transforme toute droite en une droite parallèle ? Peut-on en déduire une caratérisation des homothéties-translations ?

Question 9.7 *Effet du rapport d'une homothétie* *(2018 [5])*
Quel est le résultat d'une homothétie suivant les valeurs de son rapport ?

Question 9.8 *Homothétie & aires* *(2018 [5])*
Par quoi une homothétie multiplie-t-elle les aires ?

9.3   Symétries axiales

Question 9.9 *Définition* *(2006)*
Rappelez la définition d'une symétrie axiale donnée au collège. Comment manipuler cette notion à ce niveau ?

Question 9.10 *Echange de* 2 *points*
Montrez qu'il existe une et une seule réflexion qui échange deux points A et B donnés du plan.

Question 9.11 *Involutivité*
On sait qu'une symétrie est involutive. Qu'est-ce que cela signifie ?

Question 9.12 *Axe de symétrie*
Quand dit-on qu'une droite est un axe de symétrie ?

Question 9.13 *Caractérisation d'un axe de symétrie*
Soient Γ une partie du plan et s une symétrie axiale d'axe D. Avoir $s\,(\Gamma) \subset \Gamma$ suffit-il pour affirmer que D est un axe de symétrie de Γ ?

Question 9.14 *Propriété des droites symétriques*
Démontrez que deux droites symétriques par rapport à une droite Δ sont parallèles ou se coupent en un point appartenant à Δ.

Question 9.15 *Deux axes de symétrie*
Une partie Γ du plan peut-elle posséder deux axes de symétrie ? Plus de deux axes de symétrie ? Existe-t-il des figures possédant exactement 1000 axes de symétrie ?

Question 9.16 *Axes de symétrie perpendiculaires*
Une partie Γ du plan possède deux axes de symétrie perpendiculaires se coupant en O. Que dire de O ?

Question 9.17 *Conservation des angles*
Démontrez qu'une isométrie plane conserve les angles géométriques de demi-droites.

Question 9.18 *Centre de symétrie d'un cercle*
Montrez qu'un cercle admet un unique centre de symétrie.

Question 9.19 *Axes de symétrie d'un cercle*
Soit $\mathcal{C}$ un cercle de centre O et de rayon r. Montrez qu'une droite est un axe de symétrie de $\mathcal{C}$ si, et seulement si, elle contient O.

Question 9.20 *Tangentes à un cercle issues d'un point*
Soit $\mathcal{C}$ un cercle de centre O. D'un point M on abaisse deux tangentes à $\mathcal{C}$ qui s'appuient sur $\mathcal{C}$ en N et N'. Montrer que $MN = MN'$ et que (MO) est une bissectrice intérieure du triangle MNN'.

Question 9.21 *Bissectrices* (2018 [7])
Qu'est-ce qu'une bissectrice ? Donnez une propriété des bissectrices.

Question 9.22 *Symétries axiales échangeant* 2 *droites*
Déterminez toutes les symétries axiales qui échangent deux droites sécantes du plan.

Question 9.23 *Définition des bissectrices I*
   a) Proposez 2 définitions des bissectrices d'un couple de droites sécantes.
   b) Démontrez que ces définitions sont équivalentes.

Question 9.24 *Points équidistants de deux droites*
Montrer que l'ensemble des points équidistants de deux droites sécantes D et D' est la réunion des bissectrices du couple (D, D').

Question 9.25 *Symétries axiales échangeant* 2 *demi-droites*
Déterminez toutes les symétries axiales qui échangent deux demi-droites de même origine.

Question 9.26 *Sans utiliser d'angles*
Pouvez-vous définir la bissectrice d'un couple de demi-droites sans utiliser d'angles ?

Question 9.27 *Définition des bissectrices II*
   a) Proposez 2 définitions des bissectrices d'un couple de demi-droites.
   b) Démontrez que ces définitions sont équivalentes.

Question 9.28 *Bissectrices intérieures*
Qu'appelle-t-on bissectrice intérieure de l'angle $\widehat{A}$ d'un triangle ABC ? Bissectrice extérieure de $\widehat{A}$?

Question 9.29 *Composée de symétries axiales*
Que dire de la composée de deux symétries axiales ?

Question 9.30 *Cas particulier* (2021 [18])
Démontrez que la composée de 2 symétries axiales d'axes perpendiculaires est une symétrie centrale.

Question 9.31 *Ellipse*
Dans le plan muni d'un repère orthonormal, on considère la partie $\mathcal{E}$ d'équation :

$$\frac{x^2}{16} + \frac{y^2}{9} = 1.$$

a) Montrez que $\mathcal{E}$ est bornée.
b) Montrez que (Ox) et (Oy) sont des axes de symétrie de $\mathcal{E}$.
c) Montrez que O est un centre de symétrie de $\mathcal{E}$.
d) Montrez que $\mathcal{E}$ n'admet pas d'autres centres de symétrie.

9.4   Rotations planes

Question 9.32 *Symétrie du parallélogramme*
Un parallélogramme peut-il avoir deux centres de symétrie ?

Question 9.33 *Définition d'une rotation*
Pouvez-vous définir une rotation du plan ?

Question 9.34 *Conservation des distances*
Démontrez qu'une rotation conserve les distances.

Question 9.35 *Théorème de Napoléon*
A l'extérieur d'un triangle ABC, tracez trois triangles équilatéraux ABM_1, BCM_2 et ACM_3. Notez Ω_1, Ω_2 et Ω_3 leurs centres de gravité. Montrez que le triangle $\Omega_1\Omega_2\Omega_3$ est équilatéral et a même centre de gravité que le triangle ABC.

9.5   Isométries

Question 9.36 *Définition d'une isométrie* (2006, 2021 [8])
Qu'est-ce qu'une isométrie ?

Question 9.37 *Nature des isométries planes*
Donnez sans démonstration le catalogue de TOUTES *les isométries affines du plan.*

Question 9.38 *Propriétés des isométries*
Soit f une application d'un plan affine euclidien dans lui-même. On suppose que f <u>conserve les distances</u>. En utilisant uniquement cette conservation des distances, montrez que :
a) f est injective.
b) f transforme un segment en un segment, une demi-droite en une demi-droite, et une droite en une droite.
c) f est bijective.

Question 9.39 *Composée translation/ rotation* (2021 [15])
Comment appelle-t-on la composée d'une translation et d'une rotation ?

Question 9.40 *Images par une translation*
Montrer qu'une translation (resp. une réflexion, une rotation) transforme un parallélogramme en un parallélogramme, un carré en un carré, un hexagone régulier en un hexagone régulier.

Question 9.41 *Image d'un centre de symétrie*
Soient f une isométrie d'un plan $\mathcal{P}$ et $\mathcal{F}$ une partie de $\mathcal{P}$. Si O est un centre de symétrie de $\mathcal{F}$, montrez que $f(O)$ est un centre de symétrie de $f(\mathcal{F})$.

Question 9.42 *Nature de ces applications I*
Soit $k \in \mathbb{Z}$.

a) Quelle est la nature géométrique de l'application :

$$t_k : \mathbb{R}^2 \to \mathbb{R}^2 \ ; \ \begin{pmatrix} x \\ y \end{pmatrix} \mapsto \begin{pmatrix} x + k \\ y \end{pmatrix}.$$

b) Quelle est la nature géométrique de l'application :

$$s_k : \mathbb{R}^2 \to \mathbb{R}^2 \ ; \ \begin{pmatrix} x \\ y \end{pmatrix} \mapsto \begin{pmatrix} -x + k \\ -y \end{pmatrix}.$$

c) Si k et l sont des entiers relatifs, décrire la composée $t_k \circ s_l$.

Question 9.43 *Nature de ces applications II*
Soient s_1 et s_2 les endomorphismes de $\mathbb{R}^2$ de matrices :

$$A_1 = \begin{pmatrix} 0 & 1 \\ 1 & 0 \end{pmatrix} \quad et \quad A_2 = \begin{pmatrix} -1 & 0 \\ 0 & 1 \end{pmatrix}.$$

a) Nature géométrique de s_1 et s_2 ?
b) Nature géométrique de $s_1 \circ s_2$?

9.6   Similitudes

Question 9.44 *Figures semblables* (2013, [26])
Quelles transformations permettent de passer d'une figure à une figure semblable ?

Question 9.45 *Image d'un cercle par une similitude*
Quelle est l'image d'un cercle de centre O et de rayon r par une similitude f de rapport k ?

9.7   Applications

Question 9.46 *Que dire de ce segment*
*On note O l'intersection des diagonales d'un parallélogramme $ABCD$. Soit $\mathcal{C}$
le cercle de centre O passant par A. Les droites (AB) et (CD) recoupent $\mathcal{C}$
en M et N. Que dire du segment $[MN]$?*

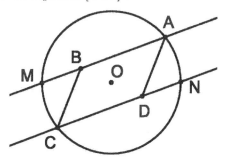

Question 9.47 *Comparaison de deux segments*
*Tracez un parallélogramme $ABCD$ de centre O. Une droite Δ passant par O,
coupe $[AD]$ en M et $[BC]$ en N. Comparez les segments $[AM]$ et $[CN]$.*

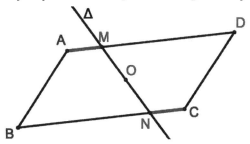

9.8   Frises & pavages

Question 9.48 *Scratch (2021 [8])*
Pourquoi l'utilisation de Scratch est-elle pertinente dans le cas des frises ?

Question 9.49 *Types de frises (2021 [8])*
*Dans une leçon, une candidate annonce qu'il existe un nombre précis de types
de frises et de pavages. Le jury lui demande alors : « Qu'est ce qu'un type ?
Comment les définit-on ? »*

Question 9.50 *Que trouve-t-on dans une frise ? (2021 [8])*
*Est-ce que dans un pavage les motifs peuvent se superposer ? Est-ce qu'il peut
y avoir des trous dans un pavage ? Et dans une frise ?*

9.9 Questions déroutantes

Question 9.51 *Définition d'une transformation* (2021 [8], 2021 [18])
Qu'est-ce qu'une transformation ?

Question 9.52 *Transformations vues au collège* (2021 [8])
   a) Comment classer les transformations vues en collège grâce à leurs propriétés de conservation ?
   b) Que se passe-t-il si on compose deux transformations du même type ?

Question 9.53 *Applications & fonctions* (2021 [8])
Quelle est la différence entre une application et une fonction ?

Question 9.54 *Transformation particulière* (2021 [8])
Pouvez-vous citer une transformation qui conserve les longueurs mais non les angles ?

Question 9.55 *Panorama des transformations planes* (2018 [5])
Quelles transformations du plan connaissez-vous ?

Question 9.56 *Symétries* (2008)
Dans un plan, on considère une symétrie s par rapport à une droite D parallèlement à une droite Δ. Montrer que s conserve les distances si, et seulement si, D est orthogonale à Δ.

Question 9.57 *Définition d'un polygone*
Définissez un polygone, un polygone régulier, un polygone régulier convexe. Quel lien y a-t-il avec les rotations ?

Question 9.58 *Expression complexe d'une translation*
Donnez l'expression complexe d'une translation.

Question 9.59 *Expression complexe d'une homothétie*
Quelle est l'écriture complexe d'une homothétie plane ?

Question 9.60 *Expression complexe d'une symétrie*
Donnez l'expression complexe de la symétrie par rapport à l'axe des abscisses. Même question avec l'axe des ordonnées.

Question 9.61 *Expression complexe d'une rotation*
Donnez l'expression complexe d'une rotation plane.

Question 9.62 *Expression complexe d'une isométrie*
Quelle est la forme complexe d'une isométrie plane ?

Question 9.63 *Similitude directe*
Une application f, d'un plan $\mathcal{P}$ dans lui-même, est une similitude directe, si c'est une composée de translations, de rotations et d'homothéties. Soient A, B, C, D des points tels que $A \neq B$ et $C \neq D$. Montrer qu'il existe une unique similitude directe qui transforme A en C et B en D.

9.10   Réponses

Réponse 9.1 On se place dans un plan ou un espace de dimension 3, et, de façon plus générale, dans un espace affine E. Soit $\overrightarrow{u}$ un vecteur de l'espace vectoriel associé $\overrightarrow{E}$. Par définition, la translation $t_{\overrightarrow{u}}$ de vecteur $\overrightarrow{u}$ est l'application de E dans E qui au point M fait correspondre le point M' tel que $\overrightarrow{MM'} = \overrightarrow{u}$.

Réponse 9.2 Proposons une démonstration de ce résultat utilisant uniquement la définition d'une translation, donc accessible dans le secondaire.

Soit D une droite du plan. Choisissons deux points distincts A et B sur D, de sorte que $D = (AB)$. Soit $t_{\overrightarrow{u}}$ une translation de vecteur $\overrightarrow{u}$. Posons $A' = t_{\overrightarrow{u}}(A)$ et $B' = t_{\overrightarrow{u}}(B)$. Si $M \in (AB)$, il existe $\lambda \in \mathbb{R}$ tel que :

$$\overrightarrow{AM} = \lambda \overrightarrow{AB}. \quad (*)$$

Notons M' l'image de M par la translation $t_{\overrightarrow{u}}$. De $\overrightarrow{AA'} = \overrightarrow{BB'} = \overrightarrow{MM'} = \overrightarrow{u}$, on déduit, par permutation des moyens ou en utilisant la relation de Chasles, que $\overrightarrow{AM} = \overrightarrow{A'M'}$ et $\overrightarrow{AB} = \overrightarrow{A'B'}$. En remplaçant dans l'égalité $(*)$, on obtient $\overrightarrow{A'M'} = \lambda \overrightarrow{A'B'}$, ce qui démontre que $M' \in (A'B')$. On vient de prouver l'inclusion :

$$t_{\overrightarrow{u}}((AB)) \subset (A'B'). \quad (\dagger)$$

Comme $t_{\overrightarrow{u}}$ est bijective de fonction réciproque $t_{-\overrightarrow{u}}$, on peut recommencer ce que nous avons fait avec la droite $(A'B')$ et la translation $t_{-\overrightarrow{u}}$ pour obtenir $t_{-\overrightarrow{u}}((A'B')) \subset (AB)$ d'où :

$$(A'B') \subset t_{\overrightarrow{u}}((AB)) \quad (\ddagger)$$

en composant des deux côtés par $t_{\overrightarrow{u}}$. Les inclusions $(\dagger)$ et $(\ddagger)$ donnent l'égalité $t_{\overrightarrow{u}}((AB)) = (A'B')$, ce qui permet de conclure.

Réponse 9.3 Si la droite L est solution du problème, la translation t de vecteur $\overrightarrow{MM'} = \overrightarrow{NN'}$ transforme D en une droite parallèle à D passant par $t(M) = M'$, donc en D'. Ainsi $t(D) = D'$. De même $t(\Delta) = \Delta'$ et :

$$t(D \cap \Delta) = D' \cap \Delta'.$$

Si I désigne l'intersection de D et Δ, et J l'intersection de D' et Δ', on obtient $t(I) = J$, d'où $\overrightarrow{MM'} = \overrightarrow{NN'} = \overrightarrow{IJ}$. On en déduit que la droite L est parallèle à la droite (IJ).

La réciproque est vraie : toute droite L parallèle à (IJ) est solution du problème, et une seule droite de ce type passera par O donc répondra à la question. Dans ce cas, en effet, les quadrilatères $IMM'J$ et $INN'J$ sont des parallélogrammes (ils ont des côtés opposés parallèles deux à deux), donc $\overrightarrow{MM'} = \overrightarrow{IJ} = \overrightarrow{NN'}$.

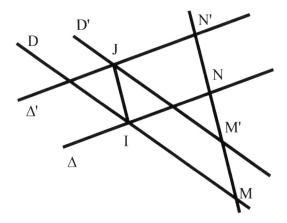

Remarque — On raisonnerait de la même façon si l'on remplaçait la condition $\overrightarrow{MM'} = \overrightarrow{NN'}$ par $\overrightarrow{MM'} = \lambda \overrightarrow{NN'}$ où λ est un réel donné.

Réponse 9.4 Soit $k \in \mathbb{R}^*$. On se place dans le plan. L'homothétie de centre Ω et de rapport k est l'application :
$$h_{\Omega,k} : \quad \begin{array}{ccc} E & \longrightarrow & E \\ M & \longmapsto & M' \text{ tel que } \overrightarrow{\Omega M'} = k\overrightarrow{\Omega M}. \end{array}$$

Réponse 9.5 Soit k un réel non nul. On se place dans le plan $\mathcal{P}$. Cherchons l'image de la droite $D = (AB)$ passant par deux points distincts A et B, par l'homothétie h de centre O et de rapport k. Primons les images des points par h. Si M est un point du plan, $M' = h(M)$ est défini par $\overrightarrow{OM'} = k\overrightarrow{OM}$. On a aussi $\overrightarrow{OA'} = k\overrightarrow{OA}$ et $\overrightarrow{OB'} = k\overrightarrow{OB}$. Donc :

$$\begin{aligned} M \in (AB) \;\; &\Leftrightarrow\;\; \exists \lambda \in \mathbb{R} \quad \overrightarrow{AM} = \lambda\overrightarrow{AB} \\ &\Leftrightarrow\;\; \exists \lambda \in \mathbb{R} \quad \overrightarrow{AO} + \overrightarrow{OM} = \lambda(\overrightarrow{AO} + \overrightarrow{OB}) \\ &\Leftrightarrow\;\; \exists \lambda \in \mathbb{R} \quad \left(\frac{1}{k}\overrightarrow{A'O} + \frac{1}{k}\overrightarrow{OM'}\right) = \lambda\left(\frac{1}{k}\overrightarrow{A'O} + \frac{1}{k}\overrightarrow{OB'}\right) \\ &\Leftrightarrow\;\; \exists \lambda \in \mathbb{R} \quad \overrightarrow{A'M'} = \lambda\overrightarrow{A'B'} \;\;\Leftrightarrow\;\; M' \in (A'B'). \end{aligned}$$

Cela montre que $h(D) \subset (A'B')$. L'inclusion réciproque est vraie car h est bijective, ce qui permet de partir d'un point N quelconque de $(A'B')$, puis noter M son antécédent par h, de sorte que $N = M'$, puis utiliser les équivalences ci-dessus pour conclure à $M \in (AB)$. Cela prouve que :

$$\forall N \in (A'B') \quad \exists M \in \mathcal{P} \quad N = h(M) \text{ et } M \in (AB)$$

et permet d'affirmer que $(A'B') \subset h(D)$. En conclusion $h(D) = (A'B')$. On remarque alors que les droites (AB) et $(A'B')$ sont parallèles puisque :

$$\overrightarrow{A'B'} = \overrightarrow{A'O} + \overrightarrow{OB'} = k\overrightarrow{AO} + k\overrightarrow{OB} = k\overrightarrow{AB}.$$

$\boxed{\textbf{Réponse 9.6}}$ Plaçons-nous dans un plan $\mathcal{P}$ (tout en sachant que le raisonnement restera valable dans n'importe quel espace affine de dimension ≥ 2). Si une application f transforme toute droite en une droite parallèle, on peut montrer qu'il s'agit d'une homothétie-translation. Comme la réciproque est vraie (Questions 9.2 et 9.5), nous disposons ici d'une caratérisation du groupe des homothéties-translations.

Complément — Montrons le premier point. Supposons que f soit une application de $\mathcal{P}$ dans $\mathcal{P}$ qui transforme toute droite D en une droite $f(D)$ parallèle à D. Il s'agit de prouver que f est une homothétie-translation. De deux choses l'une :

- Ou bien $f(D) = D$ pour toute droite D. Dans ce cas, étant donnée un point M de $\mathcal{P}$, il existe deux droites D_1 et D_2 telles que $D_1 \cap D_2 = \{M\}$ et nécessairement :

$$f(M) \in f(D_1) \cap f(D_2) = D_1 \cap D_2 = \{M\}.$$

On montre ainsi que $f(M) = M$, et comme cela est vrai pour tout point M de $\mathcal{P}$, on obtient $f = Id$.

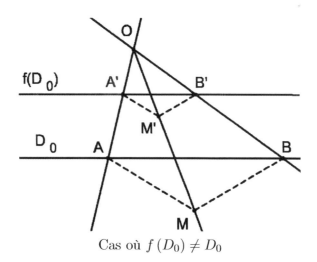

Cas où $f(D_0) \neq D_0$

- Ou bien il existe une droite D_0 telle que $f(D_0) \neq D_0$. Dans ce cas, choisissons deux points distincts A' et B' sur $f(D_0)$. Il existe alors deux points distincts A et B appartenant à D_0, tels que $f(A) = A'$ et $f(B) = B'$. Les droites $(Af(A))$ et $(Bf(B))$ sont coplanaires (ces droites appartiennent au plan contenant les deux droites parallèles D_0 et $f(D_0)$), et l'on n'a que deux cas à envisager :

Premier cas — $(Af(A))$ coupe $(Bf(B))$ en un point O. Dans ce cas, O est distinct de A (sinon A, $f(B)$, B sont alignés donc $f(B) \in D_0$, ce qui est absurde) et O est distinct de $f(A)$ (sinon $f(A)$, $f(B)$, B sont alignés donc $B \in f(D_0)$, absurde). Comme $f(D_0)$ est parallèle à D_0, l'homothétie h_O de centre O et transformant A en $f(A)$ transformera B en $f(B)$. Prenons un point $M \notin (AB)$. Par hypothèse, $f(M)$ et $h_O(M)$ appartiendront à la fois à la parallèle à (AM) passant par $f(A)$ et à la parallèle à (BM) passant par $f(B)$. Par conséquent $f(M) = h_O(M)$.

Si maintenant $N \in (AB) \setminus \{A, B\}$, on peut toujours introduire un point M n'appartenant pas à la droite (AB), et le raisonnement ci-dessus recommencé avec A, M à la place de A, B montre que $f(N) = h_O(N)$. En conclusion $f = h_O$.

Deuxième cas — Les droites $(Af(A))$ et $(Bf(B))$ sont parallèles. Dans ce cas le quadrilatère $Af(A)f(B)B$ est un parallélogramme. On raisonne comme dans le premier cas en remplaçant l'homothétie h_O par la translation de vecteur $\overrightarrow{Af(A)}$.

Réponse 9.7 Soit h une homothétie de centre Ω et de rapport k non nul. Si $|k| < 1$, h opère une réduction des figures sur qui elle agit. Si $|k| > 1$, elle opère un agrandissement. Si $k = 1$, alors h n'est autre que l'identité.

Réponse 9.8 Une homothétie de centre Ω, et de rapport k non nul, multiplie les aires par k^2 et les volumes par k^3.

Réponse 9.9 Soit D une droite. Si $M \notin D$, le symétrique du point M par rapport à D est le point M' tel que D soit la médiatrice du segment $[MM']$. Si $M \in D$, alors M est son propre symétrique par rapport à D. La meilleure façon de manipuler la notion de symétrie axiale est de faire un dessin sur une feuille, et de plier cette feuille suivant une droite pour voir « où arrive ce dessin ». On peut aussi utiliser un claque pour décalquer une figure.

Réponse 9.10 Si D est une droite du plan, notons s_D la réflexion par rapport D. Si $s_D(A) = B$, alors D est par définition la médiatrice du segment $[AB]$. Cette médiatrice est unique et bien définie : c'est la droite orthogonale au segment $[AB]$ et passant par son milieu. D'où l'unicité de D. Réciproquement, si D est la médiatrice de $[AB]$, on a bien $s_D(A) = B$ par définition. Il existe donc une et une seule réflexion qui échange les points A et B : c'est la réflexion par rapport à la médiatrice de $[AB]$.

$\boxed{\textbf{Réponse 9.11}}$ On dit qu'une application s du plan dans le plan est involutive si $s^2 = Id$, où l'on note $s^2 = s \circ s$ et Id l'application identique. Dans ce cas s est bijective d'inverse elle-même.

$\boxed{\textbf{Réponse 9.12}}$ On dit qu'une droite D est un axe de symétrie d'une partie Γ du plan si la symétrie axiale s_D d'axe D laisse la partie Γ globalement invariante. Cela signifie que $s_D(\Gamma) = \Gamma$.

$\boxed{\textbf{Réponse 9.13}}$ Oui car s est involutive. En effet, avoir $s(\Gamma) \subset \Gamma$ entraîne $s^2(\Gamma) \subset s(\Gamma)$ c'est-à-dire $\Gamma \subset s(\Gamma)$ puisque $s^2 = Id$. On peut ainsi affirmer que $s(\Gamma) \subset \Gamma$ équivaut à $s(\Gamma) = \Gamma$.

$\boxed{\textbf{Réponse 9.14}}$ Supposons que deux droites D et D' soient symétriques par rapport à Δ. Notons s la symétrie axiale d'axe Δ. On a $s(D) = D'$. Si D et D' ne sont pas parallèles, elles se coupent en un point I, et comme s est une bijection du plan dans lui-même :

$$s(D \cap D') = s(D) \cap s(D') = D' \cap D.$$

Cela montre que $s(I) = I$ puisque $D \cap D' = \{I\}$, donc $I \in \Delta$.

$\boxed{\textbf{Réponse 9.15}}$ Bien sûr. Un rectangle qui n'est pas un carré possède exactement 2 axes de symétrie. Un triangle équilatéral possède 3 axes de symétrie. Plus généralement un polygone régulier à n sommets possède exactement n axes de symétrie, donc un polygone régulier à 1000 sommets possédera exactement 1000 axes de symétrie.

$\boxed{\textbf{Réponse 9.16}}$ On peut affirmer que O est un centre de symétrie de Γ. On sait en effet que la composée de deux symétries axiales d'axes perpendiculaires se coupant en O est la symétrie centrale par rapport à O.

$\boxed{\textbf{Réponse 9.17}}$ D'après le théorème d'Al Kashi :

$$\cos(\overrightarrow{AB}, \overrightarrow{AC}) = \cos \widehat{A} = \frac{b^2 + c^2 - a^2}{2bc}$$

où $a = BC$, $b = CA$ et $c = AB$. De même :

$$\cos(\overrightarrow{A'B'}, \overrightarrow{A'C'}) = \cos \widehat{A'} = \frac{b'^2 + c'^2 - a'^2}{2b'c'}$$

en primant les images par f, et en notant $a' = B'C'$, $b' = C'A'$ et $c' = A'B'$. Comme une isométrie conserve les distances, on obtient $\cos \widehat{A} = \cos \widehat{A'}$ d'où $\widehat{A} = \widehat{A'}$ (égalité d'angles géométriques). On fera attention : une isométrie peut néanmoins conserver ou inverser les angles orientés suivant qu'elle est directe ou indirecte.

Réponse 9.18 Soit $\mathcal{C}$ un cercle de centre O et de rayon r. La symétrie s_O par rapport à O conserve les distances et laisse le point O fixe, donc, en notant $M' = s_O(M)$,

$$M \in \mathcal{C} \Leftrightarrow OM = r \Rightarrow OM' = r \Leftrightarrow M' \in \mathcal{C},$$

et l'on a $s_O(\mathcal{C}) \subset \mathcal{C}$. L'involutivité de s_O donne $s_O(s_O(\mathcal{C})) \subset s_O(\mathcal{C})$, d'où $\mathcal{C} \subset s_O(\mathcal{C})$, et l'on a bien $s_O(\mathcal{C}) = \mathcal{C}$. Cela montre que O est un centre de symétrie de $\mathcal{C}$. S'il existait un autre centre de symétrie O' de $\mathcal{C}$, alors $\mathcal{C}$ serait invariant par la translation $t = s_{O'} \circ s_O$ de vecteur $2\overrightarrow{OO'}$, donc serait aussi invariant par toutes les translations de vecteurs $2k\overrightarrow{OO'}$ où $k \in \mathbb{Z}$. C'est absurde car $\mathcal{C}$ est borné.

Réponse 9.19 ($\Leftarrow$) Soit D une droite qui contient O. La réflexion s_D de base D est involutive, conserve les distance et laisse O fixe, donc :

$$M \in \mathcal{C} \Leftrightarrow OM = r \Rightarrow OM' = r \Leftrightarrow M' \in \mathcal{C}$$

où l'on a posé $M' = s_D(M)$. On vient de prouver l'inclusion $s_D(\mathcal{C}) \subset \mathcal{C}$. En appliquant s_D des deux côtés de cette inclusion, on obtient $\mathcal{C} \subset s_D(\mathcal{C})$. Finalement $s_D(\mathcal{C}) = \mathcal{C}$, et D est bien un axe de symétrie du cercle. Toute droite passant par le centre d'un cercle est donc un axe de symétrie de ce cercle.

($\Rightarrow$) Raisonnons par l'absurde : supposons qu'une droite D' ne contienne pas O et soit un axe de symétrie de $\mathcal{C}$. Considérons la droite D passant par O et parallèle à D', et notons s_D et $s_{D'}$ les réflexions par rapport à D et D'. Ces réflexions laissent globalement invariant $\mathcal{C}$, donc la composée $t = s_{D'} \circ s_D$ aussi, mais t est une translation de vecteur $\overrightarrow{u}$ non nul, et par composition, on déduit que $\mathcal{C}$ sera invariant par toutes les translations de vecteurs $k\overrightarrow{u}$ où $k \in \mathbb{Z}$. C'est impossible car $\mathcal{C}$ est borné.

Réponse 9.20 On trace le cercle $\mathcal{C}_{[OM]}$ de diamètre $[OM]$, puis les intersections N et N' de ce cercle avec $\mathcal{C}$. Les tangentes dont on parle sont les droites (MN) et (MN').

La droite (MO) relie les centres des cercles $\mathcal{C}_{[OM]}$ et $\mathcal{C}$. Il s'agit donc d'un axe de symétrie de ces deux cercles, et l'on déduit que les points N et N'

sont symétriques par rapport à (MO). En effet, si s désigne la réflexion par rapport à la droite (MO), $s\left(\mathcal{C}_{[OM]} \cap \mathcal{C}\right) = s\left(\mathcal{C}_{[OM]}\right) \cap s(\mathcal{C}) = \mathcal{C}_{[OM]} \cap \mathcal{C}$, donc $s(\{N, N'\}) = \{N, N'\}$. De plus $s(N) \neq N$ autrement N appartiendrait à (OM), ce qui est faux puisque le triangle MNO n'est pas aplati. Donc $s(N) = N'$.

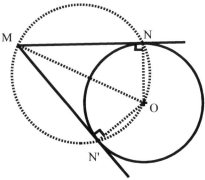

On a $MN = s(M)s(N) = MN'$ puisqu'une symétrie orthogonale conserve les distances. Comme $s(M) = M$ et $s(N) = N'$, on déduit aussi que les demi-droites $[MN)$ et $[MN')$ sont symétriques par rapport à (MO), ce qui signifie, par définition, que (MO) est la bissectrice intérieure du triangle MNN' issue de M.

Réponse 9.21 Voir Questions 9.22, 9.23, 9.24, 9.25, 9.26 et 9.27.

Réponse 9.22 Soient D et D' deux droites sécantes en O. Il s'agit de déterminer toutes les réflexions s_Δ par rapport à des droites Δ qui échangent D et D', c'est-à-dire vérifient $s_\Delta(D) = D'$ et $s_\Delta(D') = D$. On remarque qu'avoir $s_\Delta(D) = D'$ suffit pour avoir $s_\Delta(D') = D$ puisqu'une réflexion est toujours involutive. Raisonnons par analyse-synthèse en nous référant à la figure suivante :

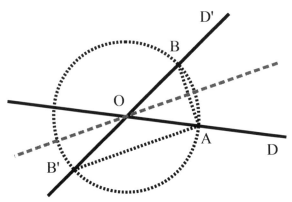

Analyse — Si Δ est solution, comme s_Δ est bijective :

$$s_\Delta\left(D \cap D'\right) = s_\Delta\left(D\right) \cap s_\Delta\left(D'\right) = D' \cap D$$

et l'on aura $s_\Delta\left(O\right) = O$. Cela prouve que O appartient à Δ. Choisissons un point A sur D, distinct de O. L'image $s_\Delta\left(A\right)$ appartiendra à D' et vérifiera $OA = Os_\Delta\left(A\right)$ puisqu'une réflexion conserve les distances. Si B et B' désignent les deux points de D' situés à la distance OA de O, on obtient $s_\Delta\left(A\right) \in \{B, B'\}$, et Δ est soit la médiatrice Δ_1 de $[AB]$, soit celle Δ_2 de $[AB']$.

Synthèse — Il est facile de vérifier que s_{Δ_1} et s_{Δ_2} échangent bien les droites D et D'. Par exemple :

$$s_{\Delta_1}\left(D\right) = s_{\Delta_1}\left((OA)\right) = \left(s_{\Delta_1}\left(O\right) s_{\Delta_1}\left(A\right)\right) = (OB) = D'.$$

En conclusion, il existe exactement 2 réflexions d'axes Δ_1 et Δ_2 qui échangent les droites sécantes D et D'. Les axes de ces réflexions sont appelés les bissectrices du couple de droites (D, D').

Réponse 9.23 a) Soient D et D' deux droites sécantes en O. Par définition, les bissectrices du couple (D, D') sont :

(D1) les axes des deux réflexions qui échangent ces droites,

(D2) les droites Δ passant par O telles que l'angle (D, Δ) soit égal à l'angle (Δ, D') en angles orientés de droites, soit :

$$(D, \Delta) = \left(\Delta, D'\right)\ (\pi).$$

b) Montrons l'équivalence entre (D1) et (D2). Si Δ est une droite passant par O, notons s_Δ la réflexion par rapport à Δ. Alors :

$$\begin{aligned}
\text{(D1)} \quad &\Leftrightarrow \quad D' = s_\Delta\left(D\right) \\
&\Leftrightarrow \quad \left(\Delta, D'\right) = \left(\Delta, s_\Delta\left(D\right)\right) \\
&\Leftrightarrow \quad \left(\Delta, D'\right) = -\left(s_\Delta(\Delta), s_\Delta^2\left(D\right)\right) \quad (*) \\
&\Leftrightarrow \quad \left(\Delta, D'\right) = (D, \Delta) \\
&\Leftrightarrow \quad \text{(D2)}
\end{aligned}$$

ce qui permet de conclure. L'écriture $(*)$ est justifiée car on sait que s_Δ inverse les angles orientés.

Réponse 9.24 Notons $\mathcal{D}$ la réunion des bissectrices de (D, D') et $\mathcal{E}$ l'ensemble des points équidistants de D et D'. Soient O l'intersection de D et D'. Le point M se projette orthogonalement en H sur D et en H' sur D'.

On remarque que O est à la fois dans $\mathcal{E}$ et sur les bissectrices de (D, D'). On remarque aussi qu'un point M de $(D \cup D') \setminus \{O\}$ n'est ni équidistant de D et D', ni sur une des bissectrices de (D, D'). L'équivalence à démontrer est donc triviale quand on se limite à ces cas particuliers. Montrons-là dans le cas général où $M \notin D \cup D'$:

• Si $M \in \mathcal{E}$, les triangles rectangles MHO et $MH'O$ ont même hypoténuse OM et vérifient $MH = MH'$. Le théorème de Pythagore donne $OH = OH'$. Les points O et M sont donc à égale distance des extrémités du segment $[HH']$, et (OM) est la médiatrice de $[HH']$. On en déduit que la réflexion s par rapport à (OM) transforme $D = (OH)$ en $D' = (OH')$. Cela prouve que (OM) est une bissectrice de (D, D'). On vient de montrer l'inclusion $\mathcal{E} \subset \mathcal{D}$.

• Réciproquement, si $M \in \mathcal{D}$ alors M appartient à l'une des bissectrices de (D, D'), donc $D' = s_{(OM)}(D)$ où $s_{(OM)}$ est la réflexion par rapport à (OM). Comme une réflexion conserve l'orthogonalité, $s_{(OM)}$ transforme la perpendiculaire (MH) à D passant par M en la perpendiculaire à $D' = s_{(OM)}(D)$ en $M = s_{(OM)}(M)$, c'est-à-dire (MH'). Par conséquent :

$$H \in D \cap (MH) \quad \Rightarrow \quad s_{(OM)}(H) \in D' \cap (MH')$$
$$\Rightarrow \quad s_{(OM)}(H) = H'.$$

Cela implique que $MH = MH'$ puisque $s_{(OM)}$ conserve les distances. Ainsi $M \in \mathcal{E}$, et l'inclusion $\mathcal{D} \subset \mathcal{E}$ est démontrée.

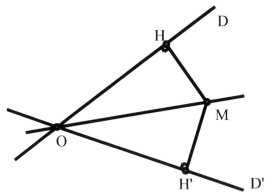

Remarques — On vient de démontrer la caractérisation métrique des bissectrices d'un couple de droites. Voici une autre preuve de l'inclusion $D \subset E$ plus abordable en collège. Si $M \in D$, on a :

$$\widehat{MOH} = \widehat{MOH'} = \alpha$$

(avec des angles géométriques). Les relations trigonométriques dans les triangles rectangles MOH et MOH' donnent alors $MH = OM \sin \alpha = MH'$, donc $M \in E$ et l'on peut conclure.

Réponse 9.25 Considérons un couple de demi-droites (d, d') de même origine O. De façon générale, notons s_Δ la réflexion par rapport à une droite Δ. La réflexion s_Δ échange les demi-droites d et d' si et seulement si $s_\Delta(d) = d'$. Raisonnons par analyse-synthèse.

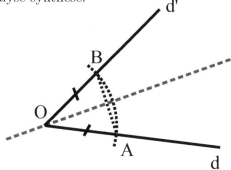

Analyse — Si Δ est solution, comme s_Δ est bijective :

$$s_\Delta \left(d \cap d'\right) = s_\Delta \left(d\right) \cap s_\Delta \left(d'\right) = d' \cap d$$

donc $s_\Delta \left(O\right) = O$. Ainsi $O \in \Delta$. Soit A un point de d distinct de O. L'image $s_\Delta \left(A\right)$ appartient à d' et la conservation des distances par une réflexion montre que $OA = Os_\Delta \left(A\right)$. Comme il n'existe qu'un seul point B sur d' tel que $OA = OB$, on aura $s_\Delta \left(A\right) = B$ et Δ sera la médiatrice du segment $[AB]$.

Synthèse — Si Δ est la médiatrice de $[AB]$, alors :

$$s_\Delta \left(d\right) = s_\Delta \left([OA)\right) = [s_\Delta(O)s_\Delta(A)) = [OB) = d'$$

donc s_Δ échange d et d'. En conclusion, il existe une unique réflexion qui échange les demi-droites d et d', et on sait comment construire son axe : c'est la médiatrice de $[AB]$ où A et B sont des points de d et d' situés à égale distance de O. Par définition, on dit que Δ est la bissectrice du couple de demi-droites (d, d').

Réponse 9.26 Bien sûr. Par définition, la bissectrice d'un couple de demi-droites (d, d') de même origine est l'axe de l'unique réflexion qui échange d et d'. Cette définition a un sens d'après la Question 9.25.

Réponse 9.27 a) Soient d et d' deux demi-droites d'origine O. Par définition, la bissectrice du couple (d, d') est :

(D1) l'axe de l'unique réflexion qui échange ces demi-droites,

(D2) la droite $\Delta = \delta_0 \cup \delta_1$ réunion des deux demi-droites δ_0 et δ_1 opposées d'origine O qui vérifient l'équation $\widehat{d, \delta} = \widehat{\delta, d'}$, où les angles sont des angles orientés de demi-droites.

b) En supposant le plan orienté pour pouvoir travailler avec des mesures d'angles modulo 2π, on voit que :

$$\widehat{d,\delta} = \widehat{\delta,d'} \quad \Leftrightarrow \quad 2.\widehat{d,\delta} = \widehat{d,d'}$$
$$\Leftrightarrow \quad 2\,(d,\delta) = (d,d')\ (2\pi)$$
$$\Leftrightarrow \quad \delta \in \{\delta_0,\delta_1\}$$

où δ_0 et δ_1 sont définies par :

$$(d,\delta_0) = \frac{(d,d')}{2}\ (2\pi) \text{ et } (d,\delta_1) = \frac{(d,d')}{2} + \pi\ (2\pi).$$

On constate que $(\delta_0,\delta_1) = \pi\ (2\pi)$, de sorte que $\delta_1 = -\delta_0$. La droite $\Delta = \delta_0 \cup \delta_1$ a donc un sens. Pour montrer que (D1) et (D2) sont équivalentes, il reste seulement à montrer que la réflexion s_Δ par rapport à Δ échange bien d et d' (puisque l'on sait par ailleurs qu'il existe une unique droite Δ telle que $s_\Delta(d) = d'$, voir Question 9.25). Si l'on pose $\Delta = \delta_0 \cup \delta_1$, alors :

$$\widehat{d,\delta} = \widehat{\delta,d'} = -\widehat{s_\Delta\,(\delta)\,,s_\Delta}(d') = \widehat{s_\Delta\,(d')}\,,\delta$$

puisqu'une réflexion inverse les angles orientés de demi-droites. On vient de montrer que $s_\Delta\,(d') = d$, et s_Δ échange bien d et d'.

Réponse 9.28 Par définition, la bissectrice intérieure de l'angle $\widehat{A}$ d'un triangle ABC est la bissectrice du couple de demi-droites $([AB),[AC))$. La bissectrice extérieure de $\widehat{A}$ est la bissectrice du couple $([AB),-[AC)))$.

Remarque — La bissectrice d'un couple de demi-droites (d,d') de même origine a été définie à la Question 9.25.

Réponse 9.29 La composée de deux réflexions est une rotation ou une translation suivant que leurs axes soient sécants ou parallèles.

Remarques — Quand le jury interroge sur des symétries axiales, il sous-entend que l'on se place dans un plan $\mathcal{P}$ (puisque ce questionnement est donné dans le cadre des transformations du plan) et qu'il s'agit de symétries orthogonales par rapport à des droites. On peut aussi parler de réflexions puisque, par définition, dans un espace affine euclidien de dimension n, une réflexion est une symétrie orthogonale par rapport à un hyperplan.

Compléments — Pour pouvoir répondre aux questions enchaînées que le jury pourrait poser devant la réponse lapidaire qui a été donnée, il est primordial de connaître les deux théorèmes suivants et savoir les démontrer au tableau. Il faut aussi connaître et savoir démontrer les réciproques !

A l'oral, s'il est souvent judicieux de répondre sobrement aux questions, il n'en demeure pas moins essentiel d'être capable de préciser sa réponse du mieux possible. Il s'agit de montrer au jury que l'on a acquis des connaissances réelles et précises que l'on sait communiquer au besoin. Le jury vérifie systématiquement si les réponses du candidat ont été apprises à la va-vite pour le jour du concours ou ont fait l'objet d'un réel apprentissage consolidé. Voici les deux théorèmes à savoir sur le bout des doigts :

> **Théorème 1** — La composée $s_{D'} \circ s_D$ de deux réflexions d'axes D et D' parallèles est une translation $t_{\vec{u}}$ de vecteur $\vec{u} = 2\overrightarrow{ST}$ où S est un point quelconque de D et T le projeté orthogonal de S sur D'. Réciproquement, toute translation $t_{\vec{u}}$ s'exprime comme la composée de deux réflexions d'axes parallèles de direction perpendiculaire à $\vec{u}$, dont l'un peut être choisi arbitrairement.

Preuve — • Soit S un point de D, et T son projeté orthogonal sur D'. Si M est un point quelconque du plan, notons M_1 son image par s_D, et M' son image par $f = s_{D'} \circ s_D$.

On a $\overrightarrow{MM_1} = 2\overrightarrow{MI}$ et $\overrightarrow{M_1M'} = 2\overrightarrow{M_1J}$ où I et J désignent les milieux respectifs de $[MM_1]$ et $[M_1M']$. Le quadrilatère $SIJT$ possède des côtés opposés parallèles deux à deux, et un angle droit. C'est donc un rectangle. On en déduit $\overrightarrow{IJ} = \overrightarrow{ST}$, d'où $\overrightarrow{MM'} = \overrightarrow{MM_1} + \overrightarrow{M_1M'} = 2\overrightarrow{MI} + 2\overrightarrow{M_1J} = 2\overrightarrow{IJ} = 2\overrightarrow{ST}$. Ainsi :

$$\forall M \in \mathcal{P} \quad \overrightarrow{Mf(M)} = 2\overrightarrow{ST},$$

et cela signifie que f est la translation $t_{2\overrightarrow{ST}}$ de vecteur $2\overrightarrow{ST}$.

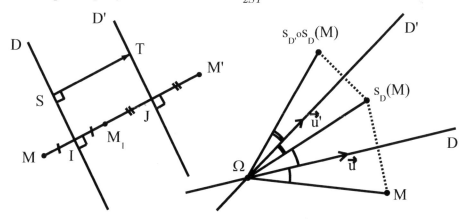

• Réciproquement, si la translation $t_{\vec{u}}$ est donnée, il suffit de construire deux points S et T tels que $\vec{u} = 2\overrightarrow{ST}$, puis les droites D et D' passant par S et T et perpendiculaires à la direction donnée par le vecteur $\vec{u}$, pour pouvoir appliquer le sens direct et déduire $s_{D'} \circ s_D = t_{2\overrightarrow{ST}} = t_{\vec{u}}$.

On note que dans la décomposition de $t_{\vec{u}}$ sous la forme $t_{\vec{u}} = s_{D'} \circ s_D$, on peut choisir l'une des droites D ou D' arbitrairement à partir du moment où on la prend orthogonale à la direction $\mathbb{R}\vec{u}$. ∎

> **Théorème 2** — La composée $s_{D'} \circ s_D$ de deux réflexions d'axes D et D' sécants en Ω est une rotation de centre Ω et d'angle $2\,(D, D')$. Réciproquement, toute rotation s'exprime comme la composée de deux réflexions d'axes sécants passant par son centre, dont l'un peut être choisi arbitrairement.

Preuve — • La composée $f = s_{D'} \circ s_D$ de deux réflexions d'axes D et D' sécants en Ω conserve les distances. C'est donc une isométrie, et :

$$\forall M \in \mathcal{P} \quad \Omega M = \Omega f(M).$$

Soient $\vec{u}$ et $\vec{u}'$ des vecteurs directeurs de D et D'. Pour tout point M, l'inversion des angles orientés par une réflexion donne $(\overrightarrow{\Omega M}, \vec{u}) = (\vec{u}, \overrightarrow{\Omega s_D(M)})$ et $(\overrightarrow{\Omega s_D(M)}, \vec{u}') = (\vec{u}', \overrightarrow{\Omega s_{D'}(s_D(M))})$, ce qui s'écrit de façon équivalente $(\overrightarrow{\Omega M}, \overrightarrow{\Omega s_D(M)}) = 2(\vec{u}, \overrightarrow{\Omega s_D(M)})$ et $(\overrightarrow{\Omega s_D(M)}, \overrightarrow{\Omega f(M)}) = 2(\overrightarrow{\Omega s_D(M)}, \vec{u}')$. Par suite :

$$
\begin{aligned}
(\overrightarrow{\Omega M}, \overrightarrow{\Omega f(M)}) &= (\overrightarrow{\Omega M}, \overrightarrow{\Omega s_D(M)}) + (\overrightarrow{\Omega s_D(M)}, \overrightarrow{\Omega f(M)}) \\
&= 2(\vec{u}, \overrightarrow{\Omega s_D(M)}) + 2(\overrightarrow{\Omega s_D(M)}, \vec{u}') \\
&= 2\,(\vec{u}, \vec{u}')\,.
\end{aligned}
$$

En termes d'angles de droites, on sait que $(D, D') = (\vec{u}, \vec{u}')\ (\pi)$, et l'on peut conclure à :

$$
\forall M \in \mathcal{P} \quad
\begin{cases}
\Omega M = \Omega f(M) \\
(\overrightarrow{\Omega M}, \overrightarrow{\Omega f(M)}) = 2\,(D, D')\ (2\pi)\,.
\end{cases}
$$

Cette dernière affirmation signifie que f est, par définition, la rotation de centre Ω et d'angle $2\,(D, D')$.

• Réciproquement, si l'on se donne une rotation $r_{\Omega,\theta}$ de centre Ω et d'angle θ, il est facile de construire deux droites D et D' passant par Ω et faisant un angle $(D, D') = \theta/2$ entre elles, l'une de ces droites étant choisie arbitrairement. Le sens direct du théorème montre alors que $s_{D'} \circ s_D$ est la rotation de centre Ω et d'angle $2\,(D, D') = \theta$, autrement dit $r_{\Omega,\theta}$. ∎

Réponse 9.30 Montrons que la composée de deux symétries axiales d'axes perpendiculaires est la symétrie centrale par rapport au point d'intersection des deux axes.

Première preuve — On applique le Théorème 2 donné dans la réponse à la Question 9.29. Si s_D et $s_{D'}$ sont des réflexions d'axes perpendiculaires D et D' sécants en Ω, ce théorème montre que la composée $f = s_{D'} \circ s_D$ est égale à la rotation de centre Ω et d'angle $2(D, D') = 2 \times \pi/2 = \pi \; (2\pi)$. On reconnaît la symétrie par rapport à Ω.

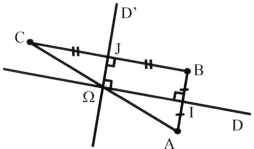

Seconde preuve — Si A est un point quelconque du plan, posons $B = s_D(A)$ et $C = s_D(B)$. Notons I et J les milieux de $[AB]$ et $[BC]$. Le quadrilatère $IBJ\Omega$ possède trois angles droits par construction, c'est donc un rectangle et le triangle ABC sera rectangle en B.

On sait que le centre du cercle circonscrit à un triangle rectangle est le milieu de l'hypoténuse. Comme $\Omega A = \Omega B = \Omega C$ (conservation des distances par des réflexions), ce centre sera égal à Ω, et Ω sera le milieu de $[AC]$. L'application $f = s_{D'} \circ s_D$ transforme donc bien tout point A en un point C tel que Ω soit le milieu de $[AC]$.

Remarque — Dans cette seconde preuve, on a raisonné seulement dans le cas où A n'appartient ni à D, ni à D', de façon à obtenir un vrai triangle rectangle ABC. Mais rassurons-nous, le cas particulier où A appartient à D ou à D' est trivial et permet encore d'obtenir que Ω est le milieu de $[AC]$.

$\boxed{\textbf{Réponse 9.31}}$ Le plan est muni d'un repère orthonormal $(O, \overrightarrow{i}, \overrightarrow{j})$. L'ensemble $\mathcal{E}$ est une ellipse de centre O et d'axes de longueurs 8 et 6 supportés par les axes du repère :

a) Comme $x^2/16$ et $y^2/9$ sont positifs :

$$\frac{x^2}{16} + \frac{y^2}{9} = 1 \;\Rightarrow\; \left(\frac{x^2}{16} \le 1 \text{ et } \frac{y^2}{9} \le 1 \right) \;\Rightarrow\; \left(x^2 \le 16 \text{ et } y^2 \le 9 \right)$$

donc $\sqrt{x^2 + y^2} \le \sqrt{16 + 9} = 5$ quel que soit le point M de coordonnées (x, y) appartenant à $\mathcal{E}$. Cela prouve que $\mathcal{E}$ est incluse dans la boule de centre O et de rayon 5 (pour la distance euclidienne), donc $\mathcal{E}$ est une partie bornée du plan.

b) On a :

$$M(x,y) \in \mathcal{E} \;\Rightarrow\; \frac{x^2}{16} + \frac{y^2}{9} = 1 \;\Rightarrow\; \frac{x^2}{16} + \frac{(-y)^2}{9} = 1 \;\Rightarrow\; M'(x,-y) \in \mathcal{E}$$

Le point $M'(x,-y)$ étant le symétrique de $M(x,y)$ par rapport à l'axe (Ox), on vient de montrer que :

$$M \in \mathcal{E} \;\Rightarrow\; M' \in \mathcal{E}$$

autrement dit que $s(\mathcal{E}) \subset \mathcal{E}$ si l'on note s la réflexion par rapport à (Ox). En appliquant s à nouveau des deux côtés on obtient $s^2(\mathcal{E}) = \mathcal{E} \subset s(\mathcal{E})$ puisque s est involutive (c'est-à-dire vérifie $s^2 = Id$). Finalement $s(\mathcal{E}) = \mathcal{E}$, et cela démontre que (Ox) est un axe de symétrie de $\mathcal{E}$.

La réflexion σ par rapport à l'axe (Oy) est l'application qui à $M(x,y)$ fait correspondre $M'(-x,y)$. En raisonnant comme précédemment, on constate que $\sigma(\mathcal{E}) = \mathcal{E}$, donc que l'axe (Oy) est un autre axe de symétrie de $\mathcal{E}$.

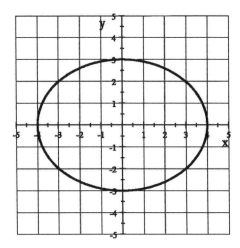

c) La symétrie s_O par rapport à l'origine O du repère transforme un point $M(x,y)$ en $M'(-x,-y)$. L'implication :

$$\frac{x^2}{16} + \frac{y^2}{9} = 1 \;\Rightarrow\; \frac{(-x)^2}{16} + \frac{(-y)^2}{9} = 1$$

montre alors l'inclusion $s_O(\mathcal{E}) \subset \mathcal{E}$, et l'on déduit que $s_O(\mathcal{E}) = \mathcal{E}$ en utilisant l'involutivité de s_O comme précédemment. Le point O est donc un centre de symétrie de $\mathcal{E}$.

Remarque — On aurait pu montrer que O est un centre de symétrie en s'intéressant à la composée $\sigma \circ s$. Cette composée de deux réflexions d'axes perpendiculaires sera une rotation de centre O et d'angle plat (Question 9.29), donc $\sigma \circ s = s_O$, et les deux premiers points donnent :

$$s_O(\mathcal{E}) = (\sigma \circ s)(\mathcal{E})) = \sigma[s(\mathcal{E})] = \sigma(\mathcal{E}) = \mathcal{E}.$$

Cela prouve que O est un centre de symétrie de $\mathcal{E}$.

d) S'il existait un autre centre de symétrie O' de $\mathcal{E}$, la partie $\mathcal{E}$ serait invariante par la translation $t = s_{O'} \circ s_O$ de vecteur $2\overrightarrow{OO'}$ (où $s_{O'}$ désigne la symétrie par rapport à O'), donc serait aussi invariante par toutes les translations t^k de vecteurs $2k\overrightarrow{OO'}$ où $k \in \mathbb{Z}$. C'est absurde car $\mathcal{E}$ est bornée.

Réponse 9.32 On sait qu'un parallélogramme ne possède qu'un seul centre de symétrie, l'intersection de ses diagonales, tout simplement parce qu'on sait déterminer toutes les isométries qui laisse un parallélogramme invariant. On peut aussi se contenter de regarder une figure.

En fait le résultat est plus général et l'on peut affirmer que le support $\mathcal{C} = \mathrm{Im}\,\varphi$ d'un chemin continu $\varphi : [0, 1] \to \mathcal{P}$ dessiné dans $\mathcal{P}$ ne peut jamais admettre plus d'un centre symétrie. Dans le cas contraire, $\mathcal{C}$ serait invariante sous l'action de deux symétries centrales distinctes s_O et $s_{O'}$, donc serait invariante par la composée $s_{O'} \circ s_O$, c'est-à-dire par la translation $t_{\overrightarrow{u}}$ de vecteur $\overrightarrow{u} = 2\overrightarrow{OO'}$. Mais alors la courbe $\mathcal{C}$ serait invariante sous l'action des translations $t_{k\overrightarrow{u}}$ où $k \in \mathbb{Z}$, donc $\mathcal{C}$ ne serait pas bornée. C'est absurde car l'image du compact $[0, 1]$ par l'application continue φ est un compact de $\mathbb{R}$, autrement dit un fermé borné de $\mathcal{P}$.

Réponse 9.33 Par définition, une rotation de centre O et d'angle θ est une application $r_{O,\theta}$ du plan dans lui-même qui laisse fixe O et transforme tout point M distinct de O en un point M' tel que :

$$(C) \quad \begin{cases} OM' = OM \\ (\overrightarrow{OM}, \overrightarrow{OM'}) = \theta. \end{cases}$$

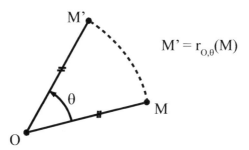

Réponse 9.34 Soit $r_{O,\theta}$ la rotation de centre O et d'angle θ (ici θ est un angle orienté). Soient A et B deux points distincts du plan. Primons les images par $r_{O,\theta}$, donc notons $A' = r_{O,\theta}(A)$ et $B' = r_{O,\theta}(B)$. On se propose de montrer que $AB = A'B'$. On envisage deux cas :

• Si O, A, B ne sont pas alignés, on remarque que $(\overrightarrow{OA}, \overrightarrow{OB}) = (\overrightarrow{OA'}, \overrightarrow{OB'})$ puisque la relation de Chasles permet d'écrire :

$$
\begin{aligned}
(\overrightarrow{OA}, \overrightarrow{OB}) &= (\overrightarrow{OA}, \overrightarrow{OA'}) + (\overrightarrow{OA'}, \overrightarrow{OB'}) + (\overrightarrow{OB'}, \overrightarrow{OB}) \\
&= \theta + (\overrightarrow{OA'}, \overrightarrow{OB'}) - \theta = (\overrightarrow{OA'}, \overrightarrow{OB'}).
\end{aligned}
$$

Il suffit maintenant d'appliquer le théorème d'Al Kashi pour obtenir :

$$
\begin{aligned}
AB^2 &= OA^2 + OB^2 - 2OA.OB\,\cos(\overrightarrow{OA}, \overrightarrow{OB}) \\
&= OA'^2 + OB'^2 - 2OA'.OB'\,\cos(\overrightarrow{OA'}, \overrightarrow{OB'}) \\
&= A'B'^2
\end{aligned}
$$

d'où $AB = A'B'$ puisque AB et $A'B'$ sont des réels positifs.

• Si O, A, B sont alignés, on peut supposer $OA \leq OB$ quitte à changer les notations, et la condition (C) montre que O, A', B' sont alignés dans cet ordre. Par suite $AB = OB - OA = OB' - OA' = A'B'$.

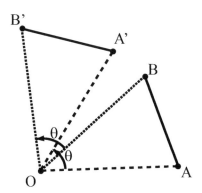

$\boxed{\textbf{Réponse 9.35}}$ Utilisons des affixes et supposons que le triangle ABC soit direct. Les affixes des points seront notées en minuscules. Dire que Ω_1 est le centre de gravité de ABM_1 signifie que $a - \omega_1 = j(b - \omega_1)$, d'où :

$$
\omega_1 = \frac{jb - a}{j - 1}.
$$

Par permutation circulaire on trouve $\omega_2 = \dfrac{jc - b}{j - 1}$ et $\omega_3 = \dfrac{ja - c}{j - 1}$, donc :

$$
\omega_1 + \omega_2 + \omega_3 = \frac{jb - a}{j - 1} + \frac{jc - b}{j - 1} + \frac{ja - c}{j - 1} = a + b + c
$$

ce qui prouve l'égalité des centres de gravité des triangles $\Omega_1\Omega_2\Omega_3$ et ABC. Montrer que $\Omega_1\Omega_2\Omega_3$ est équilatéral direct revient maintenant à prouver l'égalité $\omega_2 - \omega_3 = -j^2 (\omega_1 - \omega_3)$ puisque $e^{i\pi/3} = -j^2$. On calcule :

$$\begin{cases} \omega_2 - \omega_3 = \dfrac{1}{j-1} \left[j(c-a) - b + c \right] \\ -j^2 (\omega_1 - \omega_3) = \dfrac{-j^2}{j-1} \left[j(b-a) - a + c \right] = \dfrac{1}{j-1} \left[-b + a - j^2(-a+c) \right]. \end{cases}$$

Comme $-j^2 = 1 + j$, on obtient bien :

$$\begin{aligned} -j^2 (\omega_1 - \omega_3) &= \frac{1}{j-1} \left[-b + a + (1+j)(-a+c) \right] \\ &= \frac{1}{j-1} \left[j(c-a) - b + c \right] = \omega_2 - \omega_3. \end{aligned}$$

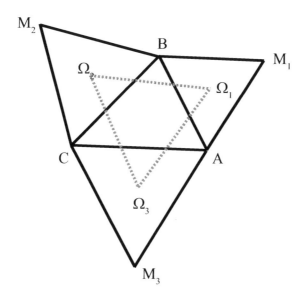

Remarque — L'écriture $a - \omega_1 = j(b - \omega_1)$ traduit le fait que A est l'image de B par la rotation de centre Ω_1 et d'angle $2\pi/3$.

Réponse 9.36 Une isométrie (on dit aussi : une isométrie affine) est une transformation du plan (si l'on travaille dans un plan, mais on peut se placer dansun espace affine euclidien E de dimension quelconque) dans lui-même qui conserve les distances, c'est-à-dire vérifie :

$$\forall M, N \in E \quad f(M)f(N) = MN.$$

On rappelle qu'une transformation du plan est une bijection du plan dans lui-même, mais que l'on peut encore définir une isométrie plane en disant plus simplement qu'il s'agit d'une application du plan dans lui-même qui conserve les distances.

Réponse 9.37 Les isométries du plan sont les translations, les rotations, les réflexions et les réflexions glissées. On rappelle qu'une réflexion est une symétrie orthogonale par rapport à un hyperplan, de sorte qu'en géométrie plane on obtient une symétrie orthogonale par rapport à une droite, appelée aussi symétrie axiale au collège.

Réponse 9.38 On travaille dans un espace affine euclidien E.

a) La conservation des distances permet de montrer que f est injective. Il suffit d'écrire :

$$f(A) = f(B) \Leftrightarrow f(A)f(B) = 0 \Rightarrow AB = 0 \Leftrightarrow A = B.$$

b) • Pour montrer que f transforme un segment en un segment, on va utiliser la caractérisation métrique d'un segment. Celle-ci nous permet d'écrire :

$$
\begin{aligned}
M \in [AB] \quad &\Leftrightarrow \quad AM + MB = AB \\
&\Leftrightarrow \quad A'M' + M'B' = A'B' \\
&\Leftrightarrow \quad M' \in [A'B'] \quad (*)
\end{aligned}
$$

et d'en déduire l'inclusion $f([AB]) \subset [A'B']$.

Réciproquement, si $N \in [A'B']$, alors $A'N + NB' = A'B'$ et N se trouve parfaitement déterminé, sur le segment $[A'B']$, par la seule donnée de la distance $A'N$. Introduisons donc l'unique point M de $[AB]$ tel que $AM = A'N$ (ce point existe puisque $A'N \leq AB$). Les équivalences $(*)$ montrent alors que $M' \in [A'B']$ et $A'M' = AM = A'N$. Ces conditions imposent d'avoir $M' = N$. En conclusion $f([AB]) = [A'B']$.

• On considère la droite (AB) et les notations de la figure ci-dessus, ainsi que la droite $(A'B')$ avec ces mêmes notations primées. L'égalité $f([Ax)) = [A'x')$ est obtenue comme dans le cas du segment en remarquant cette fois-ci que $M \in [Ax)$ si et seulement si $A \in [MB]$. Les équivalences :

$$
\begin{aligned}
M \in [Ax) \quad &\Leftrightarrow \quad MA + AB = MB \\
&\Leftrightarrow \quad M'A' + A'B' = M'B' \\
&\Leftrightarrow \quad M' \in [A'x')
\end{aligned}
$$

montrent encore l'inclusion $f([Ax)) \subset [A'x')$. Réciproquement, si N est un point de la demi-droite $[A'x')$, il vérifie $NA' + A'B' = NB'$. Si M désigne l'unique point de $[Ax)$ tel que $MA = NA'$, alors $M' \in [A'x')$ d'après l'inclusion déjà démontrée, et il suffit de rappeler les égalités $M'A' = MA = NA'$ pour en déduire $M' = N$.

• On démontrerait comme précédemment que $f([By)) = [B'y')$, et les trois égalités démontrées donnent $f((AB)) = (A'B')$.

c) Seule la surjectivité reste à démontrer. Voici deux réponses possibles :

Première solution — Soient A, B, C trois points non alignés de E, et A', B', C' leurs images respectives par f. Le triangle $A'B'C'$ n'est pas aplati, autrement on aurait une égalité du type $A'B' + B'C' = A'C'$, et l'on en déduirait $AB + BC = AC$ et l'alignement des points A, B, C, ce qui est absurde.

Soit N un point quelconque de E. On choisit une droite Δ qui passe par N et coupe $(A'B')$ et $(A'C')$ en deux points distincts U' et V'.

D'après les questions précédentes, $f((AB)) = (A'B')$ et $f((AC)) = (A'C')$, donc U' et V' appartiennent à $f(E)$. Mais alors $f((UV)) = (U'V')$ et l'on aura $(U'V') \subset f(E)$. On en déduit que $N \in f(E)$.

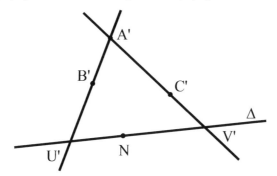

Seconde solution — De façon générale, notons $\mathcal{C}(O, r)$ le cercle de centre O et de rayon r. Soit $N \in E$. Fixons deux points A et B distincts de E et notons A', B' leurs images par f. Si $f(A) = N$ ou $f(B) = N$, c'est terminé. Sinon les cercles $\mathcal{C}(A', A'N)$ et $\mathcal{C}(B', B'N)$ se coupent en un ou deux points dont N, et l'injectivité de f (alliée à la conservation des distances) permet d'écrire :

$$f(\mathcal{C}(A, A'N) \cap \mathcal{C}(B, B'N)) = f(\mathcal{C}(A, A'N)) \cap f(\mathcal{C}(B, B'N))$$
$$= \mathcal{C}(A', A'N) \cap \mathcal{C}(B', B'N). \quad (*)$$

De deux choses l'une :

- Si $\mathcal{C}(A', A'N) \cap \mathcal{C}(B', B'N) = \{N\}$, alors $\mathcal{C}(A, A'N) \cap \mathcal{C}(B, B'N) = \{M\}$ et $(*)$ montre que $f(M) = N$.

- Si $\mathcal{C}(A', A'N) \cap \mathcal{C}(B', B'N) = \{N, T\}$, $\mathcal{C}(A, A'N) \cap \mathcal{C}(B, B'N)$ est une paire. Il existe deux points distincts M_1 et M_2 tels que :

$$\mathcal{C}(A, A'N) \cap \mathcal{C}(B, B'N) = \{M_1, M_2\}.$$

On a $f(\{M_1, M_2\}) \subset \{N, T\}$, mais cette inclusion est en fait une égalité puisque f est injective. Par suite $f(\{M_1, M_2\}) = \{N, T\}$ et $N \in f(E)$.

$\boxed{\textbf{Réponse 9.39}}$ La composée d'une translation et d'une rotation donne une rotation.

$\boxed{\textbf{Réponse 9.40}}$ Les translations, les réflexions et les rotations planes sont des isométries particulières, et l'on sait que les isométries transforment une droite en une droite, un segment en un segment, et conservent les distances, le parallélisme, l'orthogonalité et les angles géométriques. On en déduit que ces applications transforment un parallélogramme en un parallélogramme, un carré en un carré, et un hexagone régulier en un hexagone régulier.

Il y aurait un problème si deux droites strictement parallèles D et D' pouvaient être transformées par une isométrie f en une même droite Δ, car dans ce cas un parallélogramme pourrait être transformé en un parallélogramme aplati, voire en un point. C'est impossible car si l'on avait $f(D) = f(D') = \Delta$, alors l'isométrie f^{-1} transformerait Δ en deux droites différentes, ce qui est absurde.

$\boxed{\textbf{Réponse 9.41}}$ Comme O est un centre de symétrie de $\mathcal{F}$, pour tout point M appartenant à $\mathcal{F}$:

$$O \text{ milieu de } [MM'] \ \Rightarrow \ M' \in \mathcal{F}.$$

Montrer que $f(O)$ est un centre de symétrie de $f(\mathcal{F})$ revient à montrer que pour tout $N \in f(\mathcal{F})$ le symétrique N' de N par rapport à $f(O)$ appartient à $f(\mathcal{F})$. Si $N \in f(\mathcal{F})$, il existe $M \in \mathcal{F}$ tel que $N = f(M)$. Soit N' le symétrique de N par rapport à $f(O)$. Comme $M \in \mathcal{F}$, son symétrique M' par rapport à O appartient encore à $\mathcal{F}$. Mais f est une isométrie donc conserve les milieux, et :

$$O \text{ milieu de } [MM'] \ \Rightarrow \ f(O) \text{ milieu de } [Nf(M')].$$

Cela montre que $N' = f(M') \in f(\mathcal{F})$, ce qui permet de conclure.

$\boxed{\textbf{Réponse 9.42}}$ a) L'application t_k est la translation de vecteur ${}^t(k, 0)$.

b) L'application s_k est affine de partie linéaire $-Id$, c'est donc une symétrie centrale par rapport à un point Ω_k, qui transforme O en $M_k = {}^t(k, 0)$. Donc Ω_k est le milieu de $[OM_k]$, et $\Omega_k = {}^t(k/2, 0)$.

c) Pour tout ${}^t(x, y) \in \mathbb{R}^2$,

$$t_k \circ s_l \begin{pmatrix} x \\ y \end{pmatrix} = t_k \begin{pmatrix} -x+l \\ -y \end{pmatrix} = \begin{pmatrix} -x+k+l \\ -y \end{pmatrix}$$

donc $t_k \circ s_l = s_{k+l}$.

Réponse 9.43 Dans cet exercice, le plan $\mathbb{R}^2$ est bien entendu muni de sa structure usuelle de plan affine euclidien.

a) Proposons deux réponses possibles :

Première réponse — D'après le cours, une application linéaire de $\mathbb{R}^2$ dans $\mathbb{R}^2$ est orthogonale si et seulement si sa matrice dans une base orthonormale de $\mathbb{R}^2$ est de la forme :

$$R_\theta = \begin{pmatrix} \cos\theta & -\sin\theta \\ \sin\theta & \cos\theta \end{pmatrix} \quad \text{ou} \quad S_\theta = \begin{pmatrix} \cos\theta & \sin\theta \\ \sin\theta & -\cos\theta \end{pmatrix}$$

où $\theta \in \mathbb{R}$. Ici on s'intéresse à des matrices données dans la base canonique $\mathcal{C} = (e_1, e_2)$ de $\mathbb{R}^2$. On sait aussi que R_θ correspond à une rotation vectorielle d'angle θ, et que S_θ est celle d'une réflexion par rapport à une droite qui n'est autre que la droite des vecteurs invariants de S_θ. Ici :

$$A_1 = \begin{pmatrix} 0 & 1 \\ 1 & 0 \end{pmatrix} = \begin{pmatrix} \cos(\pi/2) & \sin(\pi/2) \\ \sin(\pi/2) & -\cos(\pi/2) \end{pmatrix}$$

et :

$$A_2 = \begin{pmatrix} -1 & 0 \\ 0 & 1 \end{pmatrix} = \begin{pmatrix} \cos\pi & \sin\pi \\ \sin\pi & -\cos\pi \end{pmatrix}$$

donc s_1 et s_2 sont des réflexions. Comme :

$$s_1 \begin{pmatrix} x \\ y \end{pmatrix} = \begin{pmatrix} x \\ y \end{pmatrix} \Leftrightarrow \begin{pmatrix} y \\ x \end{pmatrix} = \begin{pmatrix} x \\ y \end{pmatrix} \Leftrightarrow y = x$$

et :

$$s_2 \begin{pmatrix} x \\ y \end{pmatrix} = \begin{pmatrix} x \\ y \end{pmatrix} \Leftrightarrow \begin{pmatrix} -x \\ y \end{pmatrix} = \begin{pmatrix} x \\ y \end{pmatrix} \Leftrightarrow x = 0,$$

on déduit que s_1 est la réflexion par rapport à la droite d'équation $y = x$ (c'est-à-dire la première bissectrice Δ), et que s_2 est la réflexion par rapport à l'axe Oy des ordonnées.

Seconde réponse — Les applications linéaires s_1 et s_2 sont involutives, c'est-à-dire vérifient $s_i^2 = Id$ ($i = 1$ ou 2), ce que l'on vérifie en calculant A_i^2 et en obtenant à chaque fois la matrice identité. On en déduit que s_1 et s_2 sont des symétries. Ces deux applications sont aussi des applications orthogonales car transforment la base orthonormale canonique $\mathcal{C} = (e_1, e_2)$ en une autre base orthonormale : (e_2, e_1) pour s_1 et $(-e_1, e_2)$ pour s_2. On peut donc affirmer que s_1 et s_2 sont des réflexions, c'est-à-dire des symétries orthogonales par rapport à des droites de $\mathbb{R}^2$. Les bases de ces réflexions ne sont autres que les sous-espaces vectoriels des vecteurs invariants par s_1 et s_2. On continue alors comme dans la première solution.

b) *Première réponse* — Comme :

$$\begin{aligned} A_1 \times A_2 &= \begin{pmatrix} 0 & 1 \\ 1 & 0 \end{pmatrix} \begin{pmatrix} -1 & 0 \\ 0 & 1 \end{pmatrix} \\ &= \begin{pmatrix} 0 & 1 \\ -1 & 0 \end{pmatrix} = \begin{pmatrix} \cos(-\pi/2) & -\sin(-\pi/2) \\ \sin(-\pi/2) & \cos(-\pi/2) \end{pmatrix} \end{aligned}$$

la composée $s_1 \circ s_2$ est la rotation vectorielle d'angle $-\pi/2$.

Seconde réponse — On sait que la composée $s_{D'} \circ s_D$ de deux réflexions affines d'axes D et D' sécants en Ω est une rotation de centre Ω et d'angle $2(D, D')$. Donc $s_1 \circ s_2$ est la rotation vectorielle d'angle $2(Oy, \Delta) = 2 \times (-\pi/4) = -\pi/2$.

Réponse 9.44 Ce sont les similitudes. En collège, on voit les homothéties dans le cadre des agrandissements-réductions. L'ensemble des homothéties est bien sûr inclus dans celui des similitudes.

Réponse 9.45 Une similitude f de rapport k transforme un cercle $\mathcal{C}(O, r)$ de centre O et de rayon r en un cercle $\mathcal{C}(f(O), kr)$ de centre $f(O)$ et de rayons kr. Cela se vérifie facilement puisque, par définition, une similitude f est une application du plan $\mathcal{P}$ dans lui-même plan qui conserve les rapports de distances, c'est-à-dire telle que :

$$\exists k \in \mathbb{R}^* \quad \forall A, B \in \mathcal{P} \quad f(A) f(B) = kAB,$$

et dans ce cas on dit que f est une similitude de rapport k. On peut donc écrire :

$$\begin{aligned} M \in \mathcal{C}(O, r) \quad &\Leftrightarrow \quad OM = r \\ &\Leftrightarrow \quad f(O) f(M) = kr \\ &\Leftrightarrow \quad f(M) \in \mathcal{C}(f(O), kr) \end{aligned}$$

et ces équivalences montrent l'inclusion $f(\mathcal{C}(O, r)) \subset \mathcal{C}(f(O), kr)$. Pour montrer l'inclusion réciproque, on considère un point N de $\mathcal{C}(f(O), kr)$. Comme une similitude est bijective, il existe $M \in \mathcal{P}$ tel que $N = f(M)$. Les équivalences précédentes montrent que $M \in \mathcal{C}(O, r)$, et l'on peut affirmer que $N = f(M) \in f(\mathcal{C}(O, r))$. Cela prouve l'inclusion $\mathcal{C}(f(O), kr) \subset f(\mathcal{C}(O, r))$. En conclusion $f(\mathcal{C}(O, r)) = \mathcal{C}(f(O), kr)$.

Réponse 9.46 Le point O est un centre de symétrie du cercle et du parallélogramme. Le symétrique M' de M par rapport à O appartient donc au cercle, mais aussi à l'image de la droite (AB) par cette symétrie. Cette image est la droite (CD). Donc M' appartiendra au cercle et à la droite (CD), et sera égal à C ou au second point N d'intersection de (CD) et du cercle. Si $M' = C$ alors $M = A$ par symétrie, ce qui est absurde. Donc $M' = N$ et $[MN]$ est un diamètre du cercle.

Réponse 9.47 Montrons que $AM = CN$.

Première preuve — Le point M appartient à (AD), donc le symétrique M' de M par rapport à O appartiendra à la droite symétrique de (AD) par rapport à O, qui n'est autre que (BC), donc $M' \in (BC)$. Par ailleurs O est le milieu de $[MM']$, donc $M' \in (MO) = \Delta$. Ainsi $M' \in (BC) \cap \Delta$ et $M' = N$.

Seconde preuve — Le théorème de Thalès employé avec les sécantes Δ et (AC) donne :
$$\frac{CN}{AM} = \frac{OC}{OA} = 1$$
d'où $AM = CN$.

Réponse 9.48 Une frise est constituée d'un motif que l'on reproduit par translation et à l'identique dans une seule direction. Le logiciel Scratch permet de dessiner un motif géométrique plus ou moins compliqué, puis d'automatiser la construction des translatés de ce motif.

Réponse 9.49 Un type de frise est défini par un certain sous-groupe G du groupe Is (E) des isométries du plan affine euclidien E dans lequel on travaille, qui laisse invariant un motif de la frise. Le groupe G est alors appelé un groupe de frise. On démontre qu'il existe seulement 7 groupes de frise à isomorphisme près.

Si l'on s'intéresse à des pavages du plan, on peut obtenir des définitions similaires et j'ai lu qu'il existait 17 groupes de pavage du plan. Je ne saurai pas définir ces groupes, et donc ces types, de façon plus précise.

Commentaire — Dans son exposé, il vaut mieux éviter de parler de l'existence d'un nombre fini de types de frises pour éviter que le jury demande des précisions, sauf si on peut répondre aux questions que cela soulève. La réponse donnée ici suffit puisque l'étude des groupes de frises ne figure ni dans le secondaire, ni dans la plupart des programmes de licences et masters. Il s'agit d'une étude spécifique dans le domaine de la théorie des groupes. Aucune démonstration ne peut être exigée, et si le candidat ne sait pas répondre, il suffit qu'il reste honnête et franc pour qu'il n'y ait pas d'impact sur la note finale. Pour comprendre cette réponse, voici des définitions précises relevées en [40] :

- Un groupe de frise est un sous-groupe G du groupe des isométries affines Is (E) du plan affine euclidien E tel que, si $\mathcal{T}$ désigne le groupe des translations de E, alors $\mathcal{T} \cap G$ soit un groupe isomorphe à $\mathbb{Z}$.

- Une frise est une partie du plan telle que l'ensemble des isométries qui la laissent globalement invariante est un groupe de frise. Dans la pratique, on obtient une frise en répétant périodiquement un même motif dans une direction donnée grâce à des translations, ces translations formant un groupe isomorphe à $\mathbb{Z}$.

$\boxed{\textbf{Réponse 9.50}}$ Dans un pavage du plan, les motifs reproduits à l'identique ne doivent pas se superposer (se chevaucher), ou éventuellement peuvent se chevaucher seulement au niveau de leurs frontières [27]. Il ne peut pas y avoir de trous.

Pour une frise, les translatés du motif réalisent un pavage d'une bande délimitée par deux droites parallèles, et l'on répondra comme dans le cas d'un pavage du plan : on ne veut pas de chevauchement (hormis sur les frontières des motifs) ni de trou.

$\boxed{\textbf{Réponse 9.51}}$ C'est une application bijective du plan dans lui-même (si l'on travaille dans un plan, mais on peut se placer dans l'espace ou un espace affine euclidien de dimension quelconque).

$\boxed{\textbf{Réponse 9.52}}$ a) Les transformations planes vues au collège sont les symétries axiales, les symétries centrales, les rotations, les translations et les homothéties. Ce sont toutes des isométries, c'est-à-dire des applications du plan dans lui-même qui conservent les distances, mis à part les homothéties qui font partie des similitudes, c'est-à-dire des applications du plan dans lui-même qui conservent les rapports de distances.

b) La composition de deux isométries donne une nouvelle isométrie. De même, la composition de deux similitudes donne une similitude. Si l'on veut composer deux homothéties de rapports respectifs k et k', obtiendra une homothétie si $kk' \neq 1$, mais une translation si $kk' = 1$.

$\boxed{\textbf{Réponse 9.53}}$ Si E et F sont deux ensembles, une fonction de E dans F (on peut aussi dire : de E vers F) n'est pas forcément définie sur tout l'ensemble E, mais peut seulement être définie sur une partie E' de E. Cette partie E' est appelée l'ensemble de définition de f. Par contre une application de E dans F doit être définie en chaque élément de E. Autre façon de le dire : une application de E dans F est une fonction définie sur tout l'ensemble de départ E.

Réponse 9.54 Non, car une transformation f qui conserve les longueurs conserve automatiquement les angles. Pour le démontrer, il faut d'abord vérifier que f transforme un segment en un segment (ce qui est facile en utilisant la caractérisation métrique d'un segment), puis une droite en une droite (conséquence du point précédent), et remarquer que, si l'on prime les images des points A, B, C par f, alors f transforme un triangle ABC en un triangle $A'B'C'$ dont les côtés ont mêmes longueurs. Autrement dit $AB = A'B'$, $BC = B'C'$ et $CA = C'A'$, et les triangles ABC et $A'B'C'$ sont isométriques, ce qui entraîne que leurs angles sont égaux deux à deux (cas d'isométrie des triangles ou utilisation du théorème d'Al Kashi). Cela démontre que l'angle BAC est égal à l'angle image $B'A'C'$.

Commentaire — Les sections 3.2 et 15.4 de [35] ou l'article de Alain Mascret ([32] p.178 et suiv.) expliquent bien comment déduire toutes les propriétés des isométries à partir de la seule propriété de conservation des distances.

Réponse 9.55 Je connais les symétries orthogonales, les translations, les rotations et les homothéties. Je ne parlerai pas des projections car ce ne sont pas des transformations !

Remarque — On parlera des isométries et des similitudes, qui sont toutes des composées des transformations que l'on vient de citer, seulement si l'on sait bien de quoi il retourne, car le jury n'hésitera jamais à demander de définir les termes qu'on utilise à l'occasion d'une réponse que l'on donne.

Réponse 9.56 Proposons deux réponses. La première utilise des connaissances élémentaires du collège et suppose que l'on travaille en dimension 2, tandis que la seconde utilise des propriétés des applications affines et convient en dimension quelconque.

Première méthode — On doit démontrer deux implications :

($\Rightarrow$) Si s conserve les distances, pour tout point M n'appartenant ni à D, ni à Δ, en notant O l'intersection de D et Δ, $M' = s(M)$ et m le milieu de $[MM']$, on obtient la figure (a). Par hypothèse $OM = OM'$, donc OMM' est isocèle en O, et la médiane (Om) est aussi la médiatrice de $[MM']$. Par suite (MM') est orthogonal à D, donc $\Delta \perp D$.

($\Leftarrow$) Réciproquement, si $\Delta \perp D$, considérons deux points A, B et leurs symétriques $s(A) = A'$ et $s(B) = B'$. Notons I et J les projetés orthogonaux de A et B sur D. Supposons que $AI \leq BJ$ (ce qui est toujours possible quitte à changer de notations). De deux choses l'une :

▶ Si A et B se projettent orthogonalement sur D sur le même point I, c'est-à-dire si $I = J$, alors :

- Si A et B sont dans le même demi-plan de frontière D, A' et B' aussi et l'on obtient $AB = BI - AI = B'I - A'I = A'B'$.

- Si A et B ne sont pas dans le même demi-plan de frontière D, il en est de même de A' et B', et l'on obtient : $AB = BI + AI = B'I + A'I = A'B'$.

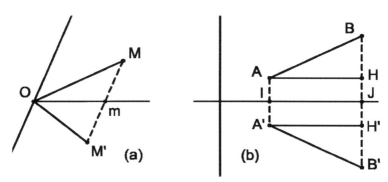

Quand une symétrie conserve-t-elle les distances ?

▶ Sinon $I \neq J$ et on va supposer que A et B sont dans le même demi-plan de frontière D, l'autre cas se traitant de la même manière. De trois choses l'une :

- Si $A \notin D$, on est dans le cas de la figure (b). Notons H et H' les projetés orthogonaux de A et A' sur (BB'). Le quadrilatère $AHH'A'$ est un parallélogramme (côtés opposés parallèles deux à deux) qui possède au moins un angle droit (il en possède en H et H'), c'est donc un rectangle. De même les quadrilatères $AHJI$ et $A'H'JI$ sont des rectangles. On a donc :

$$JH = IA = A'I = H'J$$

et comme $AI \leq BJ$, on aura $H \in [BJ]$ et $H' \in [B'J]$. Par suite :

$$BH = BJ - HJ = B'J - H'J = B'H'.$$

Il suffit d'appliquer le théorème de Pythagore dans les triangles rectangles ABH et $A'B'H'$ pour obtenir $AB^2 = AH^2 + HB^2 = A'H'^2 + H'B'^2 = A'B'^2$, d'où $AB = A'B'$.

- Si $A \in D$ et $B \notin D$ on applique directement le théorème de Pythagore pour obtenir $AB^2 = AJ^2 + JB^2 = AJ^2 + JB'^2 = AB'^2$, donc encore $AB = A'B'$ puisque $A' = A$.

- Si $A \in D$ et $B \in D$, on a $A' = A$ et $B' = B$, donc $AB = A'B'$.

Finalement $AB = A'B'$ quelle que soit la position des points A et B, dons s conserve les distances. C'est bien une isométrie.

Deuxième méthode — Plaçons-nous dans un espace affine euclidien E de direction $\overrightarrow{E}$ et de dimension quelconque. Il s'agit de montrer que la symétrie affine s par rapport à F parallèlement à G est une isométrie si et seulement si F et G sont orthogonaux. Soient $\overrightarrow{F}$ et $\overrightarrow{G}$ les directions de F et G.

On sait que s est une application affine de partie linéaire la symétrie vectorielle σ par rapport à $\overrightarrow{F}$ parallèlement à $\overrightarrow{G}$, et qu'une application affine est une isométrie si et seulement si sa partie linéaire est une application orthogonale. Par conséquent s est une isométrie si et seulement si σ conserve la norme.

Si $\overrightarrow{x} \in \overrightarrow{E}$, notons $\overrightarrow{x} = \overrightarrow{x}_1 + \overrightarrow{x}_2$ la décomposition de $\overrightarrow{x}$ dans la somme directe $\overrightarrow{E} = \overrightarrow{F} \oplus \overrightarrow{G}$, avec $\overrightarrow{x}_1 \in \overrightarrow{F}$ et $\overrightarrow{x}_2 \in \overrightarrow{G}$. On a $\sigma(\overrightarrow{x}) = \overrightarrow{x}_1 - \overrightarrow{x}_2$, donc :

$$s \text{ isométrie affine} \Leftrightarrow \forall \overrightarrow{x} \in \overrightarrow{E} \quad \|\sigma(\overrightarrow{x})\| = \|\overrightarrow{x}\|$$
$$\Leftrightarrow \forall(\overrightarrow{x}_1, \overrightarrow{x}_2) \in \overrightarrow{F} \times \overrightarrow{G} \quad \|\overrightarrow{x}_1 - \overrightarrow{x}_2\|^2 = \|\overrightarrow{x}_1 + \overrightarrow{x}_2\|^2$$
$$\Leftrightarrow \forall(\overrightarrow{x}_1, \overrightarrow{x}_2) \in \overrightarrow{F} \times \overrightarrow{G} \quad \overrightarrow{x}_1 . \overrightarrow{x}_2 = 0$$
$$\Leftrightarrow \overrightarrow{F} \perp \overrightarrow{G}.$$

Ces équivalences permettent de conclure. On remarque que, comme $\overrightarrow{F}$ et $\overrightarrow{G}$ sont supplémentaires dans $\overrightarrow{E}$, les espaces $\overrightarrow{F}$ et $\overrightarrow{G}$ sont orthogonaux si, et seulement si, ils sont supplémentaires orthogonaux, autrement dit $\overrightarrow{G} = \overrightarrow{F}^{\perp}$.

Réponse 9.57 • On peut répondre qu'un **polygone** est une ligne brisée fermée telle que trois sommets consécutifs ne sont pas alignés. Il s'agit donc d'une succession de segments formant un lacet continu, ou d'une famille de segments $[A_0A_1]$,..., $[A_{n-2}A_{n-1}]$, $[A_{n-1}A_0]$ d'extrémités prises dans un ensemble de n points A_0, A_1, ..., A_{n-1} du plan.

• On dit qu'un polygone $\mathcal{P}_n = A_0A_1...A_{n-1}$ à n sommets distincts deux à deux $(n \geq 3)$ est **régulier** si l'une ou l'autre des propriétés équivalentes suivantes est vérifiée :

(1) $\mathcal{P}_n$ est inscrit dans un cercle $\mathcal{C}$ et $A_kA_{k+1} = A_0A_1$ pour tout k,

(2) Il existe une rotation r telle que $r(A_k) = A_{k+1}$ pour tout k.

• Un polygone régulier à n sommets est dit **convexe** si l'angle de la rotation r associée à ce polygone par la propriété (2) est $\theta = \pm 2\pi/n$ (2π).

• La définition d'un polygone régulier est clairement liée à la rotation qui amène A_k sur A_{k+1} quel que soit le sommet A_k considéré. Si $\mathcal{P}_n$ est un polygone à n sommets, et si l'on note O le centre du cercle $\mathcal{C}$ et r la rotation intervenant en (2), on peut montrer que les rotations r^k $(k = 0, ..., n-1)$ sont les seuls déplacements laissant invariant le polygone $\mathcal{P}_n$. En particulier, l'ensemble des déplacements laissant invariant un polygone régulier $\mathcal{P}_n$ est formé des rotations de centre O et d'angles $k2\pi/n$ $(k = 0, ..., n-1)$.

$\boxed{\textbf{Réponse 9.58}}$ La translation de vecteur $\vec{u}$ d'affixe b admet l'expression complexe $z' = z + b$ qui traduit l'égalité vectorielle $\overrightarrow{MM'} = \vec{u}$.

$\boxed{\textbf{Réponse 9.59}}$ Si $k \in \mathbb{R}$, l'égalité vectorielle $\overrightarrow{\Omega M'} = k\,\overrightarrow{\Omega M}$ se traduit en termes d'affixes par $z' - \omega = k\,(z - \omega)$.

$\boxed{\textbf{Réponse 9.60}}$ La symétrie s_{Ox} par rapport à l'axe des abscisses transforme le point M de coordonnées (x, y) en le point de coordonnées $(x, -y)$. Son expression complexe est donc $z' = x - iy = \overline{z}$ où z est l'affixe de M. La symétrie s_{Oy} par rapport à l'axe des ordonnées transforme le point M de coordonnée (x, y) en le point de coordonnées $(-x, y)$, donc son expression complexe est $z' = -x + iy = -\overline{z}$.

$\boxed{\textbf{Réponse 9.61}}$ La rotation $r_{\Omega, \theta}$ de centre Ω d'affixe ω et d'angle θ modulo 2π admet l'expression complexe $z' = e^{i\theta}(z - \omega) + \omega$ qui traduit l'égalité vectorielle $\overrightarrow{\Omega M'} = \rho(\overrightarrow{\Omega M})$ où ρ est la rotation vectorielle d'angle θ, c'est-à-dire l'application linéaire de matrice :

$$\begin{pmatrix} \cos\theta & -\sin\theta \\ \sin\theta & \cos\theta \end{pmatrix}$$

dans la base orthonormale directe utilisée pour définir les affixes.

$\boxed{\textbf{Réponse 9.62}}$ Une isométrie est une similitude de rapport 1, et l'on sait que toutes les similitudes planes de rapport k sont décrites par les relations entre affixes $z' = az + b$ ou $z' = a\overline{z} + b$, avec $(a, b) \in \mathbb{C}^2$ et $|a| = k$. On peut donc dire sans crainte que les isométries planes sont les applications du plan dans le plan qui admettent l'écriture complexe $z' = az + b$ ou $z' = a\overline{z} + b$, avec $(a, b) \in \mathbb{C}^2$ et $|a| = 1$.

$\boxed{\textbf{Réponse 9.63}}$ On peut passer de (A, B) à (C, D) en utilisant une translation suivie d'une rotation puis d'une homothétie. La preuve est très visuelle et il suffit de retenir le dessin :

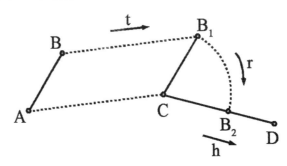

Existence de f — Translatons le segment $[AB]$ suivant $\overrightarrow{AC}$ pour obtenir le segment $[CB_1]$. Notons t cette première translation. Construisons ensuite l'image B_2 de B_1 par la rotation r de centre C et d'angle $(\overrightarrow{CB_1}, \overrightarrow{CD})$. Il suffit maintenant de remarquer que l'image de B_2 par l'homothétie h de centre C et de rapport $k = CD/AB$ est D pour conclure : la composée $f = h \circ r \circ t$ est une similitude directe qui transforme A, B en C, D.

Unicité — Si f et g sont deux similitudes directes qui transforment A, B en C, D, alors $f^{-1} \circ g$ est une similitude directe de rapport 1 (le produit $k^{-1} \times k$), donc un déplacement, et $f^{-1} \circ g$ possède deux points invariants A et B. Si c'est une translation, ce ne peut être que l'identité donc $f^{-1} \circ g = Id$, et $f = g$. Si ce n'est pas une translation, ce ne peut être qu'une rotation, mais une rotation autre que l'identité possède un unique point invariant (son centre), donc on obtient encore $f^{-1} \circ g = Id$ et $f = g$. Dans tous les cas $f = g$.

Remarque — Une autre réponse utilise les complexes. Si a, b, c, d désignent les affixes respectives de A, B, C, D, alors l'existence d'une similitude directe f transformant A en C et B en D équivaut à l'existence de $(m, n) \in C^* \times C$ tel que :
$$\begin{cases} ma + n = c \\ mb + n = d. \end{cases}$$

Ce système est de Cramer car son déterminant est $a - b \neq 0$. Il admet donc un unique couple solution :
$$(m, n) = \left(\frac{c - d}{a - b}, \frac{ad - bc}{a - b} \right)$$

et l'on constate que $m \neq 0$.

Chapitre 10

Constructions géométriques

10.1 Constructions de base

Toutes les constructions demandées dans cette section doivent être proposées à la règle et au compas, et dûment justifiées.

Question 10.1 *Médiatrices*
Tracez la médiatrice d'un segment.

Question 10.2 *Perpendiculaires*
Tracez la perpendiculaire à une droite passant par un point.

Question 10.3 *Parallèles*
Tracez la parallèle à une droite passant par un point.

Question 10.4 *Bissectrices*
Tracez les bissectrices d'un couple de droites.

Question 10.5 *Tangentes à un cercle issues d'un point*
Tracez les tangentes à un cercle issues d'un point extérieur à ce cercle.

Question 10.6 *Construction de* ab
A partir de trois segments de longueurs 1, a et b, construire un segment de longueur ab.

Question 10.7 *Construction de* a/b
A partir de trois segments de longueurs 1, a et b, construisez un segment de longueur a/b.

Question 10.8 *Construction de* $\sqrt{ab}$
A partir de trois segments de longueurs 1, a et b, construisez un segment de longueur $\sqrt{ab}$.

Question 10.9 *Construction de* $3a/5(2021$ *[14])*
Construire $3a/5$ *où* a *est une longueur donnée.*

Question 10.10 *Construction de* $(\sqrt{7} - 1)/5$
Construisez un segment de longueur $(\sqrt{7} - 1)/5$.

Question 10.11 *Construction de* $\sqrt{n}$
Comment utiliser le théorème de Pythagore pour construire les nombres $\sqrt{n}$ *lorsque* n *est un entier naturel ?*

10.2 Autres constructions

Question 10.12 *Cercle passant par* 3 *points I*
Montrez que par trois points non alignés on peut faire passer un cercle et un seul.

Question 10.13 *Cercle passant par* 3 *points II*
Montrez qu'il n'existe pas de cercle passant par trois points distincts et alignés.

Question 10.14 *Cercles égaux* *(2010)*
Montrez que deux cercles qui possèdent deux points communs A *et* B, *et une tangente commune en* A, *sont égaux.*

Question 10.15 *Caractérisation d'un parallélogramme*
Un quadrilatère qui possède deux côtés opposés égaux et parallèles est-il un parallélogramme ?

Question 10.16 *Lieu de points* *(2012, 2014)*
Tracez un cercle de centre O. *Placez un point* A *à l'intérieur du disque ainsi défini. Choisissez un point* M *sur le cercle, puis construisez le symétrique* M' *de* A *par rapport à* M. *Quel ensemble décrit* M' *quand* M *décrit le cercle ?*

Question 10.17 *Intersection hors de la feuille* *(2006)*
Sur une feuille de papier, on se donne un point A *et deux droites qui se coupent à l'extérieur de la feuille. Comment construire la droite* Δ *passant par* A *et par l'intersection de* D *et* D' *?*

Question 10.18 *Cercles tangents à* 2 *droites* *(2007)*
Soient deux droites sécantes D *et* D'.
  a) Tracer un cercle tangent à ces deux droites.
  b) Construire un cercle tangent à D *et* D' *dont le centre est à 4 cm de* D.

10.3 Questions surprenantes

Question 10.19 *Cercles tangents à 2 demi-droites* (2005)
Placez un point A dans le secteur angulaire saillant formé par deux demi-droites [Ox) et [Oy). Déterminez puis construisez les cercles passant par A et tangents aux demi-droites [Ox) et [Oy).

Question 10.20 *Repère ad hoc*
Tracez une droite D. Construisez un repère orthonormal pour que cette droite admette l'équation $y = -\frac{3}{2}x + 1$?

Question 10.21 *Recherche d'un segment*
Soit M un point du secteur saillant formé par deux demi-droites [Ox) et [Oy) issues d'un même point O. Comment construire un segment [AB] de milieu M tel que $A \in [Ox)$ et $B \in [Oy)$? Combien existe-t-il de solutions ?

10.4   Réponses

Réponse 10.1 Sur la figure ci-dessous, la médiatrice Δ du segment $[AB]$ est la droite joignant les points U et V obtenus comme les intersections de deux cercles de même rayon centrés sur A et B. Par construction les points U et V que l'on vient de construire sont à égale distance des extrémités A et B du segment $[AB]$, donc appartiennent à la médiatrice Δ. Comme on sait que Δ est une droite, on en déduit que $\Delta = (UV)$.

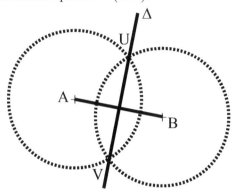

Réponse 10.2 Les deux dessins de gauche de la figure ci-dessous montrent deux façons de construire la perpendiculaire à une droite D passant par un point M donné à l'extérieur de D. Le dessin de droite s'intéresse au cas où $M \in D$.

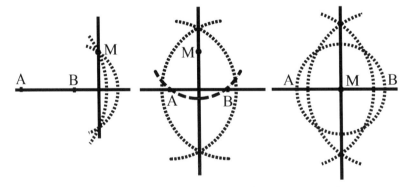

Figure de gauche — On choisit deux points A et B sur D. On trace les points d'intersection du cercle de centre A passant par M et du cercle de centre B passant par M : la perpendiculaire cherchée est la droite qui joint ces deux points. La justification est simple. Par construction, la droite D qui relie les centres A et B des deux cercles est un axe de symétrie de la réunion de ces deux cercles, donc les points d'intersection des deux cercles sont symétriques par rapport à D, donc appartiennent à la perpendiculaire à D issue de M.

Figure centrale — Un cercle de centre M et de rayon quelconque, mais suffisamment grand, coupe la droite D en deux points A et B. Il suffit de tracer la médiatrice de $[AB]$ pour obtenir notre perpendiculaire.

Figure de droite — Si $M \in D$, la solution précédente fonctionne encore parfaitement : un cercle de centre M coupe D en deux points A et B, et la médiatrice de $[AB]$ est perpendiculaire à D et passe par M.

Réponse 10.3 On sait évidemment tracer la parallèle à une droite D issue d'un point M si l'on sait tracer deux perpendiculaires : on peut donc utiliser deux fois la méthode de la Question 10.2. Mais il est plus simple de compléter un parallélogramme comme sur la figure suivante.

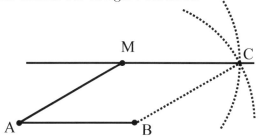

On choisit deux points distincts A et B sur D, puis on trace C à l'intersection du cercle de centre B et de rayon AM, et du cercle de centre M et de rayon AB, en prenant garde de ne pas obtenir un quadrilatère $ABCM$ croisé. On peut alors affirmer que $ABCM$ est un parallélogramme, et donc que (MC) est parallèle à (AB).

Réponse 10.4 Par définition, les bissectrices d'un couple de droites (D, D') sont les axes des réflexions qui échangent ces droites. Pour les obtenir, il suffit de construire un losange bien placé dans la figure. Soit O l'intersection de D et D'. Sur la figure ci-dessous on a tracé deux points A et B appartenant aux droites D et D', et situés à la même distance de O.

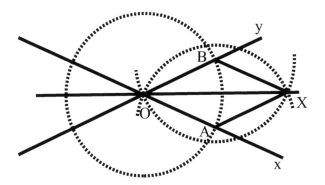

Au compas, il est facile de tracer le point X distinct de O, situé à égale distance de A et B. Par construction, le quadrilatère $OAXB$ possède quatre côtés égaux, c'est donc un losange. Les points O et X sont à égale distance de A et B, donc appartiennent à la médiatrice de $[AB]$. La médiatrice de $[AB]$ est donc la droite (OX), ce qui signifie que A et B sont symétriques par rapport à (OX).

Une réflexion transforme une demi-droite (resp. une droite) en une demi-droite (resp. une droite), donc la réflexion de base (OX), qui transforme O en O et A en B, transformera $[OA)$ en $[OB)$, et (OA) en (OB). Cela prouve que (OX) est la bissectrice du couple de demi-droites $([Ox), [Oy))$, et aussi l'une des bissectrices du couple de droites (D, D'). L'autre bissectrice du couple (D, D') est la perpendiculaire à (OX) issue de O que l'on pourrait aussi tracer en construisant un autre losange.

$\boxed{\textbf{Réponse 10.5}}$ La construction est donnée sur la figure jointe. Les points de contact des tangentes issues de M sur le cercle $\mathcal{C}$ sont les points U et V tels que les triangles OUM et OVM soient rectangles en U et V. Ces points U et V appartiendront donc au cercle $\mathcal{C}_{[MO]}$ de diamètre $[MO]$. Il suffit de tracer les intersections de $\mathcal{C}_{[MO]}$ et $\mathcal{C}$ pour obtenir ces points de contact, et tracer les tangentes (MU) et (MV).

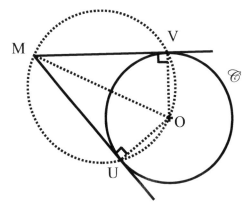

Remarque — On n'a pas demandé de discuter du nombre de tangentes que l'on peut abaisser de M sur $\mathcal{C}$, ce qui nous aurait amené à discuter du cardinal de $\mathcal{C}_{[MO]} \cap \mathcal{C}$ suivant la position de M par rapport au cercle, comme on l'a fait à la Question 9.20.

$\boxed{\textbf{Réponse 10.6}}$ Le théorème de Thalès permet de construire le nombre $x = ab$ à partir des nombres a et b, et de l'unité. La figure ci-dessous montre deux demi-droites d, d' de même origine O où l'on a tracé des points U, V, W tels que $OU = 1$, $OV = b$, $OW = a$; $U, V \in D$ et $W \in d'$.

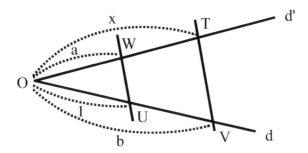

La parallèle à (UW) issue de V coupe d' en T tel que :

$$\frac{OT}{OW} = \frac{OV}{OU}, \quad \text{c'est-à-dire} \quad \frac{OT}{a} = \frac{b}{1}, \text{ d'où } OT = ab.$$

Une autre façon de construire un segment de longueur ab consiste à dessiner trois points B, I, C alignés dans cet ordre, tels que $BI = a$ et $IC = b$, puis un point A non aligné avec B et C, tel que $AI = 1$, comme sur la figure proposée un peut plus bas.

La droite (AI) recoupe le cercle $\mathcal{C}$ circonscrit au triangle ABC en un point W tel que $IA \times IW = IB \times IC$, comme on le voit en écrivant la puissance de I par rapport au cercle $\mathcal{C}$ de deux façons différentes. On obtient $IW = ab$.

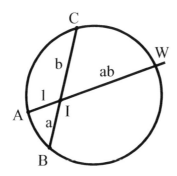

$\boxed{\textbf{Réponse 10.7}}$ Traçons deux demi-droites d, d' de même origine O, puis deux points U et V sur d tels que $OU = b$ et $OV = a$. Traçons aussi un point W sur d' tel que $OW = 1$. La parallèle à (UW) passant par V coupe d' en T tel que :

$$\frac{OT}{OW} = \frac{OV}{OU}, \quad \text{c'est-à-dire} \quad \frac{OT}{1} = \frac{a}{b},$$

soit $OT = a/b$.

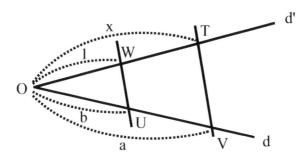

Réponse 10.8 Pour tracer un segment de longueur $h = \sqrt{ab}$ à partir de deux segments de longueurs a et b données, on peut par exemple utiliser une relation métrique dans un triangle rectangle ou la puissance d'un point par rapport à un cercle.

Première solution (Relations dans un triangle rectangle) — Sur le dessin de gauche de la figure précédente, on a tracé un triangle rectangle ABC et le pied H de la hauteur de ce triangle issue de A, de façon à avoir $BH = a$ et $HC = b$. C'est facile : il suffit de placer des points B, H, C dans cet ordre sur une droite, avec $BH = a$ et $HC = b$, puis de tracer l'intersection A du cercle de diamètre $[BC]$ et de la perpendiculaire à (BC) issue de H. Une relation bien connue dans le triangle rectangle donne $AH^2 = BH \times HC$, d'où $AH = \sqrt{ab}$.

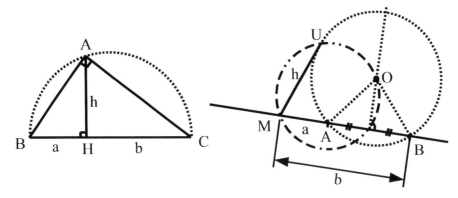

Deuxième solution (Puissance d'un point par rapport à un cercle) — Pour construire un segment de longueur $h = \sqrt{ab}$, il suffit de placer trois points M, A, B alignés tels que $MA = a$, $MB = b$ ($a < b$) et $M \notin [AB]$, comme sur le dessin de gauche de la figure précédente.

Il suffit ensuite de tracer un cercle quelconque $\mathcal{C}_{AB}$ passant par A et B, donc centré en un point O de la médiatrice de $[AB]$, puis de construire l'un des points d'intersection U de $\mathcal{C}_{AB}$ et du cercle de diamètre $[MO]$. Dans ce cas U

est le point de contact de l'une des tangentes à $\mathcal{C}_{AB}$ issues de M (car (MU) est orthogonale à (UO) par construction), et la puissance de M par rapport au cercle $\mathcal{C}_{AB}$ s'écrit indifféremment MU^2 ou $MA \times MB$. On obtient finalement $MU^2 = MA \times MB$, d'où $MU = \sqrt{ab}$.

Réponse 10.9 On trace un segment $[AB]$ de longueur a, puis une droite D passant par A. Sur cette droite, on reporte au compas à partir de A une même longueur, quelconque mais choisie une fois pour toutes, pour obtenir une graduation régulière A, U_1, U_2, U_3, U_4, U_5. La parallèle à (BU_5) issue de U_3 coupe la droite (AB) en M tel que :

$$\frac{AM}{AB} = \frac{AU_3}{AU_5} = \frac{3 \times AU_1}{5 \times AU_1} = \frac{3}{5}$$

d'après le théorème de Thalès. On déduit que $AM = 3a/5$.

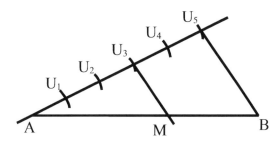

Réponse 10.10 On doit construire un segment de longueur $(\sqrt{7}-1)/5$ à la règle et au compas. La question est volontairement courte et peut désorienter un candidat non averti, car quoi ? On demande de construire ce segment à partir de quelles données ?

> Un nombre a est constructible si on peut partir d'un segment de longueur 1, une unité, puis construire, à partir de ce segment, un segment de longueur a en n'utilisant qu'une règle non graduée et un compas.

On aurait pu choquer encore plus le candidat en lui demandant :

> Le nombre $\sqrt{5}/7$ est-il constructible ? Pourquoi donc ?

La réponse est simple, et il ne faut pas hésiter à la donner. On sait construire un segment de longueur $\sqrt{7}$, on sait lui retrancher 1, et on sait partager un segment en 5 parties égales en utilisant le théorème de Thalès. On sait aussi reporter des longueurs avec le compas. On dispose donc de tous les outils nécessaires pour construire des sommes et différences de produits et de quotients où interviennent des racines carrées d'entiers et des entiers.

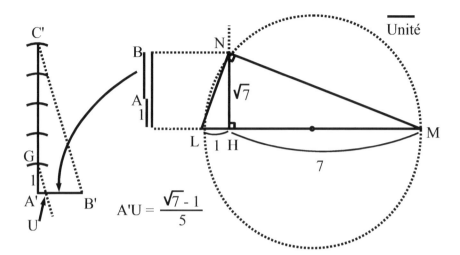

Sur la figure ci-dessus, on a choisi une unité que l'on a reportée 8 fois sur une droite pour obtenir les points L, H et M. La perpendiculaire à (LM) issue de H coupe le cercle de diamètre $[LM]$ en deux points. On appelle N l'un de ces points d'intersection, et les relations métriques dans un triangle rectangle montrent que $HN^2 = LH \times HM$, d'où $HN = \sqrt{7}$.

Il ne reste plus qu'à soustraire une unité à HN pour obtenir le segment $[AB]$ de longueur $\sqrt{7}-1$. On a reporté ce segment $[AB]$ avec le compas, pour obtenir un segment $[A'B']$ de même longueur, puis on a tracé une droite passant par A' (sur le dessin elle est verticale, mais ce n'est pas important), et l'on a reporté 5 unités sur cette droite, pour obtenir le point C' de la figure. Le théorème de Thalès montre alors que la parallèle à $(B'C')$ issue de G coupe $(A'B')$ en un point U tel que :

$$A'U = \frac{A'B'}{5} = \frac{\sqrt{7}-1}{5}.$$

Réponse 10.11 *Première méthode* — Une construction en colimaçon permet d'obtenir des segments de longueurs $\sqrt{n}$ pour n valant de 1,2, 3, etc. Pour tout n, $OM_n = \sqrt{n}$.

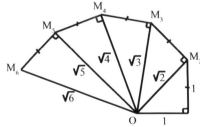

Deuxième méthode — Essayons de dessiner un triangle ABC rectangle en A tel que $c = AB = \sqrt{n}$. En posant $a = BC$ et $b = CA$, on aura $a^2 - b^2 = n$, soit $(a - b)(a + b) = n$. On peut choisir d'avoir $a - b = 1$ et $a + b = n$, ce qui revient à poser $a = (n + 1)/2$ et $b = (n - 1)/2$. Les rationnels $(n + 1)/2$ et $b = (n-1)/2$ étant faciles à construire à la règle et au compas (Question 10.10), la construction du triangle ABC tel que $AB = \sqrt{n}$ s'en déduit.

$\boxed{\textbf{Réponse 10.12}}$ Soient A, B, C trois points non alignés. On raisonne par analyse et synthèse.

Analyse — Si un cercle $\mathcal{C}$ passe par A, B et C, son centre O est à égale distance de ces trois points, donc appartient aux médiatrices Δ_A, Δ_B et Δ_C des segments $[BC]$, $[CA]$ et $[AB]$. La médiatrice Δ_A n'est pas parallèle à Δ_B, autrement les droites (BC) et (CA) seraient parallèles, donc confondues, et comme elles passent par le même point C, elles seraient égales, ce qui est impossible puisque A, B, C ne sont pas alignés. Donc Δ_A coupe Δ_B en un point O qui ne peut être que le centre du cercle recherché. Le rayon de $\mathcal{C}$ est alors $r = OA$. En conclusion, si le cercle $\mathcal{C}$ existe, il est unique puisque de centre O et de rayon $r = OA$.

Synthèse — Soit $\mathcal{C}$ le cercle de centre O, intersection de Δ_A et Δ_B, et de rayon $r = OA$. Par définition $O \in \Delta_A \cap \Delta_B$ donc $OB = OC$ et $OC = OA$. Par conséquent $r = OA = OB = OC$, donc A, B et C appartiennent à $\mathcal{C}$.

On vient de montrer l'existence et l'unicité du cercle circonscrit à un triangle non aplati.

$\boxed{\textbf{Réponse 10.13}}$ Soient A, B, C trois points distincts et alignés. S'il existait un cercle passant par ces trois points, son centre O appartiendrait aux médiatrices des segments $[AB]$ et $[BC]$. Mais ces médiatrices sont perpendiculaires à la même droite qui contient A, B et C, donc sont parallèles, et même strictement parallèles (car $A \neq C$). Elles ne peuvent donc pas se couper en un point O, et un tel cercle n'existe pas.

Autre réponse — Si un tel cercle existait, la droite (ABC) le couperait en trois points distincts, ce qui est impossible car on sait qu'une droite coupe un cercle en au plus deux points !

$\boxed{\textbf{Réponse 10.14}}$ Si deux cercles $\mathcal{C}$ et $\mathcal{C}'$ de centres respectifs O et O', passent par deux points distincts A et B, et admettent la même tangente T en A, les centres O et O' de ces cercles appartiennent à $\Delta \cap D$ où Δ désigne la médiatrice de $[AB]$ et D la perpendiculaire à T issue de A.

Les droites Δ et D ne sont pas parallèles, sinon T et (AB) seraient parallèles tout en passant par A, et l'on aurait $T = (AB)$, absurde. On déduit que $\Delta \cap D$ est un singleton. Comme O et O' appartiennent à $\Delta \cap D$, on obtient $O = O'$, et les rayons OA et $O'A$ de $\mathcal{C}$ et $\mathcal{C}'$ sont égaux. Finalement, les cercles $\mathcal{C}$ et $\mathcal{C}'$ ont même centre et même rayon, donc sont égaux.

Réponse 10.15 Une figure montre qu'il ne suffit pas d'avoir $AB = CD$ et $(AB)\,/\!/\,(CD)$ pour pouvoir affirmer que le quadrilatère $ABCD$ est un parallélogramme. L'affirmation proposée est donc fausse.

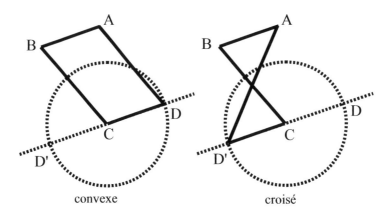

convexe   croisé

- Si A, B et C sont tracés, le point D vérifiera $AB = CD$ et $(AB)\,/\!/\,(CD)$ si, et seulement si, il appartient à la parallèle à (AB) passant par C, et se trouve à la distance AB de C. Il existe deux points D et D' qui vérifient ces conditions, situés de part et d'autre de C. On obtient donc deux tracés possibles et si l'un des quadrilatères obtenus est un parallélogramme ($ABCD$ sur la figure), l'autre est croisé et n'est donc pas un parallélogramme ($ABCD'$ sur la figure).

- On en déduit que l'affirmation sera vraie si l'on ajoute une hypothèse, par exemple : « $ABCD$ n'est pas croisé », ou si l'on préfère : « les points A et D appartiennent au même demi-plan de frontière (BC) ».

Réponse 10.16 Cherchons le lieu des points M' lorsque M parcourt le cercle $\mathcal{C}$ de centre O et de rayon r en utilisant des moyens disponibles au collège. On dispose du théorème de la droite des milieux en quatrième, et du théorème de Thalès et sa réciproque en troisième.

Soit O' le symétrique de A par rapport à O. Si $M \in \mathcal{C}$, construisons le symétrique M' de A par rapport à M.

Comme O est le milieu de $[AO']$, et M le milieu de $[AM']$, le théorème de la droite des milieux montre que $O'M' = 2OM = 2r$, donc M' appartient au cercle $\mathcal{C}'$ de centre O' et de rayon $2r$. Si $\mathcal{E}$ désigne l'ensemble cherché, on vient de montrer l'inclusion $\mathcal{E} \subset \mathcal{C}'$.

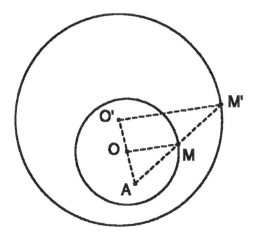

Il faut maintenant montrer que $\mathcal{C}' \subset \mathcal{E}$. Si N est un point de $\mathcal{C}'$, traçons le milieu M de $[AN]$. Le théorème de la droite des milieux appliqué dans le triangle $AO'N$ montre que :

$$OM = \frac{O'N}{2} = r,$$

donc que M appartient à $\mathcal{C}$. Ainsi N est le symétrique de A par rapport à M, avec $M \in \mathcal{C}$, donc $N \in \mathcal{E}$. Cela montre que $\mathcal{C}' \subset \mathcal{E}$, et nous permet d'affirmer que l'ensemble $\mathcal{E}$ cherché est le cercle $\mathcal{C}'$ en entier.

Remarques — α) La preuve que l'on vient de donner passe sous silence un cas particulier embêtant dont on se gardera de parler en collège pour ne pas embrouiller les esprits : si M, appartenant à $\mathcal{C}$, est aligné avec O et A, le triangle $AO'M'$ est aplati et l'on ne peut plus appliquer le théorème de la droite des milieux. Cela montre les limites de ce raisonnement, et pourrait constituer une question d'un jury d'oral qui nous demanderait comment faire pour traiter ce cas particulier.

On peut répondre en proposant une autre méthode, par exemple en utilisant des vecteurs, puisque de :

$$\begin{cases} \overrightarrow{AM'} = 2\overrightarrow{AM} \\ \overrightarrow{AO'} = 2\overrightarrow{AO} \end{cases}$$

on tire $\overrightarrow{O'M'} = 2\overrightarrow{OM}$ par soustraction, d'où $O'M' = 2OM$, ce qui montre que $M' \in \mathcal{C}'$. Cela prouve l'inclusion $\mathcal{E} \subset \mathcal{C}'$ dans tous les cas de figure, et l'on ferait de même pour l'inclusion $\mathcal{C}' \subset \mathcal{E}$.

β) Pour maîtriser cet exercice au tableau, le candidat doit bien remarquer que l'on s'intéresse aux images de M par l'homothétie h de centre A et de rapport 2, et donc que l'on est en train de chercher l'ensemble $\mathcal{E} = h(\mathcal{C})$, image d'un cercle par une homothétie ! Un théorème classique (à savoir redémontrer si besoin) affirme que $h(\mathcal{C})$ est le cercle de centre $h(O)$ et de rayon $2r$, ce qui explique pourquoi l'énoncé nous incite à utiliser le point $O' = h(O)$.

γ) Dans cet exercice, il est primordial de ne pas oublier de traiter la réciproque. L'oublier serait extrêmement pénalisant dans le cadre d'un concours où le jury est tenu de tester notre capacité à raisonner rigoureusement.

$\boxed{\textbf{Réponse 10.17}}$ Appelons Δ la droite recherchée. Notons M l'intersection de D et D'.

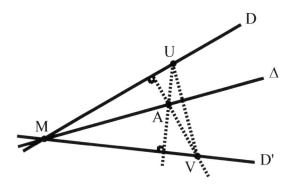

Première solution (Orthocentre) — Il est facile de construire des points U sur D, et V sur D', tels que A soit l'orthocentre du triangle MUV. Pour cela, il suffit de construire la perpendiculaire à D' passant par A, et de noter U l'intersection de cette perpendiculaire et de D, puis de construire la perpendiculaire à D passant par A, et de noter V l'intersection de cette perpendiculaire et de D'. Le point A apparaît alors comme l'orthocentre de MUV. La perpendiculaire à (UV) issue de M est la droite Δ cherchée.

Seconde solution (Symétries centrales) — La symétrie centrale s_A par rapport à A transforme M en S, et S n'est autre que l'intersection des droites D_0 et D_0' symétriques respectives de D et D' par rapport à A. Comme $D_0 = s_A(D)$ et $D_0' = s_A(D')$ sont faciles à construire (s_A est une homothétie de rapport -1, donc transforme D en une droite D_0 parallèle à D), le point S est facile à obtenir. La droite Δ passe alors par A et S.

Si D_0 et D_0' se coupent en dehors de la feuille, ce n'est pas grave, puisqu'on peut remplacer la symétrie centrale s_A par une homothétie $h_{A,k}$ de centre A, de rapport k suffisamment petit en valeur absolue. La construction de $D_1 = h_{A,k}(D)$ et $D_1' = h_{A,k}(D')$ est facile, et si T désigne l'intersection de D_1 et D_1', la droite Δ joint A à T.

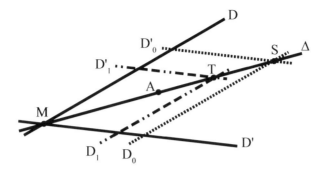

Réponse 10.18 a) Le centre O d'un tel cercle doit être à égale distance de D et D', donc appartenir à l'une des deux bissectrices du couple de droite (D, D'). Réciproquement tout point O appartenant à l'une des bissectrices du couple (D, D') sera le centre d'un cercle tangent à D et D' : il suffit pour cela de le faire passer par le point H projeté orthogonal de O sur D (figure (a)). Il existe donc une infinité de solutions.

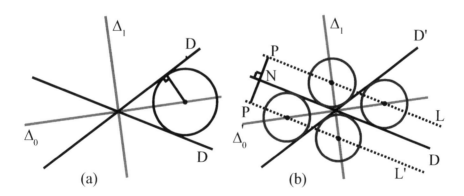

(a)   (b)

b) Le centre O d'un cercle-solution doit appartenir à la fois à l'une des bissectrices Δ_0, Δ_1 du couple (D, D'), et à l'ensemble $\mathcal{E}$ des points situés à 4 cm de D. L'ensemble $\mathcal{E}$ est la réunion de deux droites L et L' faciles à tracer : choisir un point N sur D, tracer la perpendiculaire L_0 à D issue de N, puis les points P et P' de L_0 situés à 4 cm de N. Les droites L et L' sont les perpendiculaires à L_0 issues de P et P'. Les centres des cercles-solutions sont les quatre points de $(L \cup L') \cap (\Delta_0 \cup \Delta_1)$ dessinés sur la figure (b).

Réponse 10.19 La solution est évidente si A appartient à $[Ox)$ ou $[Oy)$. Si par exemple A appartient à $[Ox)$, le centre d'un tel cercle ne peut être qu'à l'intersection de la bissectrice du couple $([Ox), [Oy))$ et de la perpendiculaire à (Ox) passant par A.

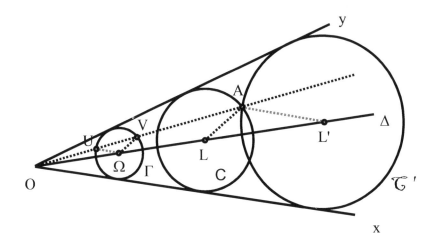

Supposons maintenant que A n'appartienne ni à $[Ox)$, ni à $[Oy)$. Choisissons un point Ω sur la bissectrice de $([Ox), [Oy))$ et dans le secteur angulaire $\mathcal{S} = [[\widehat{Ox), [Oy}]]$, puis construisons un cercle Γ de centre Ω et tangent aux côtés $[Ox)$ et $[Oy)$.

Analyse — Si $\mathcal{C}$ est un cercle solution, et si L désigne son centre, l'homothétie $h_{O,k}$ de centre O et de rapport $k = \overline{O\Omega}/\overline{OL}$ transforme $\mathcal{C}$ en Γ, mais transforme aussi A en l'un des deux points U et V d'intersection de (OA) et du cercle Γ. Par conséquent $\mathcal{C}$ est l'image de Γ par l'une des deux homothéties h_U ou h_V, où h_U (resp. h_V) désigne l'homothétie de centre O qui transforme U (resp. V) en A. Le problème admet donc au plus deux solutions.

Synthèse — Les images $h_U(\Gamma)$ et $h_V(\Gamma)$ de Γ par les homothéties h_U ou h_V sont bien des cercles :

    - passant par A (puisque $A = h_U(U) = h_V(V)$) ;

    - tangents aux droites (Ox) et (Oy). En effet, $(Ox) \cap \Gamma$ est un singleton, et h_U étant bijective, $h_U((Ox) \cap \Gamma) = h_U((Ox)) \cap h_U(\Gamma) = (Ox) \cap h_U(\Gamma)$ est aussi un singleton. La droite (Ox) qui coupe le cercle $h_U(\Gamma)$ en un seul point est nécessairement une tangente à ce cercle (on recommencerait avec $h_V(\Gamma)$).

Conclusion — Il existe deux cercles solutions. Construire ces cercles revient à construire l'image d'un cercle par une homothétie. Par exemple, pour tracer $h_U(\Gamma)$, on peut :

    - tracer la parallèle D à $(U\Omega)$ issue de A ;

    - tracer l'intersection L' de D et de Δ.

Le cercle de centre L' passant par A est l'image $h_U(\Gamma)$ cherchée.

Réponse 10.20 Soit D une droite donnée. On désire construire un repère orthonormal tel que D admette l'équation :

$$y = -\frac{3}{2}x + 1.$$

Dans un premier temps il s'agit de placer les directions des axes du repère de sorte que la pente de D soit égale à $-3/2$. A cet effet, on construit un triangle ABC rectangle en A, direct, tel que $AB = 2$ et $AC = 3$. Cette construction nous donne un angle α tel que $\tan\alpha = -3/2$, et il est facile de reproduire cet angle à la règle et au compas pour obtenir trois point A', B', C' tels que $(B'C')$ soit parallèle à D et que l'angle $(\overrightarrow{B'A'}, \overrightarrow{B'C'})$ soit égal à α.

Si l'on choisit des axes Ox et Oy du repère parallèles à $(A'B')$ et à (A',C'), on sera certain que la pente de D sera la bonne. Il ne reste plus qu'à placer l'origine O du repère. Pour cela, on choisit un point M sur la droite D, puis on trace un point O situé sur la parallèle D_y à (A',C') issue de M, tel que $OM = 1$. Il ne reste plus qu'à orienter la droite D_y de façon à ce que M soit d'abscisse $+1$ sur cette droite. L'axe des y sera cette droite D_y orientée. La droite D_x perpendiculaire à D_y et passant par O sera l'axe Ox en choisissant de l'orienter de O vers le point d'intersection de D_x et de D.

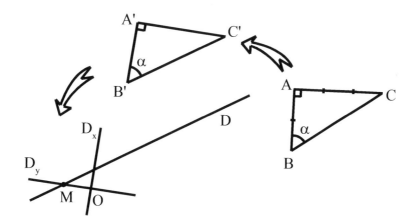

Réponse 10.21 *Analyse* — Supposons le problème résolu et traçons le symétrique W de O par rapport à M. Les diagonales du quadrilatère $OAWB$ se coupent en leur milieu, donc ce quadrilatère est un parallélogramme et les parallèles aux droites (Oy) et (Ox) issues de W couperont ces droites en A et B.

Synthèse — Traçons le symétrique W de O par rapport à M. La parallèle à (Ox) issue de W coupe (Oy) en B, et la parallèle à (Oy) issue de W coupe (Ox)

en A. Comme $OAWB$ est un parallélogramme par construction, ses diagonales se coupent en leur milieu et M sera bien le milieu de $[AB]$.

Nombre de solutions — Le raisonnement par analyse-synthèse que nous venons de mener démontre qu'il n'existe qu'une solution au problème.

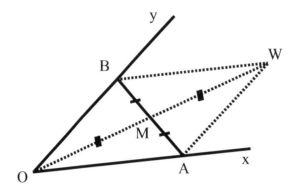

Chapitre 11

Droites & plans

11.1 Droites dans le plan

11.1.1 Définitions

Question 11.1 *Définition d'une droite* *(2017[39], 2019, 2023)*
Comment définir une droite sans repère ?
[Question proche : qu'est-ce qu'une droite ?]

Question 11.2 *Unicité* *(2017[39]) Montrez l'unicité d'une droite passant par un point et de vecteur directeur donné.*

11.1.2 Equations cartésiennes

Question 11.3 *Existence d'une équation cartésienne* *(2017[39])*
Montrez que toute droite du plan possède une équation cartésienne.

Question 11.4 *Vocabulaire* *(2017[39])*
Peut-on parler de l'équation d'une droite ?

Question 11.5 *Equation cartésienne d'une droite I* *(2017, 2023[21])*
Trouvez une équation cartésienne de la droite passant par $A(2,5)$ et $B(-5,2)$.

Question 11.6 *Equation cartésienne d'une droite II* *(2019[11])*
Soient trois points du plan $A(-2;5)$, $B(-2;-3)$ et $C(2;3)$. Que peut-on dire de la droite (AB) ? Représente-t-elle une fonction ? Idem avec (AC). Donnez l'équation de la droite (AC).

Question 11.7 *Equation cartésienne d'une droite III* *(2012)*
Au niveau du collège, justifiez que :
  a) Toute droite du plan possède une équation de la forme $ax + by + c = 0$.
  b) Toute équation de ce type représente une droite.

Question 11.8 *Equation réduite I* (2018)
Montrez que toute droite possède une unique équation de la forme $x = k$ ou $y = ax + b$ où $k, a, b \in \mathbb{R}$.

Question 11.9 *Equation réduite II* (2016)
Toute droite possède-t-elle une équation de la forme $y = ax + b$?

Question 11.10 *Pente & ordonnée à l'origine* (2018)
Définir la pente et l'ordonnée à l'origine d'une droite.

Question 11.11 *Ordonnée à l'origine* (2017 [39])
Comment calculer l'ordonnée à l'origine d'une droite passant par deux points ?

Question 11.12 *Pente* (2017)
Que représente la pente d'une droite ?

Question 11.13 *Adjectif « cartésien »*
D'où vient l'adjectif cartésien utilisé dans l'expression : « équation carté-sienne » ?

Question 11.14 *Equations de bissectrices* (2005)
Déterminez des équations des bissectrices d'un couple de droites sécantes don-nées par leurs équations cartésiennes.

11.2   Médiatrice d'un segment

Question 11.15 *Définition* (2018 [7], 2022 [20], 2023 [21])
Proposez deux définitions de la médiatrice d'un segment, puis démontrez que ces définitions sont équivalentes.

Question 11.16 *Equation d'une médiatrice* (2023 [21])
On munit le plan d'un repère orthonormal. Trouvez une équation de la média-trice du segment $[AB]$ d'extrémités $A(1, 3)$ et $B(5, -2)$.

Question 11.17 *Deux définitions d'un même objet* (2022 [20])
On connaît les deux propriétés qui caractérisent la médiatrice d'un segment. Comment les présenter à des élèves du collège ? A-t-on le droit de proposer deux définitions d'un même objet ?

Question 11.18 *Utiliser son esprit critique*
Cette définition est-elle acceptable : « La médiatrice d'un segment est l'en-semble des points équidistants au segment » ?

Question 11.19 *Régionnement du plan par une médiatrice*
Soient A et B deux points distincts du plan. La médiatrice Δ de $[AB]$ permet de définir une partition du plan en trois parties.
    a) Expliquez-nous de quelles parties il s'agit.
    b) Caractérisez ces parties en utilisant des distances.
    c) Démontrez ces caractérisations.

11.3   Droites & plans dans l'espace

Question 11.20 *Equations paramétriques* (2017, 2018[6])
Qu'appelle-t-on représentation paramétrique d'une droite de l'espace ?

Question 11.21 *Unicité ou non ?* (2017)
Une droite de l'espace possède-t-elle une seule équation paramétrée ? Donnez la forme générale de ces équations.

Question 11.22 *Définition d'un plan*
Définissez rigoureusement ce qu'est un plan dans un espace de dimension 3.

Question 11.23 *Représentation paramétrique d'un plan* (2018[6])
Qu'appelle-t-on représentation paramétrique d'un plan ?

Question 11.24 *Doit-on utiliser un repère orthonormal ?* (2018[6])
Faut-il un repère orthonormal pour définir une représentation paramétrique d'une droite ou d'un plan ?

Question 11.25 *Recherche d'une équation cartésienne*
Comment obtenir une équation cartésienne d'un plan ?

Question 11.26 *Quelle est cette équation ?*
Montrez que l'équation $ax + by + cz + d = 0$ est celle d'un plan.

Question 11.27 *Vecteur normal à un plan I* (2017[39])
Comment obtenir une équation de plan à partir du vecteur normal ?

Question 11.28 *Vecteur normal à un plan II*
Pouvez-vous démontrez que le vecteur $\vec{n}(a, b, c)$ est orthogonal au plan d'équation $ax + by + cz + d = 0$.

Question 11.29 *Un plan & deux équations*
Dans l'espace de dimension 3, que dire si un <u>même</u> plan P admet deux équations cartésiennes $ax + by + cz + d = 0$ et $a'x + b'y + cz' + d' = 0$?

Question 11.30 *Position relative d'une droite et d'un plan*
Comment expliquer la position relative d'une droite et d'un plan à ses élèves ?

Question 11.31 *Dessins à main levée*
Tracez deux plans sécants (resp. un cube, un pavé droit, deux plans perpendiculaires...) au tableau à main levée.

Question 11.32 *Question subtile*
Dans l'espace de dimension 3, un plan peut-il admettre une équation qui n'est pas de la forme $ax + by + cz + d = 0$?

Question 11.33 *Equations cartésiennes de droites*
Qu'appelle-t-on équations cartésiennes d'une droite dans un espace de dimension 3 ?

Question 11.34 *Points coplanaires*
Quand dit-on que trois points sont coplanaires ?

Question 11.35 *Droites coplanaires*
Deux droites sécantes de l'espace sont-elles coplanaires ?
Montrez-le rigoureusement.

Question 11.36 *CNS de coplanarité*
Proposez une CNS portant sur les coordonnées de quatre points A, B, C, D de $\mathbb{R}^3$ pour que ces points soient coplanaires. Justifiez.

Question 11.37 *Recherche d'équation de plan I* (2019 [13])
Déterminez une équation cartésienne du plan passant par les points $A(2, 5, 0)$, $B(0, 1, -6)$ et $C(0, 4, 9)$?

Question 11.38 *Recherche d'équation de plan II* (2017 [39], 2019 [13])
Déterminez une équation du plan passant par $A(5, 8, -3)$, de direction donnée par les vecteurs $\overrightarrow{u}(8, 7, 0)$ et $\overrightarrow{v}(-2, 2, 1)$.

Question 11.39 *Nature de cette surface*
La partie de $\mathbb{R}^3$ définie par $x^2 + y^2 = 1$ dans un repère orthonormal est-elle un plan ? Comment s'appelle-t-elle ?

Question 11.40 *Parallélisme au sens strict*
Peut-on dire que deux droites de $\mathbb{R}^3$ sont strictement parallèles si, et seulement si, elles ne se coupent pas ?

Question 11.41 *Intersection de* 2 *plans* (2019[13])
Démontrez que deux plans non parallèles de l'espace de dimension trois s'interceptent suivant une droite.

Question 11.42 *Forme linéaire associée à un plan*
Que dire du plan P d'équation $2x + 3y + 5z = 0$? Cherchez un repère orthonormal de P. Quelle forme linéaire définit P ?

Question 11.43 *Droites non sécantes de l'espace*
Montrez que deux droites de l'espace non parallèles et non sécantes ne sont pas coplanaires.

Question 11.44 *Théorème du toit* (2017[39], 2019[13])
Démontrez le théorème du toit.

Question 11.45 *Négation du théorème du toit* (2019[13])
Pouvez-vous nier le théorème du toit.

Question 11.46 *CNS d'inclusion d'une droite dans un plan*
Soit D une droite passant par A de vecteur directeur $\overrightarrow{u}$, et P un plan passant par B et de vecteurs directeurs $\overrightarrow{v}$ et $\overrightarrow{w}$. Proposez une CNS pour avoir $D \subset P$, et justifiez-la.

Question 11.47 *Singleton*
Une droite D n'est pas parallèle à un plan P. Démontrez que $D \cap P$ est un singleton.

Question 11.48 *Droite incluse dans un plan*
Si deux points distincts A et B appartiennent à un même plan, montrez que la droite (AB) est incluse dans ce plan.

Question 11.49 *Sections de deux plans parallèles*
Si deux plans sont parallèles, montrer que tout plan qui coupe l'un coupe l'autre, et que les droites d'intersection sont parallèles.

Question 11.50 *Est-ce possible ?*
Deux droites peuvent-elles être perpendiculaires dans $\mathbb{R}^3$?

Question 11.51 *Orthogonales sans être perpendiculaires*
Deux droites de $\mathbb{R}^3$ peuvent-elles être orthogonales sans être perpendiculaires ?

Question 11.52 *Orthogonalité & perpendicularité*
Quand dit-on que deux sous-espaces vectoriels de $\mathbb{R}^n$ sont orthogonaux ? perpendiculaires ? Et s'il s'agit de sous-espaces affines ?

Question 11.53 *Verticalité & horizontalité*
Quand dit-on qu'une droite de $\mathbb{R}^3$ est verticale ? horizontale ? Quand dit-on qu'un plan est vertical ? horizontal ?

Question 11.54 *Orthogonalité à un plan*
Montrez qu'une droite est orthogonale à un plan si, et seulement si, elle est orthogonale à deux droites sécantes de ce plan.

Question 11.55 *Plans perpendiculaires*
Si deux plans sont perpendiculaires, toute droite de l'un est-elle orthogonale à toute droite de l'autre ?

Question 11.56 *Définition d'un plan médiateur* (2015 [24])
Qu'appelle-t-on plan médiateur d'un segment ?

Question 11.57 *Equation d'un plan médiateur* (2015 [24])
Donnez une équation du plan médiateur de $[AB]$.

Question 11.58 *Alignement dans un cube* (2011)
Dessinez un cube en perspective à main levée au tableau. Nommez les sommets. Tracez les milieux I, J, K des arêtes... [à adapter pour obtenir le dessin ci-dessous]. Ces points sont-ils alignés ?

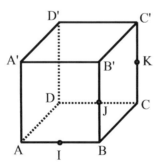

Question 11.59 *Plans définis analytiquement* (2010)
Soient P et Q les plans d'équations $x - y + 2z - 1 = 0$ et $-2x + 4y - 4z + 1 = 0$.
    a) Montrez que ces plans se coupent suivant une droite D dont on détermi-nera une équation paramétrique.
    b) Donnez un vecteur directeur de D sans utiliser d'équation paramétrique.

Question 11.60 *Recherche de l'équation d'un plan*
Déterminez une équation du plan P passant par $A(3, -1, 0)$ contenant la droite D d'équations :
$$\begin{cases} x - 8y = 3 \\ 2x + y - z = 0. \end{cases}$$

11.4 Questions surprenantes

Question 11.61 *Parallélisme & orthogonalité*
Quelles différences existe-t-il entre le parallélisme et l'orthogonalité de deux droites suivant que l'on soit dans le plan ou l'espace ?

Question 11.62 *Position relative de deux plans*
Comment prévoir la position relative de deux plans en s'intéressant uniquement aux coefficients de leurs équations cartésiennes ?

Question 11.63 *Terminologie*
En terminale, au sujet de droites et de plans, vaut-il mieux parler d'« équations paramétriques » ou de « représentation paramétrique » ?

Question 11.64 *Une droite dans une boule ?*
Montrez qu'une droite n'est jamais incluse dans une boule.

Question 11.65 *Droites dans la réunion de deux droites*
Soient D et D' deux droites de l'espace. Démontrer que toute droite Δ incluses dans $D \cup D'$ est égale à D ou à D'.

Question 11.66 *Arêtes opposées d'un tétraèdre régulier* (2015 [24])
Montrez que deux arêtes opposées d'un tétraèdre régulier sont orthogonales.

Question 11.67 *Orthogonalité dans un tétraèdre régulier* (2015 [24])
Dans un tétraèdre régulier $ABCD$, soit M l'intersection des droites joignant A au milieu de $[BC]$ et B au milieu de $[AC]$. Montrer que la droite (MD) est orthogonale au plan (ABC).

11.5   Réponses

Réponse 11.1 Dans un espace affine E de direction $\vec{E}$, donnons-nous un point A de E et un vecteur non nul $\vec{u}$ appartenant à $\vec{E}$. Par définition, la droite passant par A et de vecteur directeur $\vec{u}$ est l'ensemble :

$$\mathcal{D}(A, \vec{u}) = \left\{ M \in E \,/\, \exists \lambda \in \mathbb{R} \quad \overrightarrow{AM} = \lambda \vec{u} \right\}. \quad (\dagger)$$

Réponse 11.2 Par définition, la droite passant par A et de vecteur directeur $\vec{u}$ est l'ensemble $\mathcal{D}(A, \vec{u}) = \{ M \in E \,/\, \exists \lambda \in \mathbb{R} \quad \overrightarrow{AM} = \lambda \vec{u} \}$ (Question 11.1). Cette définition définit parfaitement la droite en question de façon unique.

Commentaire — Il se peut que la question ait été mal retranscrite dans le compte rendu [39], et que le rapporteur voulait parler de l'unicité de la parallèle à une droite D donnée passant par un point A donné. Dans ce cas, on répondrait en raisonnant pas analyse-synthèse :

Analyse - S'il existe une telle parallèle Δ, alors Δ passe par A et admet un quelconque vecteur directeur (non nul) $\vec{u}$ de D comme vecteur directeur, donc $\Delta = \mathcal{D}(A, \vec{u})$ en utilisant la notation donnée plus haut. L'unicité de Δ est assurée et il ne reste plus qu'à vérifier son existence.

Synthèse - La droite $\Delta = \mathcal{D}(A, \vec{u})$ passe bien par A et se trouve bien être parallèle à D, donc convient.

Réponse 11.3 Par définition (voir $(\dagger)$ dans la réponse à la Question 11.1), la droite D passant par un point $A\,(x_A, y_A)$ et de vecteur directeur $\vec{u}\,(\alpha, \beta)$ est définie par ses équations paramétriques (qui ne font qu'expliciter la relation vectorielle $\overrightarrow{AM} = \lambda \vec{u}$) :

$$\begin{cases} x = x_A + \lambda \alpha \\ y = y_A + \lambda \beta. \end{cases}$$

On obtient une équation cartésienne de D en éliminant le paramètre λ d'entre ces équations. On envisage deux cas suivant que α ou β soit non nul. Si par exemple $\alpha \neq 0$ (l'autre cas se traiterait de la même façon), alors :

$$M\,(x, y) \in D \quad \Leftrightarrow \quad \begin{cases} x = x_A + \lambda \alpha \\ y = y_A + \lambda \beta \end{cases} \quad \Leftrightarrow \quad y = y_A + \frac{x - x_A}{\alpha} \beta$$

et l'équation $\beta x - \alpha y + y_A \alpha - x_A \beta$ est bien de la forme voulue.

On vient de démontrer le théorème suivant : toute droite D possède au moins une équation cartésienne de la forme $ax + by + c = 0$ avec $(a, b) \neq (0, 0)$.

Autrement dit, pour toute droite D, il existe un triplet de réels (a, b, c) avec $(a, b) \neq (0, 0)$, tel que : $(M(x, y) \in D \Leftrightarrow ax + by + c = 0)$.

Remarques — α) On peut aussi obtenir une équation cartésienne d'une droite en utilisant la caractérisation de colinéarité de deux vecteurs en termes de coordonnées. Il suffit d'écrire :

$$M(x, y) \in D \quad \Leftrightarrow \quad \overrightarrow{AM}, \vec{u} \text{ colinéaires}$$

$$\Leftrightarrow \quad \begin{vmatrix} x - x_A & \alpha \\ y - y_A & \beta \end{vmatrix} = 0$$

$$\Leftrightarrow \quad \beta x - \alpha y - \beta x_A + \alpha y_A = 0.$$

La condition de colinéarité de deux vecteurs donnée sous la forme $xy' - x'y = 0$, inscrit au programme de première débuté en 2019 [37], équivaut à l'écriture du déterminant ci-dessus.

β) Si $\alpha\beta \neq 0$, l'élimination de λ dans les équations paramétriques de D donne :

$$\frac{x - x_A}{\alpha} = \frac{y - y_A}{\beta}. \quad (*)$$

Cette équation est facile à retenir, et le cas où $\alpha\beta = 0$ se retrouve à partir de cette équation en faisant la convention suivante : si α (resp. β) est nul, on remplace le quotient de $(*)$ qui n'est plus défini par la nouvelle équation $x = x_A$ (resp. $y = y_A$).

$\boxed{\textbf{Réponse 11.4}}$ Parce que l'équation d'une droite n'est pas unique. Si D est une droite, il est plus rigoureux de parler d'une équation de D et non de l'équation de D. Il y a une petite exception à faire dans le plan, si la droite D n'est pas parallèle à l'axe des ordonnées : on peut alors parler de l'équation réduite de D, en sous-entendant alors qu'il s'agit de l'unique équation de D de la forme $y = ax + b$.

$\boxed{\textbf{Réponse 11.5}}$ La droite D passant par $A(2, 5)$ et $B(-5, 2)$ sera d'équation $y = ax + b$ (puisque n'étant pas parallèle à l'axe des ordonnées) avec :

$$\begin{cases} 2a + b = 5 \\ -5a + b = 2. \end{cases}$$

En soustrayant membre à membre, on trouve $7a = 3$, d'où $a = 3/7$, puis $b = 2 + 5 \times 3/7 = 29/7$. L'équation réduite de D est donc $y = (3/7)x + 29/7$.

$\boxed{\textbf{Réponse 11.6}}$ Les points $A(-2; 5)$ et $B(-2; -3)$ ont même abscisse, donc la droite (AB) est parallèle à l'axe des ordonnées, et admet l'équation $y = -2$

qui ne représente pas une fonction. Par contre C a pour coordonnées $(2;3)$ et une équation de la droite (AC) sera :

$$y - 5 = \frac{3 - 5}{2 - (-2)}(x - (-2)) \quad \text{soit} \quad y = -\frac{1}{2}(x - 8).$$

La droite (AC) est donc la représentation graphique de la fonction affine qui à x associe $-(x-8)/2$.

Réponse 11.7 a) Soit D une droite du plan rapporté à un repère ortho-normal. Si D est verticale, c'est-à-dire parallèle à l'axe des y, on constate sans peine qu'elle admet une équation de la forme $x = x_0$ où x_0 est une constante. Supposons maintenant que D ne soit pas verticale. Choisissons deux points distincts A et B de coordonnées (x_A, y_A) et (x_B, y_B) sur D.

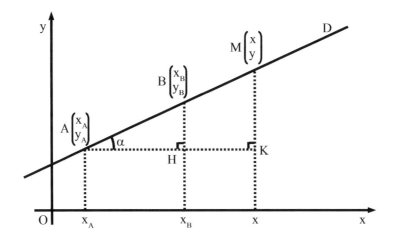

Si $M \neq A$, et si l'on note H et K les projetés orthogonaux de B et M sur la parallèle à l'axe des x passant par A, on a les équivalences suivantes :

$$
\begin{aligned}
M \in (AB) \quad &\Leftrightarrow \quad (AB) = (AM) \\
&\Leftrightarrow \quad \tan((Ox),(AB)) = \tan((Ox),(AM)) \\
&\Leftrightarrow \quad \tan \widehat{HAB} = \tan \widehat{KAM} \\
&\Leftrightarrow \quad \frac{y_B - y_A}{x_B - x_A} = \frac{y - y_A}{x - x_A} \\
&\Leftrightarrow \quad y = m(x - x_A) + y_A
\end{aligned}
$$

où $m = \frac{y_B - y_A}{x_B - x_A}$ est le taux d'accroissement entre A et B, que l'on appelle aussi la pente de la droite D. L'équation $y = m(x_B - x_A) + y_A$ est trivialement vérifiée si $M = A$, si bien que l'on a montré que M appartenait à D si et seulement si $y = m(x_B - x_A) + y_A$ en utilisant uniquement des connaissances de collège.

Remarques — La réponse donnée convient en première approximation. Il faut quand même remarquer que l'on a un peu triché en affirmant l'équivalence :

$$(AB) = (AM) \Leftrightarrow \tan((Ox), (AB)) = \tan((Ox), (AM)) \quad (\dagger)$$

car, en collège, on ne peut utiliser que des angles géométriques, ce qui apparaît d'ailleurs dans l'écriture :

$$\tan \widehat{HAB} = \tan \widehat{KAM}.$$

Au cycle 4 on définit la tangente d'un angle aigu comme un rapport de distances dans un triangle rectangle. Ce rapport reste donc positif et ne permet pas de différencier une fonction affine croissante d'une fonction décroissante. On remarque aussi qu'avec des angles géométriques, l'égalité :

$$\tan((Ox), D) = \tan((Ox), D')$$

sera vraie pour deux droites D et D' situées symétriquement par rapport à la droite horizontale passant par A, et que, dans ce cas, l'équivalence ($\dagger$) devient fausse. Ecrire :

$$\tan((Ox), (AM)) = \frac{y - y_A}{x - x_A}$$

pose aussi un problème de signes, car, au collège, le nombre $\tan((Ox), (AM))$ reste positif alors que le taux d'accroissement $\frac{y - y_A}{x - x_A}$ peut devenir négatif suivant la nature de la droite (AM). Pour raisonner correctement, il faudrait employer des rapports de mesures algébriques et des angles orientés, et écrire :

$$
\begin{aligned}
M \in (AB) \quad &\Leftrightarrow \quad (AB) = (AM) \\
&\Leftrightarrow \quad \tan((Ox), (AB)) = \tan((Ox), (AM)) \\
&\Leftrightarrow \quad \frac{y_B - y_A}{x_B - x_A} = \frac{y - y_A}{x - x_A} \\
&\Leftrightarrow \quad y = m(x - x_A) + y_A.
\end{aligned}
$$

b) Réciproquement, donnons-nous une équation $ax + by + c = 0$ où a et b ne sont pas simultanément nuls. Si $b = 0$, l'équation devient $x = x_0$ avec $x_0 = -c/a$, et on reconnaît une droite verticale. Si $b \neq 0$, l'équation proposée est de la forme $y = ax + b$ (les notations ont changé). Notons E l'ensemble des points $M(x, y)$ du plan tels que $y = ax + b$. Choisissons deux couples distincts (x_A, y_A) et (x_B, y_B) solutions de cette équation, et notons $A(x_A, y_A)$

et $B\left(x_B, y_B\right)$ les points associés. Si $M \neq A$, alors :

$$M \in E \;\Leftrightarrow\; y = ax + b \quad (1)$$
$$\overset{*}{\Leftrightarrow}\; \frac{y - y_A}{x - x_A} = a = \frac{y_B - y_A}{x_B - x_A} \quad (2)$$
$$\Leftrightarrow\; \tan((Ox),(AB)) = \tan((Ox),(AM))$$
$$\Leftrightarrow\; (AB) = (AM) \;\Leftrightarrow\; M \in (AB).$$

Vérifions l'équivalence $\overset{*}{\Leftrightarrow}$: si $y = ax + b$, comme $y_A = ax_A + b$ et $y_B = ax_B + b$ on obtient par soustraction :

$$a = \frac{y - y_A}{x - x_A} \quad \text{et} \quad a = \frac{y_B - y_A}{x_B - x_A},$$

d'où (2). Réciproquement, si (2) est vraie, de $\dfrac{y - y_A}{x - x_A} = a$ on tire :

$$y = a\left(x - x_A\right) + y_A = ax + \left(y_A - ax_A\right) = ax + b$$

puisque $y_A = ax_A + b$. Finalement, on a bien montré l'équivalence :

$$M \in E \;\Leftrightarrow\; M \in (AB)$$

sous réserve d'avoir $M \neq A$. Cette équivalence étant triviale lorsque $M = A$, on peut affirmer que M appartient à E si et seulement si $M \in (AB)$, ce qui prouve que E est une droite.

$\boxed{\textbf{Réponse 11.8}}$ Le plan est rapporté à un repère $\mathcal{R} = (O, \vec{i}, \vec{j})$.

Existence — On sait qu'une droite D du plan possède toujours une équation de la forme $ax + by + c = 0$ avec $(a,b) \neq (0,0)$, unique à un coefficient multiplicatif non nul près, et de vecteur directeur $\vec{u}(-b, a)$ (Question 11.3). De deux choses l'une :

- Si $b = 0$, alors $a \neq 0$ et l'équation devient $x = -c/a$ qui est de la forme demandée. Dans ce cas D est parallèle à l'axe des ordonnées puisque $\vec{u}$ est colinéaire à $\vec{j}$.

- Si $b \neq 0$, l'équation s'écrit $y = (-a/b)x - c/b$ qui est encore de la forme demandée. On remarque alors que D n'est pas parallèle à l'axe des ordonnées puisque $\vec{u}$ n'est pas colinéaire à $\vec{j}$.

Unicité — L'unicité est triviale lorsque D admet une équation du type $x = k$. Dans le cas où D n'est pas parallèle à l'axe des ordonnées, si $y = ax + b$ et $y = a'x + b'$ représentent la même droite, alors l'unique point d'abscisse 0 sur D

est de coordonnées $(0, b)$ et $(0, b')$, donc $b = b'$, et l'unique point d'abscisse 1 sur D est de coordonnées $(1, a + b)$ et $(1, a' + b')$ d'où $a = a'$.

Réponse 11.9 Bien sûr que non : certaines droites n'admettent pas d'équation de la forme $y = ax + b$, et ce sont les parallèles à l'axe des ordonnées. Leurs équations sont de la forme $x = k$ où k désigne un nombre réel.

Réponse 11.10 Toute droite D du plan non parallèle à l'axe des ordonnées possède une unique équation cartésienne de la forme $y = ax + b$. Le coefficient a est appelé **pente** de D, et b est connu sous le nom d'**ordonnée à l'origine**, puisque le point de coordonnées $(0, b)$ est le point de D d'abscisse 0.

Réponse 11.11 On détermine l'équation réduite de la droite D passant par ces deux points. Celle-ci sera de la forme $y = ax + b$ (en supposant que cette droite ne soit pas verticale, autrement elle ne possède pas d'ordonnée à l'origine !) et b sera l'ordonnée à l'origine de D, c'est-à-dire l'ordonnée du point de cette droite d'abscisse 0.

Réponse 11.12 La pente d'une droite D non parallèle à l'axe des ordonnées est le coefficient a de l'équation cartésienne de D donnée de la forme $y = ax + b$. Si le repère xOy est orthonormal, la pente de D est aussi la tangente de l'angle $\alpha = ((Ox), D)$.

En effet si l'on choisit deux points distincts A et B sur D, et si l'on note (x_A, y_A) et (x_B, y_B) leurs coordonnées et H le projeté orthogonal de B sur la parallèle à Ox passant par A (faire un dessin ou voir celui de la réponse à la Question 11.7), on a :

$$\tan \alpha = \frac{\overline{HB}}{\overline{AH}} = \frac{y_B - y_A}{x_B - x_A} = a,$$

la dernière égalité provenant des relations $y_A = ax_A + b$ et $y_B = ax_B + b$.

Réponse 11.13 L'adjectif « cartésien » vient du mathématicien français talentueux René Descartes (1596-1650) connu en particulier pour son *Discours de la méthode* et l'invention des coordonnées (x, y) d'un point dans le plan, permettant de nommer les points très précisément et d'introduire des calculs algébriques en géométrie. On parle d'équations cartésiennes et de repères cartésiens du plan en son honneur.

Réponse 11.14 Soient D et D' deux droites sécantes données par leurs équations $ax + by + c = 0$ et $a'x + b'y + c' = 0$ dans un repère cartésien du plan.

Première méthode — On utilise la formule donnant la distance d'un point à une droite (Question 7.24) et la caractérisation métrique des bissectrices. Le point M de coordonnées (x, y) appartient à l'une des deux bissectrices du couple (D, D') si et seulement si :

$$\frac{|ax + by + c|}{\sqrt{a^2 + b^2}} = \frac{|a'x + b'y + c'|}{\sqrt{a'^2 + b'^2}}$$

c'est-à-dire :

$$\frac{ax + by + c}{\sqrt{a^2 + b^2}} = \varepsilon \frac{a'x + b'y + c'}{\sqrt{a'^2 + b'^2}},$$

où $\varepsilon = \pm 1$. En posant $\nu = \sqrt{a'^2 + b'^2}/\sqrt{a^2 + b^2}$, on obtient les deux équations suivantes des bissectrices :

$$\left(\nu a - \varepsilon a'\right) x + \left(\nu b - \varepsilon b'\right) y + \nu c - \varepsilon c' = 0.$$

Deuxième méthode — On cherche les coordonnées du point d'intersection O de D et D', puis de deux points A et A', respectivement sur D et D', tels que $OA = OA'$. La médiatrice Δ de $[AA']$ est une des bissectrices cherchée. Une équation de Δ est facile à obtenir puisque $M \in \Delta$ si et seulement si $MA = MA'$. L'autre bissectrice est la perpendiculaire à Δ issue de O.

Troisième méthode — Posons $N = \sqrt{a^2 + b^2}$ et $N' = \sqrt{a'^2 + b'^2}$. Les vecteurs $\overrightarrow{u}\,(-b/N, a/N)$ et $\overrightarrow{u'}\,(-b'/N', a'/N')$ sont normés et dirigent les droites D et D'. Les médiatrices du couple (D, D') sont donc les droites :

$$\Delta = O + \mathbb{R}(\overrightarrow{u} + \overrightarrow{u'}) \quad et \quad \Delta' = O + \mathbb{R}(\overrightarrow{u} - \overrightarrow{u'}),$$

où $O \in D \cap D'$ ([34], Th. 132). Il suffit d'éliminer les paramètres dans chacune de ces équations paramétriques de Δ et Δ' pour obtenir les équations cartésiennes cherchées.

Réponse 11.15 Soient A et B deux points distincts du plan. La médiatrice d'un segment est au choix :

(a) La droite perpendiculaire à ce segment, passant par son milieu.
(b) L'ensemble des points équidistants des extrémités du segment.

Pour démontrer que ces deux définitions sont équivalentes, notons Δ la perpendiculaire à $[AB]$ passant par le milieu I de $[AB]$, et $\mathcal{E}$ l'ensemble des points M du plan tels que $MA = MB$.

Inclusion $\Delta \subset \mathcal{E}$ — Si $M \in \Delta$, les triangles MIA et MIB sont rectangles en M et le théorème de Pythagore donne :

$$MA^2 = MI^2 + IA^2 = MI^2 + IB^2 = MB^2$$

d'où $MA = MB$, ce qui prouve que $M \in \mathcal{E}$.

Inclusion $\mathcal{E} \subset \Delta$ — Si $MA = MB$, notons H le projeté orthogonal du point M sur la droite (AB). Les triangles MHA et MHB sont rectangles en H, et possèdent deux côtés respectifs égaux. Le théorème de Pythagore donne alors $HA^2 = MA^2 - MH^2 = MB^2 - MH^2 = HB^2$, ce qui prouve que $HA = HB$, donc que $H = I$. Par conséquent $M \in \Delta$.

$\boxed{\textbf{Réponse 11.16}}$ *La médiatrice* Δ *du segment* $[AB]$ *d'extrémités* $A(1,3)$ et $B(5,-2)$ est l'ensemble des points équidistants de A et B, donc :

$$
\begin{aligned}
M \in \Delta \quad &\Leftrightarrow \quad MA = MB \\
&\Leftrightarrow \quad MA^2 = MB^2 \\
&\Leftrightarrow \quad (x-1)^2 + (y-3)^2 = (x-5)^2 + (y+2)^2 \\
&\Leftrightarrow \quad 8x - 10y - 19 = 0.
\end{aligned}
$$

Une équation cartésienne de Δ est donc : $8x - 10y - 19 = 0$.

$\boxed{\textbf{Réponse 11.17}}$ La médiatrice d'un segment $[AB]$ est à la fois :

(a) La droite Δ perpendiculaire (AB) passant par le milieu de $[AB]$,
(b) et l'ensemble des points M tels que $MA = MB$.

Les propriétés (a) et (b) sont toutes les deux des propriétés caractéristiques de la médiatrice du segment $[AB]$. Elles caractérisent cette médiatrice, ce qui revient à dire qu'on peut les utiliser l'une ou l'autre pour la définir.

En collège ou ailleurs, on dispose de deux façons d'introduire ces propriétés. La première consiste à en choisir une comme définition, puis énoncer l'autre comme propriété. On dispose alors d'une définition et d'une propriété caractéristique (qui aura le statut de proposition ou de théorème). Par exemple, les énoncés peuvent être libellés ainsi (en prenant l'assertion (a) comme définition) :

Définition. Soient A et B deux points distincts du plan. La perpendiculaire à (AB) passant par le milieu de $[AB]$ est appelée médiatrice du segment $[AB]$.

Propriété. La médiatrice de $[AB]$ est l'ensemble des points M équidistants des extrémités A et B du segment $[AB]$.

A ce niveau, il convient de démontrer (ou admettre) la propriété que l'on vient d'énoncer.

La seconde façon de faire revient à proposer deux définitions de la médiatrice de $[AB]$, correspondant aux assertions (a) et (b), avec l'obligation de vérifier ensuite que ces définitions ont un sens, c'est-à-dire définissent le même objet.

On parle alors de définitions équivalentes. On a bien entendu le droit de proposer deux définitions d'un même objet, à condition de vérifier que l'on définit chaque fois exactement le même objet La preuve de l'équivalence des deux définitions de la médiatrice d'un segment est donnée à la Question 11.15.

Au collège, certains pédagogues diront qu'il vaut mieux proposer une définition et une propriété pour que cela soit plus clair aux yeux des collégiens. Cependant, proposer deux définitions, et démontrer qu'elles définissent le même objet, est aussi formateur, tout en permettant de placer ces deux définitions sur un même niveau pour en faciliter la mémorisation. Parler des deux définitions d'une médiatrice reste très évocateur ! Les deux méthodes restent des options licites.

Remarque — L'une des attentes importantes du jury du CAPES est de savoir si le candidat sait préciser le statut d'une assertion : s'agit-il d'une définition ou d'une proposition (on dit encore :propriété, théorème) ? Une définition ne se démontre pas, mais doit définir un objet unique. Une proposition se démontre.

De telles questions ont été posées à la session 2022 et sont retranscrites dans le compte rendu d'oral [20]. Dans ce compte rendu, le jury demande comment le candidat pourrait présenter cette propriété à des élèves pour faire le lien avec la définition énoncée juste avant, et un peu plus loin, demande encore : « Pensez-vous que vous pourriez présenter cette propriété comme une autre définition ? ». De telles questions sont à préparer à l'avance pour ne pas être surpris pendant l'entretien.

Réponse 11.18 Cette définition de la médiatrice d'un segment est à rejeter. La distance d'un point à un ensemble est la plus petite distance de ce point à un point de l'ensemble, donc on peut parler de distance d'un point à un segment, mais l'ensemble des points situés à égale distance d'un seul objet, ici un segment, n'est autre que l'espace affine ambiant en entier. La définition donnée n'a donc aucun intérêt. Ecrire ce texte dans une copie d'examen ou de concours est (doit être) mortel pour la question.

Réponse 11.19 a) On suppose ici que la médiatrice d'un segment est définie comme étant la droite perpendiculaire à ce segment passant par son milieu. On sait que la médiatrice Δ de $[AB]$ est associée à la partition $P = \{\Delta, \mathcal{P}_A, \mathcal{P}_B\}$ du plan $\mathcal{P}$, où $\mathcal{P}_A$ est le demi-plan ouvert de frontière Δ contenant A, et $\mathcal{P}_B$ celui contenant B.

b) On sait que :

$$(P) \quad \begin{cases} \Delta = \{M \in E \,/\, MA = MB\} \\ \mathcal{P}_A = \{M \in E \,/\, MA < MB\} \\ \mathcal{P}_B = \{M \in E \,/\, MB < MA\}. \end{cases}$$

c) Montrons la propriété (P). Notons s la réflexion par rapport à Δ.

- Si $M \in \Delta$ alors $MA = s(M)\,s(A) = MB$ puisqu'une réflexion conserve les distances.

- Si $M \in \mathcal{P}_A$ notons N l'intersection du segment $[BM]$ et Δ (elle existe car M et B n'appartiennent pas au même demi-plan de frontière Δ). Comme $N \notin [MA]$ (autrement la convexité de $\mathcal{P}_A$ montrerait que N appartient au demi-plan ouvert $\mathcal{P}_A$, absurde) et comme $N \in \Delta$, on peut écrire :

$$MA < MN + NA = MN + NB = MB.$$

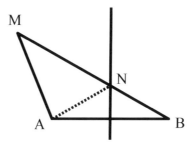

- On montrerait de même que si $M \in \mathcal{P}_B$ alors $MB < MA$. Finalement, on a démontré les trois implications :

$$\begin{cases} M \in \Delta \Rightarrow MA = MB & (1) \\ M \in \mathcal{P}_A \Rightarrow MA < MB & (2) \\ M \in \mathcal{P}_B \Rightarrow MB < MA. & (3) \end{cases}$$

Comme $\{\Delta, \mathcal{P}_A, \mathcal{P}_B\}$ est une partition du plan, ces implications sont en fait des équivalences.

Montrons par exemple que l'implication (1) est une équivalence, les autres preuves étant du même tonneau. Soit M un point tel que $MA = MB$. Si M

appartenait à $\mathcal{P}_A$, l'implication (2) donnerait $MA < MB$, ce qui est absurde, donc $M \notin \mathcal{P}_A$. Si M appartenait à $\mathcal{P}_B$, l'implication (3) donnerait $MB < MA$, ce qui est encore absurde, donc $M \notin \mathcal{P}_B$. Finalement M n'appartient ni à $\mathcal{P}_A$, ni à $\mathcal{P}_B$, donc appartiendra à Δ puisque $\{\Delta, \mathcal{P}_A, \mathcal{P}_B\}$ est une partition du plan. Cela permet de conclure.

$\boxed{\text{Réponse 11.20}}$ Par définition, la droite passant par A, de vecteur directeur $\vec{u}$ est l'ensemble :

$$D = \{M \in E \,/\, \exists \lambda \in \mathbb{R} \quad \overrightarrow{AM} = \lambda \vec{u}\}.$$

C'est en explicitant cette description d'une droite en utilisant des coordonnées que l'on obtient des équations paramétriques de cette droite, aussi appelées représentations paramétriques. Par exemple, si $A\,(x_A, y_A, z_A)$ et $\vec{u}\,(\alpha, \beta, \gamma)$:

$$M \in D \iff \exists \lambda \in \mathbb{R} \;\; \overrightarrow{AM} = \lambda \vec{u} \iff \exists \lambda \in \mathbb{R} \;\; \begin{cases} x = x_A + \lambda \alpha \\ y = y_A + \lambda \beta \\ z = z_A + \lambda \gamma. \end{cases}$$

Toutes les coordonnées (x, y, z) des points de D s'écrivent de cette façon pour une certaine valeur du paramètre λ.

$\boxed{\text{Réponse 11.21}}$ Il existe une infinité d'équations paramétrées d'une même droite D. On les obtient en choisissant un point A sur D et un vecteur directeur $\vec{u}$ de D, puis en traduisant analytiquement la définition vectorielle d'une droite : $D = \{M \in E \,/\, \exists \lambda \in \mathbb{R} \;\; \overrightarrow{AM} = \lambda \vec{u}\}$ (Question 11.20). Il y aura donc autant d'équations paramétrées de D que de points sur D et de vecteurs directeurs de D, c'est-à-dire une infinité.

$\boxed{\text{Réponse 11.22}}$ Soit E un espace affine de dimension 3 et de direction $\vec{E}$. Soient A un point de E et $(\vec{u}, \vec{v})$ un système libre de deux vecteurs de $\vec{E}$. Par définition, le plan passant par A, de vecteurs directeurs $\vec{u}$ et $\vec{v}$ est l'ensemble :

$$P\,(A, \vec{u}, \vec{v}) = \{M \in E \,/\, \exists \lambda, \mu \in \mathbb{R} \quad \overrightarrow{AM} = \lambda \vec{u} + \mu \vec{v}\}. \quad (\dagger)$$

$\boxed{\text{Réponse 11.23}}$ Le plan passant par A, de vecteurs directeurs $\vec{u}$ et $\vec{v}$ est l'ensemble (Question 11.22) :

$$P = \{M \in E \,/\, \exists \lambda, \mu \in \mathbb{R} \quad \overrightarrow{AM} = \lambda \vec{u} + \mu \vec{v}\}.$$

La traduction de cette définition vectorielle utilisant des coordonnées de vecteurs et de points constitue ce que l'on appelle une représentation paramétrique de P. Si $A\,(x_A, y_A, z_A)$ est donné par ses coordonnées dans un repère

$(O, \overrightarrow{i}, \overrightarrow{j}, \overrightarrow{k})$, et si les vecteurs $\overrightarrow{u}(\alpha, \beta, \gamma)$ et $\overrightarrow{v}(\alpha', \beta', \gamma')$ sont linéairement indépendants et exprimés dans la base $(\overrightarrow{i}, \overrightarrow{j}, \overrightarrow{k})$ de l'espace vectoriel associé, on obtient les équations :

$$(S) \quad \begin{cases} x = x_A + \lambda\alpha + \mu\alpha' \\ y = y_A + \lambda\beta + \mu\beta' \qquad \lambda, \mu \in \mathbb{R} \\ z = z_A + \lambda\gamma + \mu\gamma'. \end{cases}$$

Elles signifient que :

$$M \begin{pmatrix} x \\ y \\ z \end{pmatrix} \in P \iff \exists \lambda, \mu \in \mathbb{R} \quad \begin{cases} x = x_A + \lambda\alpha + \mu\alpha' \\ y = y_A + \lambda\beta + \mu\beta' \\ z = z_A + \lambda\gamma + \mu\gamma'. \end{cases}$$

Remarque — Le jury s'attend à avoir des précisions, et il faut lui montrer que l'on sait utiliser le quantificateur $\exists$ pour traduire l'appartenance de M à P comme on l'a fait ci-dessus.

$\boxed{\textbf{Réponse 11.24}}$ Bien sûr que non : un repère affine suffit !

$\boxed{\textbf{Réponse 11.25}}$ Un plan est un sous-espace affine de dimension 2, donc admet une représentation paramétrique de la forme :

$$(S) \quad \begin{cases} x = x_A + \lambda\alpha + \mu\alpha' \\ y = y_A + \lambda\beta + \mu\beta' \qquad \lambda, \mu \in \mathbb{R} \\ z = z_A + \lambda\gamma + \mu\gamma' \end{cases}$$

où $A(x_A, y_A, z_A)$ est un point et où les vecteurs $\overrightarrow{u}(\alpha, \beta, \gamma)$ et $\overrightarrow{v}(\alpha', \beta', \gamma')$ sont linéairement indépendants. On obtient une équation cartésienne du plan de représentation paramétrique (S) en éliminant les paramètres λ et μ de ces équations. Forcément, l'un des trois déterminants :

$$\begin{vmatrix} \alpha & \alpha' \\ \beta & \beta' \end{vmatrix}, \quad \begin{vmatrix} \alpha & \alpha' \\ \gamma & \gamma' \end{vmatrix} \quad \text{ou} \quad \begin{vmatrix} \beta & \beta' \\ \gamma & \gamma' \end{vmatrix}$$

n'est pas nul. Supposons par exemple $\alpha\beta' - \beta\alpha' \neq 0$. Les deux premières lignes du système (S) forment un système de Cramer dont les solutions sont données par les formules de Cramer :

$$(\lambda, \mu) = \left(\frac{\begin{vmatrix} x - x_A & \alpha' \\ y - y_A & \beta' \end{vmatrix}}{\begin{vmatrix} \alpha & \alpha' \\ \beta & \beta' \end{vmatrix}}, \frac{\begin{vmatrix} \alpha & x - x_A \\ \beta & y - y_A \end{vmatrix}}{\begin{vmatrix} \alpha & \alpha' \\ \beta & \beta' \end{vmatrix}} \right).$$

Il suffit de remplacer dans la troisième équation de (S) pour obtenir :

$$(z - z_A) \begin{vmatrix} \alpha & \alpha' \\ \beta & \beta' \end{vmatrix} = \begin{vmatrix} x - x_A & \alpha' \\ y - y_A & \beta' \end{vmatrix} \gamma + \begin{vmatrix} \alpha & x - x_A \\ \beta & y - y_A \end{vmatrix} \gamma'$$

soit :

$$\left(\beta\gamma' - \gamma\beta'\right)(x - x_A) + \left(\gamma\alpha' - \alpha\gamma'\right)(y - y_A) + \left(\alpha\beta' - \beta\alpha'\right)(z - z_A) = 0. \quad (*)$$

Il est clair que cette dernière égalité $(*)$ équivaut à l'existence d'un couple (λ, μ) solution de (S). Par ailleurs on constate que les coefficients de l'équation $(*)$ ne sont jamais simultanément nuls.

Réponse 11.26 Il faut supposer que $(a, b, c) \neq (0, 0, 0)$ sinon l'équation $ax + by + cz + d = 0$ représente l'ensemble vide ou l'espace entier. Supposons donc que les réels a, b, c ne soient pas nuls en même temps. On peut par exemple supposer que $a \neq 0$, quitte à recommencer de la même façon dans les autres cas. Posons $y = \lambda$ et $z = \mu$. On a l'équivalence :

$$ax + by + cz + d = 0 \quad \Leftrightarrow \quad \exists \lambda, \mu \in \mathbb{R} \quad \begin{cases} x = -\dfrac{d}{a} - \dfrac{b}{a}\lambda - \dfrac{c}{a}\mu \\ y = \lambda \\ z = \mu. \end{cases}$$

On reconnaît des équations paramétriques du plan passant par le point A de coordonnées $(-d/a, 0, 0)$, de direction le plan vectoriel engendré par les vecteurs $\overrightarrow{u}$ et $\overrightarrow{v}$ de coordonnées $(-b/a, 1, 0)$ et $(-c/a, 0, 1)$. L'ensemble P d'équation $ax + by + cz + d = 0$ est donc bien un plan.

On peut aller plus loin dans les explications, et voir que les équations paramétriques ci-dessus montrent que :

$$P = \{M \,/\, \exists \lambda, \mu \in \mathbb{R} \quad \overrightarrow{AM} = \lambda \overrightarrow{u} + \mu \overrightarrow{v}\}.$$

L'ensemble P est donc bien, par définition, le sous-espace affine de dimension deux passant par A et de direction $\text{Vect}(\overrightarrow{u}, \overrightarrow{v})$, sous-espace que l'on note $A + \text{Vect}(\overrightarrow{u}, \overrightarrow{v})$ dans l'enseignement supérieur.

Réponse 11.27 Le plan P passant par un point $A(x_A, y_A, z_A)$ et orthogonal à un vecteur $\overrightarrow{u}(\alpha, \beta, \gamma)$ admet l'équation $\overrightarrow{AM}.\overrightarrow{u} = 0$. Si l'on travaille dans une base orthonormale, et si l'on note (x, y, z) les coordonnées d'un point générique M, on peut alors écrire :

$$M \in P \quad \Leftrightarrow \quad \overrightarrow{AM}.\overrightarrow{u} = 0 \quad \Leftrightarrow \quad (x - x_A)\alpha + (y - y_A)\beta + (z - z_A)\gamma = 0.$$

Réponse 11.28 Voir Question 7.32.

Réponse 11.29 Si $ax + by + cz + d = 0$ et $a'x + b'y + cz' + d' = 0$ sont deux équations cartésiennes de P dans le même repère $(O, \vec{i}, \vec{j}, \vec{k})$, alors les listes (a, b, c, d) et (a', b', c', d') sont proportionnelles. Vérifions-le :

Première solution — Notons E l'espace affine de dimension 3 (supposé être un espace vectoriel sur $\mathbb{R}$), $\vec{E}$ sa direction, et définissons le produit scalaire sur $\vec{E}$ pour lequel la base $(\vec{i}, \vec{j}, \vec{k})$ est orthonormale. Les vecteurs $\vec{u}$ et $\vec{v}$ de coordonnées (a, b, c) et (a', b', c') sont alors respectivement orthogonaux aux plans vectoriels $\vec{P} : ax + by + cz = 0$ et $\vec{P'} : a'x + b'y + cz' = 0$ qui ne sont autre que les directions de P et P'. Comme $P = P'$, on aura $\vec{P} = \vec{P'}$ donc $\vec{P}^\perp = \vec{P'}^\perp$, ce qui s'écrit encore $\mathbb{R}\vec{u} = \mathbb{R}\vec{v}$. Cela montre l'existence d'un réel k tel que $(a', b', c') = k(a, b, c)$. Si $A(x_A, y_A, z_A)$ appartient à $P = P'$,

$$\left\{ \begin{array}{l} ax_A + by_A + cz_A + d = 0 \\ k(ax_A + by_A + cz_A) + d' = 0 \end{array} \right.$$

d'où $d' = kd$.

Seconde solution — Il est naturel de refuser d'introduire un produit scalaire pour démontrer ce résultat affine. Pour cela, on peut rappeler que deux formes linéaires non nulles déterminent le même plan vectoriel si et seulement si elles sont proportionnelles ([34], Th. 21). Ici, les plans vectoriels :

$$\vec{P} : ax + by + cz = 0 \quad \text{et} \quad \vec{P'} : a'x + b'y + c'z = 0$$

sont égaux et définis par les formes linéaires :

$$l : \begin{array}{ccc} \vec{E} & \to & \mathbb{R} \\ \vec{u}(x, y, z) & \mapsto & ax + by + cz \end{array} \quad \text{et} \quad l' : \begin{array}{ccc} \vec{E} & \to & \mathbb{R} \\ \vec{u}(x, y, z) & \mapsto & a'x + b'y + c'z, \end{array}$$

donc il existe $k \in \mathbb{R}^*$ tel que $l' = kl$, et les suites (a, b, c) et (a', b', c') sont proportionnelles. On termine la preuve comme dans la première solution.

Réponse 11.30 On peut par exemple tenir une règle et un cahier en l'air devant soi, et les disposer de diverses manières en expliquant.

Réponse 11.31 Voici les représentations de deux plans parallèles et de deux plans sécants :

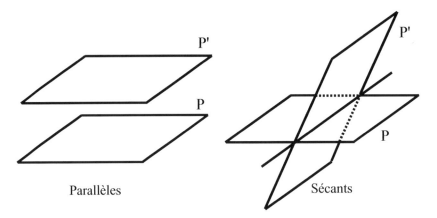

Parallèles   Sécants

Réponse 11.32 Non, certainement pas, mais ce sont les meilleures équations que l'on puisse trouver ! L'équation $(2x + 3y - 7 + 4)^2 = 0$ représente un plan, et on peut en trouver d'autres beaucoup plus difficiles à décrypter, par exemple en développant et simplifiant le membre de gauche de l'équation $(2x + 3y - 7 + 4)^{16} + 17(2x + 3y - 7 + 4)^4 = 0$.

Réponse 11.33 Une droite d'un espace de dimension 3 est l'intersection de deux plans, par conséquent les équations cartésiennes qui définissent une droite sont la donnée de deux équations de plans, chacune de ces équations étant de la forme $ax + by + cz + d = 0$ avec $(a, b, c) \neq (0, 0, 0)$. Par exemple :

$$\begin{cases} 2x + 7y - z + 2 = 0 \\ x + y - 3z + 5 = 0 \end{cases}$$

sont les équations cartésiennes d'une droite de $\mathbb{R}^3$, puisque les plans d'équations $2x + 7y - z + 2 = 0$ et $x + y - 3z + 5 = 0$ ne sont pas parallèles.

Réponse 11.34 Trois points sont dits coplanaires s'il existe un plan qui les contient.

Réponse 11.35 Deux droites D et D' sécantes en O sont coplanaires puisqu'appartiennent au plan (OAB) où A désigne un point de D distinct de O, et B un point de D' distinct de O (on suppose ici que les deux droites sont strictement sécantes, c'est-à-dire que $D \cap D' = \{O\}$).

Pour le prouver complètement, il faut retourner à la définition vectorielle des droites et des plans, ou dire simplement que le plan $P = (OAB)$ est bien défini (car on sait que par trois points alignés il passe un plan et un seul), et que, par construction, les points O et A appartiennent à P, ce qui permet d'affirmer que $(OA) \subset P$ (d'après les propriétés connues des plans). De même O et B appartiennent à P donc $(OB) \subset P$. Il existe donc un plan P qui contient les droites $D = (OA)$ et $D' = (OB)$, ce qui signifie, par définition, que ces droites sont coplanaires.

$\boxed{\text{Réponse 11.36}}$ On sait que le sous-espace affine engendré par les points A, B, C, D est $V = A + \text{Vect}(\overrightarrow{AB}, \overrightarrow{AC}, \overrightarrow{AD})$. On peut donc dire que A, B, C, D seront coplanaires si et seulement si ce sous-espace affine V peut être inclus dans un plan, c'est-à-dire $\dim \text{Vect}(\overrightarrow{AB}, \overrightarrow{AC}, \overrightarrow{AD}) \leq 2$. Cela équivaut à la nullité du déterminant $\det(\overrightarrow{AB}, \overrightarrow{AC}, \overrightarrow{AD})$. On vient de justifier les équivalences suivantes :

$$
\begin{aligned}
A,\, B,\, C,\, D \text{ coplanaires} \quad &\Leftrightarrow \quad \dim \text{Vect}(\overrightarrow{AB}, \overrightarrow{AC}, \overrightarrow{AD}) \leq 2 \\
&\Leftrightarrow \quad (\overrightarrow{AB}, \overrightarrow{AC}, \overrightarrow{AD}) \text{ lié} \\
&\Leftrightarrow \quad \det(\overrightarrow{AB}, \overrightarrow{AC}, \overrightarrow{AD}) = 0.
\end{aligned}
$$

$\boxed{\text{Réponse 11.37}}$ Une équation du plan P passant par les points $A\,(2,5,0)$, $B(0,1,-6)$ et $C(0,4,9)$ s'obtient en annulant le déterminant de $(\overrightarrow{AM}, \overrightarrow{AB}, \overrightarrow{AC})$ (Question 11.36). Ici on trouve :

$$
\begin{vmatrix}
x - 2 & -2 & -2 \\
y - 5 & -4 & -1 \\
z & -6 & 9
\end{vmatrix} = 0
$$

soit $7x - 5y + z + 11 = 0$.

$\boxed{\text{Réponse 11.38}}$ Il suffit d'annuler le déterminant $\det(\overrightarrow{AM}, \overrightarrow{u}, \overrightarrow{v})$. On obtient :

$$
\begin{vmatrix}
x - 5 & 8 & -2 \\
y - 8 & 7 & 2 \\
z - (-3) & 0 & 1
\end{vmatrix} = 0
$$

soit $7x - 8y + 30z + 119 = 0$ après calculs.

$\boxed{\text{Réponse 11.39}}$ Evidemment non, mais il faut le prouver. On peut raisonner par l'absurde et dire que si cette partie $\mathcal{P}$ était un plan, elle admettrait une équation de la forme $ax + by + cz + d = 0$ avec $(a, b, c) \neq (0, 0, 0)$. Il suffit alors de choisir des points dans $\mathcal{P}$ et écrire les équations obtenues pour s'apercevoir que a, b et c ne peuvent pas exister. Par exemple, les points de coordonnées $(1, 0, \lambda)$ ou $(0, 1, \lambda)$ appartiennent à $\mathcal{P}$ quel que soit $\lambda \in \mathbb{R}$ puisque ces coordonnées vérifient l'équation $x^2 + y^2 = 1$, donc :

$$
\forall \lambda \in \mathbb{R} \quad \left\{
\begin{array}{l}
a + \lambda c + d = 0 \\
b + \lambda c + d = 0
\end{array}
\right.
$$

ce qui entraîne $a = b = -d$ et $c = 0$. L'équation de $\mathcal{P}$ devient $-dx - dy + d = 0$, soit $x + y - 1 = 0$. Mais le point de coordonnées $(1/2, \sqrt{3}/2, 0)$ appartient aussi à $\mathcal{P}$, donc $1/2 + \sqrt{3}/2 - 1 = 0$, ce qui est absurde.

Une autre façon d'obtenir une absurdité consiste à remarquer que les points $A(1,0,0)$ et $B(0,1,0)$ appartiennent à $\mathcal{P}$. Si $\mathcal{P}$ était un plan, la droite (AB) serait incluse dans ce plan, donc le milieu $M(1/2, 1/2, 0)$ de $[AB]$ appartiendrait à $\mathcal{P}$, ce qui est faux puisque $(1/2)^2 + (1/2)^2 \neq 1$.

L'ensemble $\mathcal{P}$ est un cylindre de révolution d'axe de symétrie le troisième axe du repère.

$\boxed{\textbf{Réponse 11.40}}$ Non, puisque deux droites peuvent ne pas s'intercepter tout en n'étant pas parallèles, et l'on dit alors qu'elles sont en position générale.

Par exemple, si l'on rapporte l'espace au repère cartésien $(O, \vec{i}, \vec{j}, \vec{k})$, et si l'on note A le point de coordonnées $(1,0,0)$, les droites $D = O + \mathbb{R}\vec{j}$ et $\Delta = A + \mathbb{R}\vec{k}$ sont en position générale. Elles ne sont pas parallèles puisque $\vec{j}$ et $\vec{k}$ ne sont pas colinéaires, et ne s'interceptent pas car il est impossible de trouver des réels λ et μ tels que $(0, \lambda, 0) = (1, 0, \mu)$.

Il est intéressant de remarquer que cette situation diffère de ce que l'on connaît en géométrie plane.

$\boxed{\textbf{Réponse 11.41}}$ Proposons deux méthodes :

Première méthode (universitaire) — Si les plans affines P et P' ne sont pas parallèles, leurs directions sont distinctes, donc $\vec{P} + \vec{P'} = \vec{E}$. En effet, $\vec{P} \neq \vec{P'}$ donc il existe un vecteur $\vec{u}$ qui appartient à l'un des plans sans appartenir à l'autre, par exemple $\vec{u} \in \vec{P'} \backslash \vec{P}$, et l'on sait d'après le cours ([34], Th. 20) que :
$$\vec{E} = \vec{P} \oplus \mathbb{R}\vec{u} \subset \vec{P} + \vec{P'},$$
d'où $\vec{E} = \vec{P} + \vec{P'}$. De $\vec{E} = \vec{P} + \vec{P'}$ on déduit que $P \cap P' \neq \varnothing$ et que $P \cap P'$ est un sous-espace affine de direction $\vec{P} \cap \vec{P'}$ [34]. Il suffit d'écrire :
$$\dim(\vec{P} + \vec{P'}) = \dim \vec{P} + \dim \vec{P'} - \dim(\vec{P} \cap \vec{P'}),$$
pour obtenir $3 = 2 + 2 - \dim(\vec{P} \cap \vec{P'})$, soit $\dim(\vec{P} \cap \vec{P'}) = 1$. Les plans P et P' se coupent bien suivant une droite. Cette méthode convient si l'on travaille dans un espace de dimension n et si l'on remplace les plans par des hyperplans. On démontre alors que l'intersection de deux hyperplans non parallèles est toujours un sous-espace affine de dimension $n - 2$.

Seconde méthode (utilisable au secondaire) — Soient $P = P(A, \overrightarrow{u}, \vec{v})$ et $P' = P(A', \overrightarrow{u'}, \overrightarrow{v'})$ deux plans non parallèles de l'espace de dimension 3. Les directions de ces plans sont les plans vectoriels $\overrightarrow{P} = \text{Vect}(\overrightarrow{u}, \overrightarrow{v})$ et $\overrightarrow{P'} = \text{Vect}(\overrightarrow{u'}, \overrightarrow{v'})$. Par hypothèse P et P' ne sont pas parallèles, donc trois vecteurs parmi $\overrightarrow{u}$, $\overrightarrow{v}$, $\overrightarrow{u'}$, $\overrightarrow{v'}$ forment une base de $\vec{E}$. Supposons par exemple que $(\overrightarrow{u}, \overrightarrow{v}, \overrightarrow{u'})$ soit une base de $\vec{E}$, et déterminons l'intersection $P \cap P'$ en travaillant dans cette base.

$$M \in P \cap P' \;\Leftrightarrow\; \exists\, a, b, c, d \in \mathbb{R} \quad \begin{cases} \overrightarrow{AM} = a\overrightarrow{u} + b\overrightarrow{v} \\ \overrightarrow{A'M} = c\overrightarrow{u'} + d\overrightarrow{v'} \end{cases}$$

$$\Leftrightarrow\; \exists\, a, b, c, d \in \mathbb{R} \quad \overrightarrow{AM} = a\overrightarrow{u} + b\overrightarrow{v} = \overrightarrow{AA'} + c\overrightarrow{u'} + d\overrightarrow{v'}. \quad (*)$$

Posons :

$$\begin{cases} \overrightarrow{AA'} = \alpha\overrightarrow{u} + \beta\overrightarrow{v} + \gamma\overrightarrow{u'} \\ \vec{v}' = \alpha'\overrightarrow{u} + \beta'\overrightarrow{v} + \gamma'\overrightarrow{u'}. \end{cases}$$

L'assertion $(*)$ équivaut à l'existence de quatre réels a, b, c, d tels que :

$$\overrightarrow{AM} = a\overrightarrow{u} + b\overrightarrow{v} = (\alpha + d\alpha')\overrightarrow{u} + (\beta + d\beta')\overrightarrow{v} + (c + \gamma + d\gamma')\overrightarrow{u'}$$

autrement dit tels que :

$$\begin{cases} a = \alpha + d\alpha' \\ b = \beta + d\beta' \\ c = -\gamma - d\gamma'. \end{cases}$$

Il y a donc autant de quadruplets (a, b, c, d) solutions que de réels d, et le point M appartiendra à $P \cap P'$ si, et seulement si, il existe un réel d tel que :

$$\overrightarrow{AM} = (\alpha + d\alpha')\overrightarrow{u} + (\beta + d\beta')\overrightarrow{v}.$$

Cette dernière égalité s'écrit :

$$\overrightarrow{AM} = (\alpha\overrightarrow{u} + \beta\overrightarrow{v}) + d(\alpha'\overrightarrow{u} + \beta'\overrightarrow{v}) = \overrightarrow{AB} + d\overrightarrow{\xi}$$

où B est le point tel que $\overrightarrow{AB} = \alpha\overrightarrow{u} + \beta\overrightarrow{v}$, et $\overrightarrow{\xi} = \alpha'\overrightarrow{u} + \beta'\overrightarrow{v}$. On peut maintenant écrire :

$$\begin{aligned} M \in P \cap P' \;&\Leftrightarrow\; \exists\, d \in \mathbb{R} \quad \overrightarrow{AM} = \overrightarrow{AB} + d\overrightarrow{\xi} \\ &\Leftrightarrow\; \exists\, d \in \mathbb{R} \quad \overrightarrow{BM} = d\overrightarrow{\xi} \\ &\Leftrightarrow\; M \in D(B, \overrightarrow{\xi}) \end{aligned}$$

où $D(B, \vec{\xi})$ désigne la droite passant par B, de vecteur directeur $\vec{\xi}$, et conclure à $P \cap P' = D(B, \vec{\xi})$.

Réponse 11.42 Le plan P d'équation $2x + 3y + 5z = 0$ passe par l'origine du repère. Chercher un repère orthonormal de P revient à déterminer un point de P et une base orthonormale de la direction $\vec{P}$ de P qui admet la même équation $2X + 3Y + 5Z = 0$. Comme $2 \times 3 + 3 \times (-2) + 5 \times 0 = 0$, le point $A(3, -2, 0)$ appartient à P. Le vecteur $\vec{u}(3, -2, 0)$ appartient aussi à $\vec{P}$. Un vecteur $\vec{v}(x, y, z)$ sera dans $\vec{P}$ et orthogonal à $\vec{u}$ si, et seulement si, ses coordonnées vérifient le système :

$$(S) \quad \begin{cases} 2x + 3y + 5z = 0 \\ 3x - 2y = 0. \end{cases}$$

On a :

$$(S) \Leftrightarrow \begin{cases} 2x + 9x/2 + 5z = 0 \\ y = 3x/2 \end{cases} \Leftrightarrow \begin{cases} z = -13x/10 \\ y = 3x/2. \end{cases}$$

Prenons $x = 10$, on obtient $y = 15$ et $z = -13$, et le vecteur $\vec{v}(10, 15, -13)$ est dans $\vec{P}$ et orthogonal à $\vec{u}$. Il suffit de normaliser les vecteurs $\vec{u}$ et $\vec{v}$ pour obtenir une base orthonormale de $\vec{P}$, par exemple en prenant $\vec{u}_0 = \vec{u}/\|\vec{u}\|$ et $\vec{v}_0 = \vec{v}/\|\vec{v}\|$. Ici :

$$\|\vec{u}\| = \sqrt{3^2 + 2^2} = \sqrt{13} \quad \text{et} \quad \|\vec{v}\| = \sqrt{10^2 + 15^2 + 13^2} = \sqrt{494}.$$

Le repère $(A, \vec{u}_0, \vec{v}_0)$ répond à la question. La forme linéaire l qui au vecteur $\vec{V}(X, Y, Z)$ fait correspondre $2X + 3Y + 5Z$ définit le plan P car $P = \text{Ker}\, l$, si $\mathbb{R}^3$ est muni de sa structure d'espace vectoriel canonique.

Réponse 11.43 Soient D et D' deux droites de l'espace, non parallèles et telles que $D \cap D' = \varnothing$. Montrons que D et D' ne sont pas coplanaires en raisonnant par l'absurde. Si D et D' étaient coplanaires, elles seraient soit parallèles, ce qui est à rejeter d'après les hypothèses, soit sécantes en un point, ce qui est impossible puisque $D \cap D' = \varnothing$. On obtient une absurdité dans tous les cas.

Réponse 11.44 Le théorème du toit énonce que 2 plans strictement sécants parallèles à une droite Δ se coupent suivant une droite parallèle à Δ.

Proposons trois réponses. La première est la plus simple quand on a étudié les espaces affines dans le cadre d'une axiomatique « espaces vectoriels - espaces affines ». Les autres réponses sont possibles en terminale en utilisant des propriétés connues des droites et des plans de l'espace, ce qui revient à se placer dans le cadre d'une axiomatique de type Euclide-Hilbert généralisée à l'espace de dimension 3.

Dans tous les cas, on considère deux plans P et Q sécants suivant une droite d, et l'on considère une droite Δ parallèle à P et à Q. Il s'agit de montrer que Δ et d sont parallèles.

Première réponse — Par hypothèse $P \cap Q = d$ donc $\overrightarrow{P} \cap \overrightarrow{Q} = \overrightarrow{d}$. Par hypothèse $\overrightarrow{\Delta} \subset \overrightarrow{P}$ et $\overrightarrow{\Delta} \subset \overrightarrow{Q}$, donc $\overrightarrow{\Delta} \subset \overrightarrow{P} \cap \overrightarrow{Q} = \overrightarrow{d}$, et nécessairement $\overrightarrow{\Delta} = \overrightarrow{d}$ puisque $\overrightarrow{\Delta}$ et $\overrightarrow{d}$ sont des droites vectorielles. Donc Δ est parallèle à d.

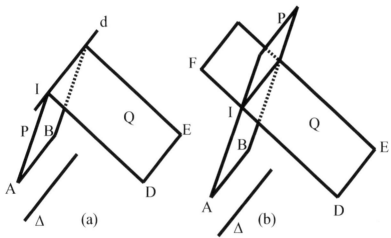

Deuxième réponse (figure (a)) — Dire que Δ est parallèle à P et à Q revient à dire qu'il existe des points (distincts) A et B dans P, mais aussi D et E dans Q, tels que les droites (AB) et (DE) soient parallèles à Δ, donc parallèles entre elles. On peut choisir un point I dans $P \cap Q$, et l'on constate que la droite d' passant par I et parallèle à Δ est à la fois dans P et dans Q. En effet :

  - $d' \subset P$ car d' passe par $I \in P$ en étant parallèle à (AB) où $(AB) \subset P$,
  - $d' \subset Q$ car d' passe par $I \in Q$ en étant parallèle à (DE) où $(DE) \subset Q$.

Ainsi $d' \subset P \cap Q = d$, d'où $d' = d$ puisque d et d' sont des droites. La droite d sera bien parallèle aux droites Δ, (AB) et (DE).

Troisième réponse (figure (b)) — On commence comme dans la réponse précédente en affirmant l'existence de deux droites (AB) et (DE) parallèles à Δ, respectivement incluses dans P et Q. On introduit un point F du plan Q non aligné avec D et E. On a donc $Q = (DEF)$.

Si la droite (DF) était parallèle au plan P, deux droites sécantes de Q seraient parallèles à P (les droites (DE) et (DF)), donc P et Q seraient des plans parallèles, ce qui est absurde. Donc (DF) coupe P en un point I. Le point I appartient à Q (puisque dans (DF)) mais aussi à P (par définition), donc appartient à $P \cap Q = d$. On conclut comme dans la deuxième réponse : la droite d' passant par I et parallèle à Δ est incluse dans $P \cap Q = d$, donc $d' = d$, et finalement les droites d, Δ, (AB) et (DE) sont parallèles.

Remarque — Le théorème du toit énonce que le faîte d'un toit est toujours parallèle aux bords soutenus par les murs quand le toit est construit sur des murs de base rectangulaire et de hauteurs égales, comme sur le dessin suivant.

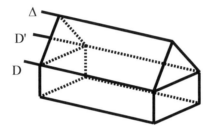

Réponse 11.45 Le théorème du toit s'énonce ainsi : « Deux plans strictement sécants P et Q parallèles à une droite Δ se coupent suivant une droite D parallèle à Δ ». Il s'agit donc de l'implication $p \Rightarrow q$ où :

   $p : (P$ et Q parallèles à $\Delta)$ et $(P \cap Q = D)$.

   $q : D$ parallèle à Δ.

La négation de l'implication $p \Rightarrow q$ étant $p \wedge \neg q$ (qui signifie p et non q), la négation du théorème du toit signifie qu'il existe des plans P et Q parallèles à une droite Δ, qui se coupent suivant une droite D non parallèle à Δ.

Commentaire — Dans l'écriture de la négation, on peut s'étonner de voir apparaître l'<u>existence</u> de deux plans P et Q. C'est normal, et provient du fait que l'implication $p \Rightarrow q$ devrait en toute rigueur s'écrire : « $\forall P \; \forall Q \;\; p \Rightarrow q$ », d'où la négation « $\exists P \; \exists Q \;\; p \wedge \neg q$ ».

Réponse 11.46 Soient $D = D(A, \overrightarrow{u})$ une droite et $P = P(B, \overrightarrow{v}, \overrightarrow{w})$ un plan. Alors :

$$D(A, \overrightarrow{u}) \subset P(B, \overrightarrow{v}, \overrightarrow{w}) \Leftrightarrow \begin{cases} A \in P(B, \overrightarrow{v}, \overrightarrow{w}) \\ \overrightarrow{u} \in \mathrm{Vect}(\overrightarrow{v}, \overrightarrow{w}). \end{cases}$$

Preuve — ($\Rightarrow$) De $A \in D$ et $D \subset P$ on déduit que $A \in P$. Le point M tel que $\overrightarrow{AM} = \overrightarrow{u}$ appartient à D, donc aussi à P, donc il existe $(\alpha, \beta) \in \mathbb{R}^2$ tels que $\overrightarrow{BM} = \alpha \overrightarrow{v} + \beta \overrightarrow{w}$. Par suite :

$$\overrightarrow{u} = \overrightarrow{AM} = \overrightarrow{AB} + \overrightarrow{BM} = \overrightarrow{AB} + \alpha \overrightarrow{v} + \beta \overrightarrow{w}.$$

Comme $A \in P$, il existe $(\alpha_0, \beta_0) \in \mathbb{R}^2$ tels que $\overrightarrow{AB} = \alpha_0 \overrightarrow{v} + \beta_0 \overrightarrow{w}$. En remplaçant, on trouve :

$$
\begin{aligned}
\overrightarrow{u} &= (\alpha_0 \overrightarrow{v} + \beta_0 \overrightarrow{w}) + \alpha \overrightarrow{v} + \beta \overrightarrow{w} \\
&= (\alpha + \alpha_0) \overrightarrow{v} + (\beta + \beta_0) \overrightarrow{w} \in \text{Vect}(\overrightarrow{v}, \overrightarrow{w}).
\end{aligned}
$$

($\Leftarrow$) Pour tout $M \in D$ il existe $\lambda \in \mathbb{R}$ tel que $\overrightarrow{AM} = \lambda \overrightarrow{u}$. Par hypothèse $\overrightarrow{u} \in \text{Vect}(\overrightarrow{v}, \overrightarrow{w})$ donc il existe $(\alpha, \beta) \in \mathbb{R}^2$ tels que $\overrightarrow{u} = \alpha \overrightarrow{v} + \beta \overrightarrow{w}$. Par conséquent :

$$
\begin{aligned}
\overrightarrow{BM} = \overrightarrow{BA} + \overrightarrow{AM} &= -(\alpha_0 \overrightarrow{v} + \beta_0 \overrightarrow{w}) + \lambda(\alpha \overrightarrow{v} + \beta \overrightarrow{w}) \\
&= (\lambda\alpha - \alpha_0) \overrightarrow{v} + (\lambda\beta - \beta_0) \overrightarrow{w} \in \text{Vect}(\overrightarrow{v}, \overrightarrow{w})
\end{aligned}
$$

et $\overrightarrow{BM} \in \text{Vect}(\overrightarrow{v}, \overrightarrow{w})$, ce qui traduit l'appartenance de M à P. Finalement $M \in D$ entraîne $M \in D$, ce qui démontre l'inclusion $D \subset P$.

$\boxed{\textbf{Réponse 11.47}}$ *Première solution* — Soient la droite $D = D(A, \overrightarrow{u})$ et le plan $P = P(B, \overrightarrow{v}, \overrightarrow{w})$, qui ont pour directions respectives :

$$
\begin{cases}
\overrightarrow{D} = \mathbb{R} \overrightarrow{u} \\
\overrightarrow{P} = \text{Vect}(\overrightarrow{v}, \overrightarrow{w}).
\end{cases}
$$

On a $\overrightarrow{D} \subsetneq \overrightarrow{P}$ puisque D n'est pas parallèle à P, donc l'espace ambiant $\overrightarrow{E}$ est somme directe de $\overrightarrow{D}$ et $\overrightarrow{P}$ d'après une propriété classique des hyperplans vectoriels : $\overrightarrow{E} = \overrightarrow{D} \oplus \overrightarrow{P}$. Des résultats connus concernant les sous-espaces affines [34] montrent que :

- $D \cap P \neq \varnothing$ (puisque $\overrightarrow{AB} \in \overrightarrow{D} \oplus \overrightarrow{P}$) ;
- $D \cap P$ est un sous-espace affine de direction $\overrightarrow{D} \cap \overrightarrow{P} = \{\overrightarrow{0}\}$, c'est-à-dire un point.

Deuxième solution (retour aux définitions) — On a les équivalences :

$$
\begin{aligned}
M \in D \cap P &\Leftrightarrow \exists \lambda, \mu, \nu \in \mathbb{R} \quad
\begin{cases}
\overrightarrow{AM} = \lambda \overrightarrow{u} \\
\overrightarrow{BM} = \mu \overrightarrow{v} + \nu \overrightarrow{w}
\end{cases} \\
&\Leftrightarrow \exists \lambda, \mu, \nu \in \mathbb{R} \quad
\begin{cases}
\overrightarrow{AM} = \lambda \overrightarrow{u} \\
\overrightarrow{AM} = \overrightarrow{AB} + \mu \overrightarrow{v} + \nu \overrightarrow{w}
\end{cases} \\
&\Leftrightarrow \exists \lambda, \mu, \nu \in \mathbb{R} \quad
\begin{cases}
\overrightarrow{AM} = \lambda \overrightarrow{u} \\
\overrightarrow{AB} = \lambda \overrightarrow{u} - \mu \overrightarrow{v} - \nu \overrightarrow{w}.
\end{cases}
\end{aligned}
$$

Comme D n'est pas parallèle à P, la famille $(\overrightarrow{u}, \overrightarrow{v}, \overrightarrow{w})$ est libre, et c'est donc une base de $\overrightarrow{E}$ supposé de dimension 3. Il existe alors un unique triplet $(\lambda_0, \mu_0, \nu_0)$ de $\mathbb{R}^3$ tel que $\overrightarrow{AB} = \lambda_0 \overrightarrow{u} + \mu_0 \overrightarrow{v} + \nu_0 \overrightarrow{w}$. Les équivalences précédentes donnent alors :

$$M \in D \cap P \quad \Leftrightarrow \quad \exists \lambda, \mu, \nu \in \mathbb{R} \quad \left\{ \begin{array}{l} \overrightarrow{AM} = \lambda \overrightarrow{u} \\ \lambda = \lambda_0 \ ; \ \mu = -\mu_0 \ ; \ \nu = -\nu_0 \end{array} \right.$$

$$\Leftrightarrow \quad \overrightarrow{AM} = \lambda_0 \overrightarrow{u}$$

ce qui prouve que $D \cap P = \{M_0\}$ où M_0 vérifie $\overrightarrow{AM_0} = \lambda_0 \overrightarrow{u}$.

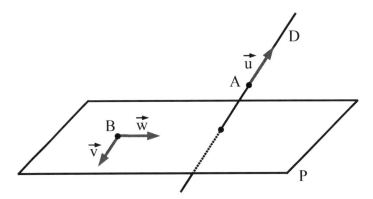

Troisième solution (solution analytique) — Considérons toujours une droite $D = D(A, \overrightarrow{u})$ et un plan $P = P(B, \overrightarrow{v}, \overrightarrow{w})$. Par hypothèse D n'est pas faiblement parallèle à P donc $\overrightarrow{u} \notin \mathrm{Vect}(\overrightarrow{v}, \overrightarrow{w})$. Le système $(\overrightarrow{u}, \overrightarrow{v}, \overrightarrow{w})$ est donc libre dans un espace de dimension 3, c'est donc une base de $\overrightarrow{E}$. Dans le repère cartésien $\mathcal{R} = (B, \overrightarrow{v}, \overrightarrow{w}, \overrightarrow{u})$, le plan P admet l'équation cartésienne $z = 0$, tandis que la droite D admet ces équations paramétriques :

$$\left\{ \begin{array}{l} x = x_A \\ y = y_A \\ z = z_A + \lambda. \end{array} \right. \qquad \text{où } \lambda \text{ décrit } \mathbb{R},$$

et où (x_A, y_A, z_A) désignent les coordonnées de A dans $\mathcal{R}$. Alors :

$$M \begin{pmatrix} x \\ y \\ z \end{pmatrix} \in D \cap P \Leftrightarrow \exists \lambda \in \mathbb{R} \quad \left\{ \begin{array}{l} x = x_A \\ y = y_A \\ z = z_A + \lambda \\ z = 0 \end{array} \right. \Leftrightarrow \begin{pmatrix} x \\ y \\ z \end{pmatrix} = \begin{pmatrix} x_A \\ y_A \\ 0 \end{pmatrix}.$$

Cela montre que $D \cap P = \{M_0\}$ où M_0 est de coordonnées $(x_A, y_A, 0)$ dans $\mathcal{R}$.

Réponse 11.48 Soit P un plan de direction $\overrightarrow{P} = \mathrm{Vect}(\overrightarrow{u}, \overrightarrow{v})$. Si A et B appartiennent à P, il existe des scalaires λ, μ tels que :

$$\overrightarrow{AB} = \lambda \overrightarrow{u} + \mu \overrightarrow{v}.$$

Un point M appartient à (AB) si, et seulement si, il existe $\nu \in \mathbb{R}$ tel que $\overrightarrow{AM} = \nu \overrightarrow{AB}$, et dans ce cas $\overrightarrow{AM} = \nu\lambda\overrightarrow{u} + \nu\mu\overrightarrow{v} \in \overrightarrow{P}$ donc $M \in P$.

Réponse 11.49 Soient P et Q deux plans parallèles. Si un troisième plan R coupe P suivant une droite D, alors il coupera aussi Q suivant une droite D'. Pour le voir, on raisonne par l'absurde : dans le cas contraire R et Q seraient parallèles, et les trois plans P, Q, R seraient parallèles, ce qui est absurde puisque $P \cap R = D$.

Les intersections $P \cap R = D$ et $Q \cap R = D'$ ne sont donc pas vides. Mais alors, les directions de ces intersections sont les intersections des directions (résultat classique de géométrie affine), autrement dit :

$$\overrightarrow{P} \cap \overrightarrow{R} = \overrightarrow{D} \quad \text{et} \quad \overrightarrow{Q} \cap \overrightarrow{R} = \overrightarrow{D'}.$$

Par hypothèse $\overrightarrow{P} = \overrightarrow{Q}$, donc $\overrightarrow{D} = \overrightarrow{D'}$ et les droites D et D' sont parallèles.

Réponse 11.50 Si l'on se réfère à la définition générale (Question 11.52), deux droites D et Δ de l'espace de dimension 3 ne peuvent pas être perpendiculaires puisque $D^\perp \not\subset \Delta$. Mais au lycée, on s'autorise à dire que deux droites sont perpendiculaires si elles sont coplanaires et orthogonales entre elles (l'explication est simple : on a adopté la vision historique de la géométrie dans l'espace comme une adaptation des résultats obtenus en géométrie plane dans le cadre de l'axiomatique d'Euclide-Hilbert).

Réponse 11.51 Au lycée, on dit que deux droites sont perpendiculaires si elles sont coplanaires et orthogonales. Deux droites peuvent donc être orthogonales sans être perpendiculaires : il suffit de les choisir orthogonales (c'est-à-dire de vecteurs directeurs orthogonaux) mais non coplanaires (ici cela revient à dire qu'elles ne se coupent pas).

Réponse 11.52 La notion d'orthogonalité est une notion vectorielle, autrement dit elle intéresse essentiellement des sous-espaces vectoriels d'un espace vectoriel euclidien $\overrightarrow{E}$. Dans le cadre général où la dimension de $\overrightarrow{E}$ est quelconque, on dit que deux sous-espaces vectoriels $\overrightarrow{F}$ et $\overrightarrow{G}$ sont :

(1) **orthogonaux** si $\overrightarrow{F} \subset \overrightarrow{G}^\perp$. Cela équivaut à $\overrightarrow{G} \subset \overrightarrow{F}^\perp$, ou encore à :

$$\forall \overrightarrow{x} \in \overrightarrow{F} \quad \forall \overrightarrow{y} \in \overrightarrow{G} \quad \overrightarrow{x}.\overrightarrow{y} = 0.$$

On note alors $\overrightarrow{F} \perp \overrightarrow{G}$.

(2) **perpendiculaires** si $\overrightarrow{F}^{\perp} \subset \overrightarrow{G}$, ce qui équivaut à $\overrightarrow{G}^{\perp} \subset \overrightarrow{F}$.

(3) **supplémentaires orthogonaux** si $\overrightarrow{F} = \overrightarrow{G}^{\perp}$, c'est-à-dire $\overrightarrow{G} = \overrightarrow{F}^{\perp}$.
On note alors $\overrightarrow{F} \overset{\perp}{\oplus} \overrightarrow{G} = \overrightarrow{E}$.

Si l'on s'intéresse à des sous-espaces affines d'un espace affine euclidien E de direction $\overrightarrow{E}$, on dit que deux sous-espaces affines F et G sont **orthogonaux** (resp. **perpendiculaires**, **supplémentaires orthogonaux**) si leurs directions le sont.

Pour retenir ces définitions, il est intéressant de retenir les trois cas de figures ci-dessous qui correspondent à des droites et des plans affines de l'espace de dimension 3 :

- Deux droites D et D' seront orthogonales si tout vecteur de l'une est orthogonal à tous vecteur de l'autre : c'est le cas de la figure (a).

- Tout le monde sait imaginer deux plans perpendiculaires dans l'espace : il suffit de penser au sol et à l'un des murs de la salle où l'on se trouve. Voilà un exemple de plans perpendiculaire où au moins une droite orthogonale à l'un est incluse dans l'autre. On le voit sur la figure (b).

- La figure (c) montre une droite orthogonale à un plan, et il est facile de voir que cette droite et ce plan sont alors aussi perpendiculaires et supplémentaires orthogonaux.

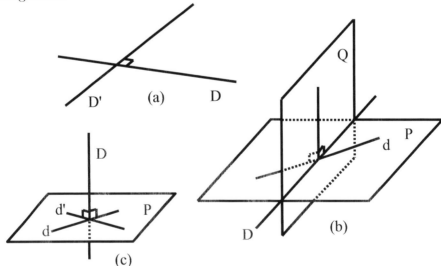

Réponse 11.53

Si l'espace de dimension 3 est rapporté à un repère orthonormal $(O, \vec{i}, \vec{j}, \vec{k})$ et si l'on imagine que le plan $P = (O, \vec{i}, \vec{j})$ représente le sol, on dit naturellement que :
- une droite est **verticale** si elle est orthogonale à P,
- une droite est **horizontale** si elle est parallèle à P,
- un plan est **vertical** s'il est perpendiculaire à P,
- un plan est **horizontal** s'il est parallèle à P.

Réponse 11.54 Tout revient à montrer qu'étant donnée une droite vectorielle $\vec{D}$ et un plan vectoriel $\vec{P}$, les assertions (1) et (2) suivantes sont équivalentes :

(1) $\forall \vec{u} \in \vec{D} \quad \forall \vec{v} \in \vec{P} \quad \vec{u}.\vec{v} = 0$

(2) $\exists \vec{v}_1, \vec{v}_2 \in \vec{P} \quad (\vec{v}_1, \vec{v}_2)$ libre $\quad \forall \vec{u} \in \vec{D} \quad \vec{u}.\vec{v}_1 = \vec{u}.\vec{v}_1 = 0$.

L'implication $[(1) \Rightarrow (2)]$ est triviale car qui peut le plus peut le moins. En effet, si un vecteur $\vec{u}$ de $\vec{D}$ vérifie $\vec{u}.\vec{v} = 0$ quel que soit $\vec{v} \in \vec{P}$, il vérifiera *a fortiori* $\vec{u}.\vec{v}_1 = \vec{u}.\vec{v}_1 = 0$ pour deux vecteurs particuliers $\vec{v}_1$ et $\vec{v}_2$ de $\vec{P}$. Pour prouver l'implication $[(2) \Rightarrow (1)]$, on remarque que $(\vec{v}_1, \vec{v}_2)$ est un système libre dans le plan $\vec{P}$, donc une base de $\vec{P}$. Si $\vec{u} \in \vec{D}$ et $\vec{v} \in \vec{P}$, il existera ainsi $\alpha, \beta \in \mathbb{R}$ tels que $\vec{v} = \alpha \vec{v}_1 + \beta \vec{v}_2$, et :

$$\vec{u}.\vec{v} = \vec{u}.(\alpha \vec{v}_1 + \beta \vec{v}_2) = \alpha \vec{u}.\vec{v}_1 + \beta \vec{u}.\vec{v}_2 = 0$$

puisque par hypothèse $\vec{u}.\vec{v}_1 = \vec{u}.\vec{v}_1 = 0$. Cela montre l'assertion (1).

Réponse 11.55 Bien sûr que non. Si deux plans sont perpendiculaires, toute droite de l'un N'EST PAS orthogonale à toute droite de l'autre, puisque l'intersection de ces deux plans est une droite, et que tout vecteur directeur de cette droite ne peut pas être orthogonal avec lui-même !

Réponse 11.56 Le plan médiateur du segment $[AB]$ (supposé non réduit à un point) est le plan orthogonal à ce segment, passant par son milieu. C'est aussi l'ensemble des points de l'espace situés à égale distance des extrémités A et B de ce segment.

Réponse 11.57 Le plan médiateur Π du segment $[AB]$ est égal à l'ensemble des points M situés à égale distance de A et B. Si l'on note (x_A, y_A, z_A) et (x_B, y_B, z_B) les coordonnées de A et B dans un repère orthonormal, et

(x, y, z) celles d'un point M, alors $M \in \Pi$ si et seulement si $MA = MB$, c'est-à-dire $(x - x_A)^2 + (y - y_A)^2 + (z - z_A)^2 = (x - x_B)^2 + (y - y_B)^2 + (z - z_B)^2$. Il suffit de développer les deux membres de cette équation, puis de simplifier, pour disposer d'une équation cartésienne de Π.

$\boxed{\textbf{Réponse 11.58}}$ Les points I, J, K ne sont pas alignés. Les points J et K appartiennent au plan $(BCC'B')$, donc la droite (JK) est incluse dans ce plan. Si les points I, J, K étaient alignés, I appartiendrait à (JK), donc aussi au plan $(BCC'B')$, ce qui est absurde (en effet, comme I se projette orthogonalement sur le plan $(BCC'B')$ en B, si I appartient à $(BCC'B')$, alors $I = B$, ce qui est absurde).

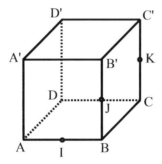

$\boxed{\textbf{Réponse 11.59}}$ a) Un point $M (x, y, z)$ appartient à $P \cap Q$ si et seulement si :

$$(S) \quad \begin{cases} x - y = -2z + 1 \\ 2x - 4y = -4z + 1 \end{cases}$$

On trouve $-2y = -1$ en soustrayant deux fois la première égalité de la seconde, d'où $y = 1/2$ et $x = -2z + 3/2$. La réciproque étant triviale :

$$(S) \Leftrightarrow \begin{cases} y = 1/2 \\ x = -2z + 3/2 \end{cases} \Leftrightarrow \begin{cases} x = 3/2 - 2\lambda \\ y = 1/2 \\ z = \lambda. \end{cases}$$

On reconnaît des équations paramétriques de la droite passant par le point $A(3/2, 1/2, 0)$ et de vecteur directeur $\overrightarrow{u}(-2, 0, 1)$.

b) *Première solution* — Un vecteur directeur de $D = P \cap Q$ est un vecteur de coordonnées x, y, z qui vérifient :

$$\begin{cases} x - y + 2z = 0 \\ 2x - 4y + 4z = 0 \end{cases} \quad \text{c'est-à-dire le système : } (S') \begin{cases} x - y + 2z = 0 \\ x - 2y + 2z = 0. \end{cases}$$

Il suffit de proposer un triplet (x, y, z) non nul solution du système (S') pour obtenir un vecteur directeur de $\overrightarrow{D}$. Prenons par exemple $z = -1/2$, et remplaçons dans (S'). On obtient :

$$\begin{cases} x - y = 1 \\ x - 2y = 1 \end{cases}$$

d'où $(x, y) = (1, 0)$. Le vecteur de coordonnées $(1, 0, -1/2)$ dirige alors $\overrightarrow{D}$.

Deuxième solution — Les vecteurs $\overrightarrow{u}_P (1, -1, 2)$ et $\overrightarrow{u}_Q (-1, 2, -2)$ sont respectivement orthogonaux à P et Q. Un vecteur directeur de l'intersection $D = P \cap Q$ sera alors donné par le produit vectoriel :

$$\overrightarrow{u}_P \wedge \overrightarrow{u}_Q = \begin{pmatrix} 1 \\ -1 \\ 2 \end{pmatrix} \wedge \begin{pmatrix} -1 \\ 2 \\ -2 \end{pmatrix} = \begin{pmatrix} -2 \\ 0 \\ 1 \end{pmatrix}.$$

Cette solution se justifie en remarquant que $\overrightarrow{P} = (\mathbb{R}\overrightarrow{u}_P)^\perp$ et $\overrightarrow{Q} = (\mathbb{R}\overrightarrow{u}_Q)^\perp$, donc que la direction $\overrightarrow{P} \cap \overrightarrow{Q}$ de la droite affine $D = P \cap Q$ s'écrit :

$$\overrightarrow{P} \cap \overrightarrow{Q} = (\mathbb{R}\overrightarrow{u}_P)^\perp \cap (\mathbb{R}\overrightarrow{u}_Q)^\perp = (\mathbb{R}\overrightarrow{u}_P + \mathbb{R}\overrightarrow{u}_Q)^\perp = \mathbb{R}(\overrightarrow{u}_P \wedge \overrightarrow{u}_Q).$$

$\boxed{\textbf{Réponse 11.60}}$ *Première solution* — Le plan cherché admet une équation de la forme $\lambda (x - 8y - 3) + \mu (2x + y - z) = 0$ d'après un théorème du cours [34]. Il est alors facile de déterminer un couple (λ, μ), à une constante multiplicative non nulle près, en imposant la condition $A \in P$. On obtient $8\lambda + 5\mu = 0$, d'où $\mu = -8\lambda/5$, puis :

$$(x - 8y - 3) - \frac{8}{5} (2x + y - z) = 0$$

en reportant. Finalement P admet l'équation $11x + 48y - 8z + 15 = 0$.

Seconde solution — On choisit deux points B et C sur D, puis on écrit une équation cartésienne du plan qui passe par les trois points non alignés $A (3, -1, 0)$, B et C. On a :

$$\begin{cases} x - 8y = 3 \\ 2x + y - z = 0 \end{cases} \Leftrightarrow \begin{cases} x = 8y + 3 \\ z = 2(8y + 3) + y \end{cases} \Leftrightarrow \begin{cases} x = 8y + 3 \\ z = 17y + 6. \end{cases}$$

Si $y = 0$ on trouve $x = 3$ et $z = 6$, et on peut prendre $B (3, 0, 6)$. Si $y = -1$ on trouve $x = -5$ et $z = -11$, et on peut prendre $C (-5, -1, -11)$. Une équation du plan P passant par A, B et C est $\det(\overrightarrow{AM}, \overrightarrow{AB}, \overrightarrow{AC}) = 0$, soit :

$$\begin{vmatrix} x-3 & 0 & -8 \\ y+1 & 1 & 0 \\ z & 6 & -11 \end{vmatrix} = 0$$

et l'on retrouve l'équation $11x + 48y - 8z + 15 = 0$.

Réponse 11.61 La situation n'est pas la même suivant qu'on se place dans le plan ou dans l'espace. Il s'agit d'imaginer (ou de tracer) quelques figures pour voir ces différences. Par exemple :

▶ Deux droites d'un plan affine sont parallèles ou sécantes (suivant un singleton). Ce n'est plus le cas dans l'espace où nous distinguons des droites parallèles (au sens strict ou au sens large), des droites sécantes (suivant un singleton) ET des « droites en positions générales » qui ne sont ni parallèles ni sécantes ! Ce cas n'existait pas en dimension 2.

▶ Dans un plan affine, deux droites orthogonales sont perpendiculaires, et donc supplémentaires orthogonales. En particulier, elles sont sécantes. Cela devient faux dans l'espace de dimension 3 où deux droites peuvent être orthogonales, mais ne seront jamais perpendiculaires, et où deux droites orthogonales n'ont aucune raison de se couper !

▶ Je pense aussi à un énoncé fétiche que l'on apprend très tôt en géométrie plane, dès la classe de sixième : « Deux droites perpendiculaires à une même troisième sont parallèles ». Cet énoncé devient caduque en dimension 3 où il est facile de dessiner deux droites orthogonales à une même troisième, mais qui ne sont pas parallèles.

Réponse 11.62 Soient $ax + by + cz + d = 0$ et $a'x + b'y + c'z + d' = 0$ des équations cartésiennes de deux plans P et P' dans un repère donné de l'espace que nous pouvons identifier à $\mathbb{R}^3$. On a les équivalences suivantes :

   (1) $P = P' \Leftrightarrow \exists k \in \mathbb{R} \quad (a', b', c', d') = k(a, b, c, d)$.

   (2) $P // P' \Leftrightarrow \exists k \in \mathbb{R} \quad (a', b', c') = k(a, b, c)$.

   (3) $P \cap P' = \varnothing \Leftrightarrow \exists k \in \mathbb{R} \quad (a', b', c') = k(a, b, c)$ et $d' \neq kd$.

   (4) $(P \cap P'$ est une droite$) \Leftrightarrow \nexists k \in \mathbb{R} \quad (a', b', c') = k(a, b, c)$.

(1) provient du fait que deux plans sont égaux si et seulement si les coefficients qui interviennent dans leurs équations cartésiennes sont proportionnels.

(2) provient du fait que les directions des plans affines P et P' sont les plans vectoriels d'équations $ax + by + cz = 0$ et $a'x + b'y + c'z = 0$, et qu'il est bien

connu, en algèbre linéaire, que deux telles équations représentent le même plan vectoriel si, et seulement si, les suites (a', b', c') et (a, b, c) sont proportionnelles, ce qui équivaut à l'existence de $k \in \mathbb{R}$ tel que $(a', b', c') = k(a, b, c)$, puisque $(a, b, c) \neq (0, 0, 0)$.

(3) On sait que $P \cap P' = \varnothing$ si et seulement si P et P' sont strictement parallèles, c'est-à-dire parallèles mais différents. Le parallélisme se traduit par l'existence d'un scalaire k tel que $(a', b', c') = k(a, b, c)$ d'après (2), et l'affirmation $P \neq P'$ se traduit par $d' \neq kd$ d'après (1).

(4) On sait que deux plans non parallèles se coupent suivant une droite. En fait cette implication est une équivalence puisque deux plans qui se coupent suivant une droite ne peuvent pas être parallèles. On peut donc utiliser (2) pour écrire :

$$
\begin{aligned}
(P \cap P' \text{ est une droite}) \quad &\Leftrightarrow \quad P \text{ non parallèle à } P' \\
&\Leftrightarrow \quad \nexists k \in \mathbb{R} \quad (a', b', c') = k(a, b, c).
\end{aligned}
$$

Réponse 11.63 Dans les programmes, et sur les manuels de terminale, on emploie plutôt l'expression « représentation paramétrique » pour ne pas créer de difficultés supplémentaires aux élèves qui, entendant parler d'équations, imagineraient que l'on est obligatoirement en train de vouloir résoudre une équation.

Et effectivement, une équation est une égalité qui contient plusieurs variables, et résoudre une équation consiste à déterminer les valeurs que peuvent prendre ces variables pour que l'égalité soit satisfaite. On s'éloigne un tantinet de l'idée de représenter une droite ou un plan de l'espace.

Cependant utiliser l'expression « équations paramétriques » n'est pas un problème en soi si l'on sait de quoi l'on parle, cette expression mettant l'accent sur l'existence de paramètres qui varient dans un ensemble donné, et qui déterminent les valeurs possibles d'autres paramètres : les coordonnées des points qui nous intéressent.

Sur une encyclopédie, on peut lire : « une équation paramétrique est une équation particulière définissant un ensemble géométrique, comme une droite ou un arc géométrique, ou plus généralement un sous-espace affine ou une hypersurface » [41].

Réponse 11.64 On raisonne par l'absurde. Si une droite était incluse dans une boule, elle serait bornée, ce qui est faux, donc une telle droite n'existe pas.

Réponse 11.65 Une droite Δ est incluse dans $D \cup D'$ si et seulement si $\Delta = D$ ou D'. Ce résultat est « évident », mais ce n'est pas une raison pour ne pas savoir le démontrer ! Tout d'abord, D et D' sont bien des droites incluses dans $D \cup D'$. Réciproquement, si Δ est une droite incluse dans $D \cup D'$, de trois choses l'une :

 - ou bien Δ est incluse dans D, et dans ce cas $\Delta = D$.

 - ou bien Δ est incluse dans D', et dans ce cas $\Delta = D'$.

 - ou bien Δ n'est incluse ni dans D, ni dans D'. Il existe alors un point A' appartenant à $\Delta \cap (D' \backslash D)$, et un point A appartenant à $\Delta \cap (D \backslash D')$. Comme $A \neq A'$, on obtient $\Delta = (AA')$. Si I désigne le milieu de $[AA']$, on aura donc $I \in (AA') = \Delta \subset D \cup D'$, et par conséquent $I \in D$ ou $I \in D'$.

  $\star$ Si $I \in D$, alors $\Delta = (AI) = D$, ce qui est absurde.

  $\star$ Si $I \in D'$, alors $\Delta = (A'I) = D'$, ce qui est encore absurde.

Nous venons bien de prouver l'implication :

$$\Delta \subset D \cup D' \quad \Rightarrow \quad \Delta = D \text{ ou } D'.$$

$\boxed{\textbf{Réponse 11.66}}$ Si $ABCD$ est un tétraèdre régulier, les points A et B sont équidistants des extrémités du segment $[CD]$, donc appartiennent au plan médiateur Π_{CD} de $[CD]$. Par conséquent $(AB) \subset H_{CD}$ et l'on en déduit que les droites (AB) et (CD) sont orthogonales.

$\boxed{\textbf{Réponse 11.67}}$ Le point M est l'intersection de deux médianes du triangle ABC, c'est donc son centre de gravité. Comme le triangle ABC est équilatéral, M sera aussi le centre du cercle circonscrit à ce triangle. On déduit que $MA = MB = MC$, de sorte que M appartienne aux plans médiateurs Π_{AB} et Π_{AC} des segments $[AB]$ et $[AC]$. Comme $DA = DB$ et $DA = DC$, le point D appartient aussi à ces plans médiateurs. On en déduit que $(MD) \subset \Pi_{AB}$ et $(MD) \subset \Pi_{AC}$, ce qui prouve que (MD) est orthogonale à (AB) et (AC), donc orthogonale au plan (ABC).

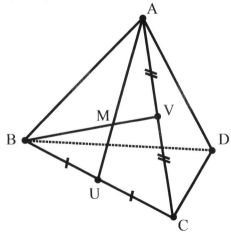

Chapitre 12

Solides de l'espace

12.1 Perspective

Question 12.1 *Perspective cavalière*
Enoncez les lois importantes de la perspective cavalière.

Question 12.2 *Autres perspectives (2017[3])*
A part la perspective cavalière, connaissez-vous d'autres types de perspectives ?

Question 12.3 *Parallélépipède*
Dessiner un parallélépipède non rectangle.

Question 12.4 *Cube (2019[11])*
Dessinez un cube en perspective cavalière. Calculez la distance de la diagonale de la face avant. Si on coupe le cube par un plan passant par H, F et B ([HF] est une diagonale de la face de dessus tandis que [FB] est une arête verticale), qu'obtient-on ?

Question 12.5 *Section d'un cube (2017[39], 2019[13])*
Dessinez un cube en perspective cavalière. Placez des points P, Q, R sur les trois arêtes aboutissant à un sommet. Placez un point U sur une autre arête. On vous demande de tracer l'intersection du cube avec le plan passant par U et parallèle au plan (PQR).

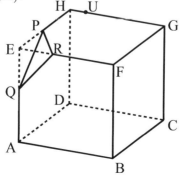

12.2   Définitions générales

Question 12.6 *Dièdres*
Qu'est-ce qu'un dièdre ?

Question 12.7 *Polyèdres*
Qu'est-ce qu'un polyèdre ? Quand dit-on qu'il est convexe ?

Question 12.8 *Polyèdres réguliers*
Qu'appelle-t-on polyèdre régulier ?

Question 12.9 *Solides de Platon*
Connaissez-vous les solides de Platon ? Combien y en a-t-il ?

Question 12.10 *Un peu de topologie* *(2017[3])*
Pouvez-vous définir une partie convexe ? Fermée ? Connexe ?

Question 12.11 *Cônes & cylindres* *(2017[3])*
Donnez une définition générale d'un cône, d'un cylindre.

Question 12.12 *Solides de révolution* *(2017[3])*
   a) Dessinez un repère orthonormal. Nommez les axes.
   b) Dessinez un solide de révolution.

Question 12.13 *Equation d'une surface de révolution* *(2017[3])*
Quelle est la forme générale de l'équation d'une surface de révolution.

12.3   Patrons

Question 12.14 *Patron d'un cube chapeauté* *(2008)*
Pouvez-vous représenter le patron d'un cube surmonté d'une pyramide comme si nous étions dans une sympathique classe de sixième ?

Question 12.15 *Patron d'un cône de révolution* *(2015)*
Dessinez le patron d'un cône de révolution de hauteur h et de rayon du disque de base r.

12.4 Questions surprenantes

Question 12.16 *Ombre d'un parallélépipède*
Au tableau et à main levée, dessinez un parallélépipède rectangle déposé sur un plan horizontal P. Sur ce plan, on dépose une lampe symbolisée par un segment vertical [HM] où M est la lampe et H son pied. Tracer l'ombre du parallélépipède sur la table.

Question 12.17 *Coplanarité (2016)*
a) A main levée au tableau, tracez un tétraèdre ABCD. Placez les milieux I, J et K des arêtes [AB], [BD] et [BC], puis placez approximativement les points E et F tels que :

$$\overrightarrow{AE} = \frac{2}{3}\overrightarrow{AJ} \quad et \quad \overrightarrow{CF} = \frac{2}{3}\overrightarrow{CJ}.$$

b) Montrez que I, E, F et K sont coplanaires comme on le ferait au collège.
c) Proposez une autre solution.

Question 12.18 *Relation d'Euler (2017[3])*
Comment démontrer la relation d'Euler vérifiée par les polyèdres convexes en restant au niveau du collège ?

12.5   Réponses

Réponse 12.1 • Pendant l'entretien, le jury peut demander d'énoncer les lois les plus importantes de la perspective cavalière, car après tout, toutes les représentations données au tableau ou proposées sur GeoGebra 3D utilise ces lois pour essayer de représenter une situation spatiale en dessinant sur un plan, tout en essayant de rester convaincant.

• La perspective cavalière permet de représenter des objets de l'espace sur une feuille en respectant trois règles fondamentales :

- la conservation de l'alignement (des points alignés sont représentés comme alignés sur le dessin),

- la conservation du parallélisme (deux droites parallèles sont représentées comme parallèles sur le dessin),

- la conservation des rapports de distances de points alignés (en particulier les milieux sont conservés),

et différentes conventions :

- les segments cachés sont représentés en pointillés et les segments visibles en traits pleins.

- deux droites sécantes sont représentées par deux droites sécantes, mais en revanche deux droites sécantes sur le dessin peuvent ne pas l'être réellement dans l'espace.

- dans un plan frontal (un plan face au dessinateur, i.e. perpendiculaire au regard) les grandeurs (angles, distances...) sont conservées, ce qui n'est pas le cas dans un plan non frontal où les grandeurs et l'orthogonalité sont faussées.

- un plan est habituellement représenté par un parallélogramme, c'est-à-dire un rectangle fuyant qu'il est important de savoir dessiner au tableau. Il arrive au jury de demander au candidat de tracer à main levée deux plans sécants au tableau (Question 11.31) ou un parallélépipède quelconque (Question 12.3), ce qu'il faut savoir faire.

• Pour être complet, on peut rajouter les deux définitions et usages suivants :

(1) On appelle **fuyante** toute droite perpendiculaire au plan frontal. Les fuyantes sont donc toutes parallèles entre elles et forment un même angle avec l'horizontale. Cet angle s'appelle l'**angle de fuite**, que l'on ne confondra pas avec le point de fuite de la perspective conique. On choisit usuellement un angle de fuite compris entre 30° et 60°.

(2) Pour obtenir la longueur d'un segment inclus dans une fuyante, on convient de multiplier la longueur réelle par un même coefficient, appelé **coefficient de perspective** ou **rapport de perspective**, habituellement égal à 0, 5 ou 0, 7.

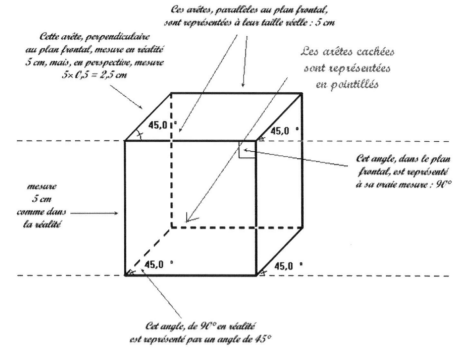

Ces arêtes, parallèles au plan frontal, sont représentées à leur taille réelle : 5 cm

Cette arête, perpendiculaire au plan frontal, mesure en réalité 5 cm, mais, en perspective, mesure 5 × 0,5 = 2,5 cm

Les arêtes cachées sont représentées en pointillés

45,0°   45,0°

Cet angle, dans le plan frontal, est représenté à sa vraie mesure : 90°

mesure 5 cm comme dans la réalité

45,0°   45,0°

Cet angle, de 90° en réalité est représenté par un angle de 45°

Cube d'arête 5 cm en perspective cavalière d'angle de fuite 45°
et de rapport perspectif 0, 5 (www.letableaunoir.net)

Réponse 12.2 Mis à part la perspective cavalière, utilisée en mathématiques, on peut penser à la **perspective centrale** (encore appelée **conique**, **linéaire**, **classique**, **albertienne** ou **optique**) avec points de fuite, utilisée par les artistes pour représenter le contour d'un sujet observé depuis un point de vue donné. C'est celle qui donne le plus la sensation de la réalité, comme dans une photographie. Je sais qu'il existe d'autres types de perspectives suivant la façon dont on projette un objet sur un plan, mais je ne saurais les définir.

Réponse 12.3 Voilà un parallélépipède non rectangle :

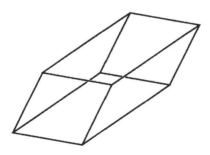

Réponse 12.4 Si a désigne la longueur d'un côté du cube, la diagonale de la face avant mesure $a\sqrt{2}$ (comme on le vérifie en employant le théorème de Pythagore sur le carré qui forme la face avant du cube). Le plan HFB permet d'obtenir une pyramide régulière dont la base est un triangle équilatéral de côté $a\sqrt{2}$.

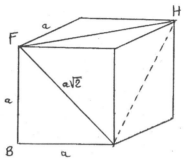

Réponse 12.5 Dans les comptes rendus [39] et *[13]*, le candidat évoquait une question sur une section de cube. On peut imaginer qu'il s'agit d'une question de ce style. On utilise la propriété suivant laquelle deux plans parallèles coupent un troisième plan suivant des droites parallèles entre elles.

Appelons Π le plan parallèle à (PQR) passant par U, et considérons les notations de la figure jointe. Le plan Π coupe le plan $(EFGH)$ suivant une droite parallèle à (PR), passant par U. Cette droite est facile à tracer, et nous permet d'obtenir le point V dans $(EF) \cap \Pi$. On recommence : Π coupe le plan $(ABFE)$ suivant la parallèle à (QR) passant par V, d'où le point W dans $(AB) \cap \Pi$.

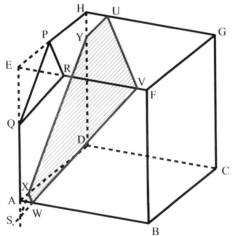

Pour obtenir le segment $[XY]$, il a fallu envisager un tracé hors solide : le point S dessiné sur la figure, obtenu comme l'intersection de (VW) et (AE), appartient à $(AE) \cap \Pi$, donc la trace de Π sur la face $(ADHE)$ sera la parallèle à (PQ) passant par S. Cette parallèle coupe $[AD]$ en X et $[HD]$ en Y, de sorte que la section du cube par le plan Π soit donnée par le polygone hachuré $UVWXY$.

Réponse 12.6 Un dièdre est l'ensemble formé par deux demi-plans ayant une arête commune.

Remarques — L'angle dièdre est l'angle formé par deux demi-droites incluses dans les faces du dièdre et perpendiculaires à son arête en un même point. Un dièdre est dit dégénéré si son angle dièdre vaut $0°$ ou $180°$. En aviation, un dièdre est l'angle formé entre un plan horizontal et le plan des ailes d'un avion.

Réponse 12.7 Un **polyèdre** est un solide limité par des faces planes (qui sont donc des polygones). Un polyèdre (fermé) est **convexe** si c'est une partie non vide et bornée de l'espace obtenue comme l'intersection d'un nombre fini de demi-espaces fermés.

Remarques — Un point est un **sommet** d'un polyèdre s'il appartient à celui-ci et à l'intersection d'au moins trois frontières de demi-espaces fermés définissant le polyèdre. Une **arête** d'un polyèdre est un segment joignant deux sommets et inclus dans l'une des frontières des demi-espaces fermés définissant ce polyèdre.

Réponse 12.8 Un polyèdre convexe non aplati est dit **régulier** si :
- sur chaque sommet aboutit le même nombre p d'arêtes ($p \geq 3$),
- chaque face possède le même nombre q de côtés ($q \geq 3$).

Réponse 12.9 Les solides de Platon, encore appelés solides platoniciens ou polyèdres parfaits, sont les polyèdres réguliers convexes. Il en existe exactement cinq (Question **12.18**).

Réponse 12.10 Ce sont les définitions habituelles que l'on rencontre dans le cours de topologie de licence. Une partie Λ de $\mathbb{R}^3$ est dite :

- **convexe** si pour tous points A et B de Λ le segment $[AB]$ est inclus dans Λ.

- **fermée** si son complémentaire est ouvert, c'est-à-dire si pour tout point M de $\complement\Lambda$ il existe $r > 0$ tel que la boule ouverte $B(M,r)$ de centre M et de rayon r est incluse dans $\complement\Lambda$.

- **connexe** si elle ne peut pas s'écrire comme la réunion disjointe de deux ouverts non vide. Cela signifie que la partie Λ est d'un seul tenant.

80   GÉOMÉTRIE.

l'angle droit est moyen proportionnel entre l'hypothénuse et le segment correspondant.

* **1285.** Qu'est-ce qu'un polygone régulier inscrit? — Qu'est-ce qu'un polygogne régulier circonscrit?

* **1286.** Inscrire dans un cercle un carré.

* **1287.** Circonscrire un carré à un carré inscrit.

* **1288.** Inscrire dans un cercle un triangle équilatéral.

* **1289.** Inscrire un pentagone régulier.

* **1290.** Inscrire un hexagone régulier.

* **1291.** Connaissant le côté d'un polygogne inscrit, comment connaît-on le
côté d'un polygone d'un nombre de côtés doubles?

* **1292.** Manière d'envisager le cercle.

* **1293.** Qu'est-ce qu'un angle solide trièdre?

* **1294.** Qu'est-ce qu'un angle dièdre?

* **1295.** Qu'est-ce qu'un tétraèdre?

* **1296.** Qu'est-ce qu'un angle solide polyèdre?

* **1297.** Qu'est-ce qu'une pyramide?

* **1298.** Qu'est-ce qu'un polyèdre?

* **1299.** Qu'est-ce qu'un prisme? — prisme droit? — prisme oblique?

* **1300.** Qu'est-ce qu'un parallélipipède droit? — Qu'est-ce qu'un parallélipipède rectangle? — Qu'est-ce qu'un cube?

* **1301.** Qu'entendez-vous par corps ronds? — Quels sont les plus remar-
quables?

* **1302.** Qu'est-ce qu'un cylindre? — Qu'est-ce que la surface convexe?
— sa hauteur?

* **1303.** Qu'est-ce qu'un cône? — Qu'est-ce que la surface convexe? —
sa hauteur?

FIG. 12.1 – Extrait du programme des questions pour l'examen des aspirants
aux brevets de capacité de l'enseignement primaire (Hachette 1836)

- **connexe par arcs** si, pour tous points A et B de Λ, il existe un chemin
continue d'origine A et d'extrémité B contenu dans Λ.

Remarques — D'autres définitions équivalentes de ces termes ont été vues
dans le cours de licence. Rappelons seulement que, dans un espace topologique
quelconque, la connexité par arcs entraîne la connexité, et que la réciproque
est vraie dans un espace vectoriel normé, donc en particulier dans $\mathbb{R}^3$.

⎹ **Réponse 12.11** ⎸ On considère une courbe plane $\mathcal{C}$ dessinée dans un plan P.
Soit S un point n'appartenant pas à P. Le **cône** de sommet S et de courbe
directrice $\mathcal{C}$ est $C_O = \bigcup_{M \in \mathcal{C}} (SM)$. Si D est une droite non parallèle à P,
le **cylindre** de courbe directrice $\mathcal{C}$ et de génératrice D est $C_Y = \bigcup_{M \in \mathcal{C}} \Delta_M$
où Δ_M désigne la droite passant par M et parallèle à D.

Les cônes et les cylindres sont des **surfaces réglées**. Une surface réglée est
surface par chaque point de laquelle passe une droite, appelée génératrice,

contenue dans la surface. Voici des représentations de cônes et de cylindres de courbes directrices γ :

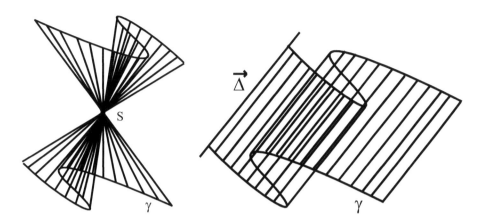

Si nous ne conservons que la partie d'un cône ou d'un cylindre située entre deux plans parallèles au plan de la courbe directrice, nous obtenons des troncs de cône ou de cylindre :

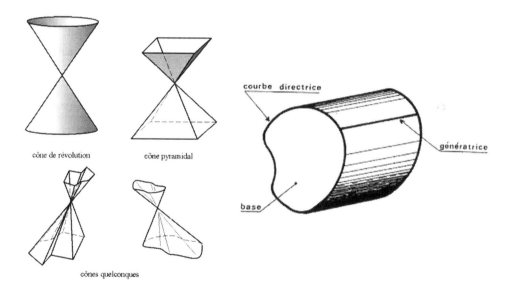

Réponse 12.12 a) Sur la figure jointe, on a dessiné un repère orthonormal $Oxyz$ en adoptant la convention classique pour nommer les axes, et en supposant ces axes gradués par l'unité, bien entendu.

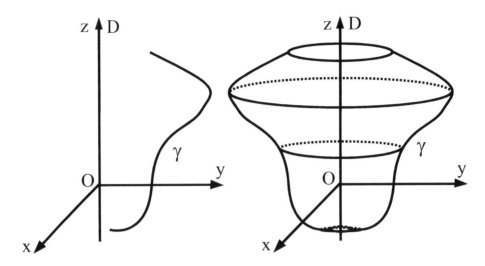

b) On dessine une courbe γ dans le plan Oyz (figure de gauche), que l'on fait tourner autour de l'axe $D = Oz$. On obtient une **surface de révolution d'axe D engendrée par** γ. Dans notre exemple, le solide de révolution est délimité par cette surface et deux plans perpendiculaires à D comme sur la figure de droite.

Remarque — Par définition un solide de révolution est un solide issu de la rotation d'une surface plane autour d'un axe. Au lieu de faire tourner une courbe, on aurait donc pu faire tourner directement une surface : par exemple, en faisant tourner un disque dessiné dans le plan Oyz autour de D, on obtient un tore.

$\boxed{\textbf{Réponse 12.13}}$ Une équation cartésienne de la forme $f(x^2 + y^2, z) = 0$ définit évidemment une surface de révolution d'axe Oz. Dans certains livres, on peut lire qu'il s'agit d'une CNS, mais je pense que l'on doit rester humble et remarquer qu'il n'y a aucune raison pour qu'une surface de révolution admette toujours une équation cartésienne globale. J'émets donc des réserves quant à la réciproque.

$\boxed{\textbf{Réponse 12.14}}$ La figure jointe représente un patron de cube et, juste à droite, un patron de cube surmonté d'une pyramide. La base du cube est B, les parois sont P1, P2, P3 et P4. On a tracé la médiatrice Δ du segment $[AB]$ et choisi un point M sur Δ suffisamment éloigné du milieu de $[AB]$, c'est-à-dire au-delà de l'intersection O entre les diagonales du carré $ABCD$.

Le triangle ABM sera l'une des faces de la pyramide qui surmontera le cube. Il suffit de reproduire ce triangle aux « sommets » des parois P2, P3 et P4 pour obtenir les trois autres faces de la pyramide. Evidemment, on a construit une pyramide régulière au sommet du cube !

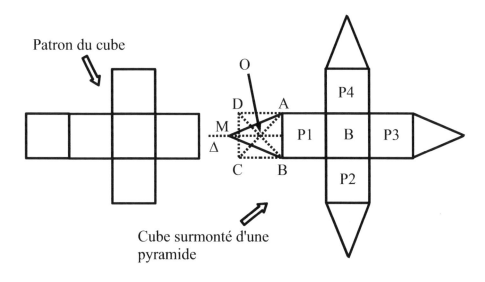

Patron du cube

Cube surmonté d'une
pyramide

Réponse 12.15 On s'aide de la figure et on s'y réfère pour les notations.
Le patron est formé d'un disque de rayon r et d'un secteur circulaire de rayon R
qui intercepte un arc de longueur $2\pi r$. On doit donc avoir (en radians) :

$$\widehat{AB} = \frac{2\pi R \times \alpha}{2\pi} = 2\pi r \quad \text{d'où } \alpha = \frac{2\pi r}{R}.$$

Le théorème de Pythagore donne $R^2 = h^2 + r^2$ d'où $R = \sqrt{h^2 + r^2}$. Finalement
on connaît l'angle α et les rayons R et r en fonction des données h et r du
problème, ce qui permet de tracer le patron.

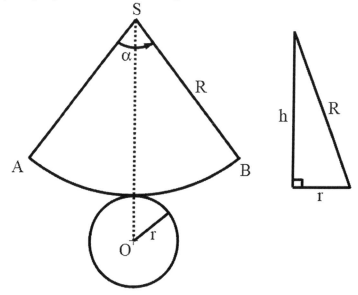

Réponse 12.16 Le dessin d'un parallélépipède rectangle à main levée au tableau, déposé sur un plan horizontal, ne pose pas de problème si l'on connaît les règles de la perspective cavalière et si l'on s'est entraîné à l'avance !

Sur la figure jointe, les droites (HC) et (MD) se coupent en U qui appartient au plan P (puisque (HC) est incluse dans P). Le point U est donc à l'intersection du plan P et de la droite (MD). C'est l'ombre de D. On construit de la même manière les ombres V et W de G et F. Il est alors facile d'hachurer l'ombre du parallélépipède.

Remarque — Si le jury demande de montrer que les droites (DG) et (UV) sont parallèles, on répondra que le plan (MDG) contient la droite horizontale (DG), donc coupe le plan horizontal P suivant une parallèle à (DG) passant évidemment par U, de sorte que $(MDG) \cap P = (UV)$.

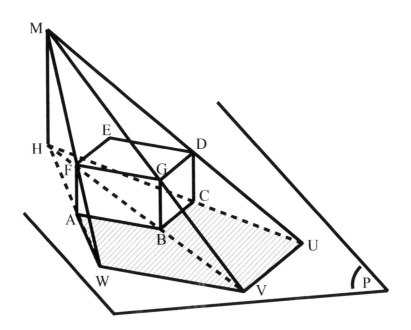

Réponse 12.17 a) La figure est dessinée un peu plus bas.

b) Je remarque que l'on obtient deux configurations de Thalès, la première dans le plan BAC, où la réciproque du théorème de Thalès montre que (IK) est parallèle à (AC), et la seconde dans le plan JAC où la réciproque du théorème de Thalès montre cette fois-ci que (EF) est parallèle à (AC). Par transitivité de la relation de parallélisme, on en déduit que (EF) est parallèle à (IK), et les points I, E, F et K seront coplanaires.

c) On peut répondre à cette question de façon analytique, en utilisant des coordonnées dans un repère que l'on aura choisi à l'avance. Choisissons par exemple le repère cartésien $(B, \overrightarrow{BA}, \overrightarrow{BC}, \overrightarrow{BD})$. On obtient les coordonnées suivantes :

$$A \begin{pmatrix} 1 \\ 0 \\ 0 \end{pmatrix}, \; B \begin{pmatrix} 0 \\ 0 \\ 0 \end{pmatrix}, \; C \begin{pmatrix} 0 \\ 1 \\ 0 \end{pmatrix}, \; D \begin{pmatrix} 0 \\ 0 \\ 1 \end{pmatrix}, \; I \begin{pmatrix} 1/2 \\ 0 \\ 0 \end{pmatrix}, \; J \begin{pmatrix} 0 \\ 0 \\ 1/2 \end{pmatrix}, \; K \begin{pmatrix} 0 \\ 1/2 \\ 0 \end{pmatrix}.$$

Comme $\overrightarrow{AE} = \dfrac{2}{3}\overrightarrow{AJ}$ et $\overrightarrow{CF} = \dfrac{2}{3}\overrightarrow{CJ}$ on déduit que :

$$\begin{pmatrix} x_E - 1 \\ y_E \\ z_E \end{pmatrix} = \frac{2}{3} \begin{pmatrix} -1 \\ 0 \\ 1/2 \end{pmatrix} \quad \text{et} \quad \begin{pmatrix} x_F \\ y_F - 1 \\ z_F \end{pmatrix} = \frac{2}{3} \begin{pmatrix} 0 \\ -1 \\ 1/2 \end{pmatrix}$$

d'où :

$$E \begin{pmatrix} 1/3 \\ 0 \\ 1/3 \end{pmatrix}, \; F \begin{pmatrix} 0 \\ 1/3 \\ 1/3 \end{pmatrix}.$$

Par suite :

$$\overrightarrow{IK} \begin{pmatrix} -1/2 \\ 1/2 \\ 0 \end{pmatrix}, \; \overrightarrow{EF} \begin{pmatrix} -1/3 \\ 1/3 \\ 0 \end{pmatrix}.$$

Finalement $\overrightarrow{EF} = \dfrac{2}{3}\overrightarrow{IK}$ et les vecteurs $\overrightarrow{EF}$ et $\overrightarrow{IK}$ sont colinéaires, ce qui démontre que les droites (EF) et (IK) sont parallèles, donc coplanaires.

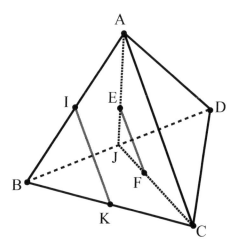

Réponse 12.18 *Avertissement* — En juin 2017, le jury a posé cette question à un candidat qui avait parlé dans son exposé des solides de Platon, de la formule d'Euler et de la preuve qu'il n'existe que 5 solides platoniciens. Il y a peu de chances que cette question soit posée à brûle-pourpoint et, si c'était le cas, ne pas savoir y répondre ne devrait pas peser sur la réussite de l'épreuve. La réponse n'est cependant pas dénuée d'intérêt.

Réponse en situation — On doit montrer que le nombre F de faces, S de sommets et A d'arêtes d'un polyèdre convexe sont liés par la relation d'Euler :

$$F + S - A = 2.$$

La démonstration se fait en deux étapes. La première consiste à déformer continûment un polyèdre convexe pour le transformer en un réseau du plan formé par des polygones. L'idée est de ramener toutes les arêtes et les faces du polyèdre dans le plan d'une seule de ses faces en les déformant de façon continue. On obtient alors un réseau du plan possédant autant de sommets et d'arêtes que le polyèdre, mais une face en moins.

La seconde étape consiste à montrer que, dans un réseau du plan, et en notant cette fois-ci f, s et a le nombre de faces, de sommets et d'arêtes, on a :

$$f + s - a = 1.$$

On procède en triangularisant le réseau pour obtenir un réseau formé seulement de triangles, puis en démontrant que cette transformation ne change pas la valeur de l'expression $f + s - a$. On remarque ensuite que cette expression n'est pas modifiée si l'on supprime un triangle du réseau obtenu. En supprimant de proche en proche tous les triangles du réseau, sauf un, il ne reste plus qu'à vérifier qu'un triangle satisfait la relation $f + s - a = 1$, ce qui est trivial puisqu'alors $f = 1$, $s = 3$ et $a = 3$.

Réponse développée — Pour comprendre la réponse ci-dessus qui suffit à l'oral, référons-nous au joli travail d'un groupe de géométrie du HECFH [25] dont nous emprunterons aussi quelques figures. Cette preuve utilise la démonstration de Cauchy.

Avant de commencer, rappelons que nous travaillerons avec des polyèdres convexes (Question 12.10), en excluant les polyèdres à structures multiples, à tunnels et à cavités [33]. Donnons aussi une définition d'un réseau du plan :

> **Définition** — Un réseau plan est la donnée de sommets, d'arêtes et de faces tels que :
> - les faces sont des polygones simples (c'est-à-dire tels que deux côtés non consécutifs ne s'interceptent pas),

- toute arête est soit à l'intersection de deux faces, soit à la frontière du réseau,
- les sommets sont les extrémités des arêtes,
- la réunion des sommets, des arêtes et des faces forme un ensemble connexe (Question 12.10)

Reprenons les deux étapes de la démonstration en les détaillant :

Etape 1 : déformation d'un polyèdre en un réseau plan.

On ramène toutes les arêtes et les faces du polyèdre dans le plan d'une de ses faces en les déformant. On dit que l'on obtient le diagramme de Schlegel du polyèdre convexe.

Dans cette déformation, l'architecture du polyèdre est conservée, mais si le nombre de sommets et d'arêtes reste le même, le réseau plan possède une face de moins que le polyèdre car l'une de ses faces constitue maintenant « l'extérieur » du réseau. Les expressions $F+S-A$ et $f+s-a$ correspondantes au polyèdre et au réseau sont donc liées par la relation $f+s-a = F+S-A-1$.

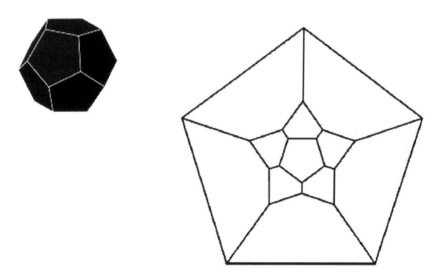

Exemple de l'aplatissement d'un dodécaèdre (12 faces) [25]

Etape 2 : relation $f + s - a = 1$ pour un réseau plan.

Etant donné un réseau plan, commençons par montrer que la somme $f+s-a$ ne change pas quand on le triangularise. Pour cela, intéressons-nous à la triangulation d'un polygone à n sommets appartenant au réseau et à la valeur de la somme $f + s - a$ avant et après modification. Il existe deux façons de triangulariser ce polygone :

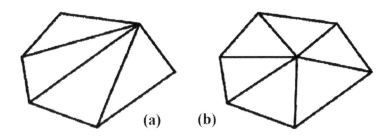

(a)   **(b)**

Notons f, s et a les caractéristiques du réseau avant la triangulation d'une de ses faces, et f', s' et a' ses caractéristiques après. Dans le cas (a), on a $f' = (f-1) + (n-2)$, $s' = s$ et $a' = a + (n-3)$. On déduit bien que $f' + s' - a' = f + s - a$. Dans le cas (b), on a $f' = (f-1) + n$, $s' = s + 1$ et $a' = a + n$, ce qui donne encore $f' + s' - a' = f + s - a$ et permet de conclure.

Pour terminer, vérifions que la somme $f + s - a$ n'est pas modifiée quand on supprime un triangle dans le réseau triangularisé. Notons toujours f, s et a les caractéristiques du réseau avant la suppression d'un triangle, et f', s' et a' ces caractéristiques après la suppression. Voici un réseau triangularisé :

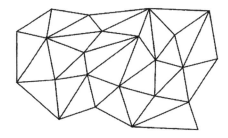

On peut alors supprimer un triangle soit en retirant un côté, comme en (a) sur la figure ci-dessous, soit en retirant deux côtés comme en (b) :

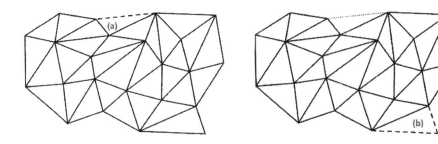

Dans le premier cas $f' = f - 1$, $s' = s$ et $a' = a - 1$, et dans le second cas $f' = f - 1$, $s' = s - 1$ et $a' = a - 2$. Dans les deux cas la somme $f + s - a$ est conservée. Cela achève la preuve de la formule d'Euler.

Conséquence : les 5 solides platoniciens — La relation d'Euler permet de montrer qu'il existe seulement 5 polyèdres réguliers convexes. Voyons comment. Soit $\mathcal{P}$ un polyèdre régulier. Une arête est le côté de deux faces, donc $Fq = 2A$. Puisque p arêtes aboutissent sur chacun des sommets, on devrait dénombrer Sp arêtes, mais en procédant ainsi on compte chacune des arêtes deux fois (une fois pour chacun de ses deux sommets), donc $Sp = 2A$. On est amené à résoudre le système :

$$\begin{cases} F + S - A = 2 \\ Fq = 2A \\ Sp = 2A. \end{cases}$$

On obtient :

$$S = \frac{4q}{2p + 2q - pq}, \quad A = \frac{2pq}{2p + 2q - pq}, \quad F = \frac{4p}{2p + 2q - pq}.$$

On est alors amené à chercher tous les couples d'entiers (p, q) qui vérifient les trois inégalités $2p + 2q - pq > 0$, $p \geq 3$ et $q \geq 3$. La première condition s'écrit $(p - 2)(q - 2) < 4$, et impose à p et q d'être petits. Finalement on n'obtient que 5 couples d'entiers possibles $(3, 3)$, $(3, 4)$, $(3, 5)$, $(4, 3)$ et $(5, 3)$ correspondant aux cinq polyèdres platoniciens.

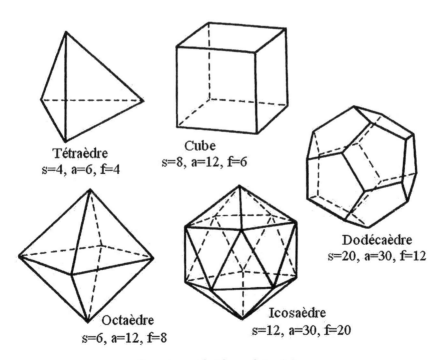

Tétraèdre
s=4, a=6, f=4

Cube
s=8, a=12, f=6

Dodécaèdre
s=20, a=30, f=12

Octaèdre
s=6, a=12, f=8

Icosaèdre
s=12, a=30, f=20

Les cinq polyèdres platoniciens

Bibliographie

[1] Blog de MégaMaths, Voici comment s'est déroulé mon oral du CAPES interne, 2015.
http ://megamathsblog.blogspot.com/2015/05/voici-comment-sest-deroule-mon-oral-du.html

[2] Blog de MégaMaths, Témoignage sur l'oral du CAPES Maths : de l'échec total à la réussite complète, 2017.
http ://megamathsblog.blogspot.fr/2017/04/temoignage-sur-loral-du-capes-maths
-de.html

[3] Blog de MégaMaths, CAFEP Maths : un oral exceptionnel sur les solides de l'espace, 2017.
http ://megamathsblog.blogspot.com/2017/07/cafep-maths-un-oral-exceptionnel-sur.html

[4] Blog de MégaMaths, Double stress à l'oral de l'interne entre grèves SNCF et Air France,2018.
http ://megamathsblog.blogspot.fr/2018/05/double-stress-loral-de-linterne-entre.html

[5] Blog de MégaMaths, Gros plan sur la préparation et les épreuves d'un professeur des écoles au CAPES interne 2018, 2018.
https ://megamathsblog.blogspot.com/2018/05/gros-plan-sur-la-preparation-et-les.html

[6] Blog de MégaMaths, J'ai réussi le CAPES externe 2018 : voici mes choix de préparation et les questions entendues, 2018
https ://megamathsblog.blogspot.com/2018/07/jai-reussi-le-3e-concours-2018-voici.html

[7] Blog de MégaMaths, Une mine d'informations sur les questions et les réactions du jury à l'oral du CAPES 2018, 2018.
https ://megamathsblog.blogspot.com/2018/07/une-mine-dinformations-sur-les.html

[8] Blog de MégaMaths, Plan et questions sur les transformations et pavages à un oral 2018, 2018. tiny.one/blog180709

[9] Blog de MégaMaths, Une expérience malchanceuse à l'oral du CAPES maths 2018, 2018.
https ://megamathsblog.blogspot.com/2018/08/une-experience-malchanceuse-loral-du.html

[10] Blog de MégaMaths, Initiative de collection de comptes rendus d'oraux du CAPES 2017, 2019. https ://archive.org/details/orauxcapes2018/mode/2up
megamathsblog.blogspot.com/2019/01/initiative-de-collection-de-comptes.html

[11] Blog de MégaMaths, Oral du CAPES interne sur les résolutions d'équations, 2019. megamathsblog.blogspot.com/2019/04/oral-du-capes-interne-sur-les.html

[12] Blog de MégaMaths, Conseils avisés et exemple de dossier RAEP pour le CAPES interne, 2019.
megamathsblog.blogspot.com/2019/05/conseils-avises-et-exemple-de-dossier.html

[13] Blog de MégaMaths, Un compte rendu détaillé des oraux 1 et 2 qui dévoile beaucoup de questions du jury, 2019. tinyurl.com/yps37ass

[14] Blog de MégaMaths, Ratios et questionnement sur les handicaps à l'oral 2 de la session 2021.
https ://megamathsblog.blogspot.com/2021/06/ratios-et-questionnement-sur-les.html

[15] Blog de MégaMaths, Un agrégé repasse le CAPES et ça déchire : un compte rendu précis et instructif !, 2021.
megamathsblog.blogspot.com/2021/07/un-agrege-repasse-le-capes-et-ca.html

[16] Blog de MégaMaths, Admise au CAPES après un premier oral que j'avais qualifié de catastrophique, 2021.
megamathsblog.blogspot.com/2021/07/admise-au-capes-apres-un-premier-oral.html

[17] Blog de MégaMaths, Cartonner à l'oral 1 sur les nombres complexes !, 2021. megamathsblog.blogspot.com/2021/07/cartonner-loral-1-sur-les-nombres.html

[18] Blog de MégaMaths, J'ai réussi le CAPES interne 2021 : voici mon parcours et mon RAEP pour aider les futurs candidats !, 2021. tiny.one/blog210816

[19] Blog de MégaMaths, Comment obtenir 20/20 à l'oral 1 du CAFEP et 19/20 à l'entretien professionnel ?, 2022. tiny.one/220716

[20] Blog de MégaMaths, Réussir son CAPES 2022 après des écrits sous doliprane : un témoignage pour les futurs candidats, 2022. https ://tiny.one/2p862kn8

[21] Blog de MégaMaths, Un panel de questions importantes posées à l'oral du CAPES interne 2023 , 2023. tinyurl.com/2asjcvmt

[22] Blog de MégaMaths, Questions posées par le jury à l'oral du CAPES 2023, 2023. tinyurl.com/blog230703

[23] Blog de MégaMaths, Comment j'ai préparé le CAPES et passé les épreuves : témoignage et conseils, 2023. megamaths-blog.blogspot.com/2023/07/blog230711.html

[24] Comptes rendus d'oraux du CAPES 2015, MégaMaths Blog
megamathsblog.blogspot.com/2015/06/comptes-rendus-doraux-du-capes-2015.html

[25] Cellule de géométrie du centre de recherche de la haute école de la communauté française en Hainaut, Relation d'Euler et polyèdres sans trous, Document 12, HECFH. http ://www.cellulegeometrie.eu/documents/pub/pub_12.pdf

[26] Compte rendu d'oraux du CAPES interne ou réservé 2013 & 2014, MégaMaths Classic, 2014. megamaths.raidghost.com/capesint/capesint0011.html

[27] C. Drouin, Introduction aux pavages, Equipe académique mathématiques, Bordeaux, novembre 2002. tiny.one/d210805

[28] Euclide, Eléments, 13 volumes, http ://aleph0.clarku.edu/~djoyce/java/ elements/toc.html, site en fonction en 2008 mis en ligne par David E. Joyce (Mathematics and Computer Science, Clark University), IIIe siècle av. J.-C.

[29] R. Lehoucq & J.-M. Courty, La poussée d'Archimède, Pour la Science n°284, 2001.

[30] N. Pène & P. Depresle, Math 5e nouveau décimale, Belin, 2002.

[31] Manuel de mathématiques, classe de 2e, Sésamath, 2014.

[32] A. Mascret, Des transformations qui transforment!, APMEP **469**, pp. 173-184, février-mars 1994. archive.org/details/d210802

[33] D.-J. Mercier, Polyèdres eulériens et solides pathologiques, LMEC (Lectures sur les Mathématiques, l'Enseignement et les Concours), Vol. I, pp. 151-162, 2009.

[34] D.-J. Mercier, Cours de géométrie, CSIPP, édition 4, 2014.

[35] D.-J. Mercier, Géométrie du collège pour les matheux, CSIPP, 2014.

[36] D.-J. Mercier, Collection PREPA CAPES MATHS en quatre volumes : Géométrie, Algèbre & Arithmétique, Analyse, Probabilités mise à jour chaque année depuis 2016 (depuis 2019 pour le volume de probabilité), CSIPP.

[37] Programmes de mathématiques de seconde & première générales, et première technologique, BO spécial n°1 du 22 janvier 2019, A partir de septembre 2019. archive.org/details/programme-2de-1re-2019

[38] E. Ramis, C. Deschamps, J. Odoux, Cours de Mathématiques Spéciales, Volume **4**, Séries et Equations Différentielles, Masson, 1989.

[39] Rapport sur les oraux du CAPES 2017 - Porfolio de l'UPEC, 2017. https ://archive.org/details/170705rapp0rtorauxnancyrymalainchrystele

[40] Wikipedia, Groupe de frise, 2021. fr.wikipedia.org/wiki/Groupe_de_frise | Lien pérenne : archive.org/details/w210804

[41] Wikipedia, L'encyclopédie libre (http ://fr.wikipedia.org).

Printed in Poland
by Amazon Fulfillment
Poland Sp. z o.o., Wrocław

35131321R00152